LITTÉRATURES MODERNES

Céline ou l'art
de la contradiction

Lecture de
Voyage au bout de la nuit

MARIE-CHRISTINE BELLOSTA

Maître de conférences à l'Université Bordeaux III

PRESSES UNIVERSITAIRES DE FRANCE

2130431232c

6003614776

ISBN 2 13 043123 2

Dépôt légal — 1re édition : 1990, avril

© Presses Universitaires de France, 1990
108, boulevard Saint-Germain, 75006 Paris

Céline
ou l'art de la contradiction

SOMMAIRE

SIGLES ET ABRÉVIATIONS

I   *Romans I (Voyage au bout de la nuit, Mort à crédit)*, Paris, Gallimard, « Bibliothèque de la Pléiade », 1981. Préface, chronologie, notices et notes d'Henri Godard.

II   *Romans II (D'un château l'autre, Nord, Rigodon)*, Paris, Gallimard, « Bibliothèque de la Pléiade », 1974. Préface, notices et notes d'Henri Godard.

III   *Romans III (Casse-pipe, Guignol's band I, Guignol's band II)*, Paris, Gallimard, « Bibliothèque de la Pléiade », 1988. Préface, notices et notes d'Henri Godard.

BD   *Les Beaux Draps*, Paris, Nouvelles Editions Françaises, 1941.

BLFC1,   BLFC2, ... *Bulletins de la Bibliothèque de Littérature française contemporaine* de l'Université Paris 7, 1978. 10 volumes parus :

BLFC1 :   *Actes du Colloque international de Paris 1976.*
BLFC2 :   *Textes et documents, I.*
BLFC3 :   *Actes du Colloque international de Paris 1979.*
BLFC4 :   *Tout Céline, I.*
BLFC5 :   *Actes du Colloque international d'Oxford 1981.*
BLFC6 :   *Textes et documents, II.*
BLFC7 :   *Tout Céline, II.*
BLFC8 :   *Actes du Colloque international de La Haye 1983.*
BLFC9 :   *Textes et documents, III.*
BLFC10:   *Lettres à Charles Deshayes.*

BM   *Bagatelles pour un massacre*, Paris, Denoël, 1937.

CA   *D'un château l'autre*, in *II.*

CC   *Cahiers Céline*, Paris, Gallimard, 1976. 8 cahiers parus :

CC1 : *Céline et l'actualité littéraire (1932-1957)*, textes réunis et présentés par Jean-Pierre Dauphin et Henri Godard, 1976.

CC2 : *Céline et l'actualité littéraire (1957-1961)*, textes réunis et présentés par Jean-Pierre Dauphin et Henri Godard, 1976.

CC3 : *Semmelweis et autres écrits médicaux*, textes réunis et présentés par Jean-Pierre Dauphin et Henri Godard, 1977.

CC4 : *Lettres et premiers écrits d'Afrique (1916-1917)*, textes réunis et présentés par Jean-Pierre Dauphin, 1978.

CC5 : *Lettres à des amies*, textes réunis et présentés par Colin W. Nettelbeck, 1979.

CC6 : *Lettres à Albert Paraz (1947-1957)*, textes réunis et présentés par Jean-Paul Louis, 1980.

CC7 : *Céline et l'actualité (1933-1961)*, textes réunis et présentés par Jean-Pierre Dauphin et Pascal Fouché, 1986.

CC8 : *Progrès*, suivi de *Œuvres pour la scène et l'écran*, textes réunis et présentés par Pascal Fouché, 1988.

CP   *Casse-pipe*, in *III*.

DJS   *Les derniers jours de Semmelweis*, in *CC3*.

É   *L'Église*, Paris, Gallimard, coll. « Blanche », 1952.

Éc   *L'École des cadavres*, Paris, Denoël, 1938.

EY   *Entretiens avec le Professeur Y*, Paris, Gallimard, 1976.

F1   *Féerie pour une autre fois I*, Paris, Gallimard, coll. « Blanche », 1976.

F2   *Féerie pour une autre fois II - Normance*, Paris, Gallimard, coll. « Blanche », 1954.

GB1   *Guignol's band I*, in *III*.

GB2   *Guignol's band II - Le Pont de Londres*, in *III*.

HER   *L.-F. Céline*, Paris, « Les Cahiers de L'Herne », 1972, en un volume.

MC   *Mort à crédit*, in *I*.

Mea   *Mea culpa*, in *CC7*.

N   *Nord*, in *II*.

R   *Rigodon*, in *II*.

S   *La vie et l'œuvre de Ph.-I. Semmelweis (1818-1865)*, in *CC3*.

V   *Voyage au bout de la nuit*, in *I*.

A l'intérieur d'un même paragraphe, pour une série continue de références à un même texte, seule la première référence mentionne le sigle, les suivantes sont réduites à la seule pagination.

Introduction

En finira-t-on un jour avec les malentendus dont l'œuvre de Céline a d'abord été l'objet ? C'est aux alentours de 1970 que la critique célinienne, cessant d'être surtout le fait de thuriféraires, de défenseurs ou d'alliés idéologiques, s'attacha à mieux connaître pour mieux comprendre. Sa première tâche fut de mener une enquête biographique serrée ; la vérité commença alors d'apparaître : la plupart des confidences que Céline avait faites sur sa vie devaient être considérées comme des affabulations, l'image qu'on avait de sa personnalité devait être modifiée en conséquence, son œuvre n'était pas aussi autobiographique qu'on l'avait cru ; il importait donc d'étudier le travail de transposition par lequel l'expérience vécue s'intégrait à ses œuvres. Ces mises au point biographiques s'accompagnèrent de la publication de tous les papiers céliniens qu'on pouvait exhumer, œuvres mineures, projets abandonnés, articles, correspondances, documents divers, miettes et copeaux. Un second malentendu tendait ainsi à s'évanouir : il devenait clair que l'itinéraire de Céline était cohérent, la séparation qu'on aurait aimé tracer entre le romancier et le pamphlétaire semblait n'avoir aucune raison d'être, l'image d'un Céline antisémite irresponsable et délirant pouvait être remplacée par celle d'un écrivain consciemment collaborateur (avant la lettre, puis à la lettre).

Cependant un malentendu considérable n'est pas totalement dissipé. L'amateur de Céline se plaît à repousser son œuvre aux frontières de la culture, à la décréter exceptionnelle pour examiner en tout exotisme sa cruauté, à lui trouver la singularité de l'inouï en évitant d'y reconnaître de vieux thèmes ou d'y lire de vieux refrains. La tentation est grande de décider que cet artiste n'était pas un intellectuel et qu'il ne faut donc pas confrondre son style (prodigieux) et ses idées (regrettables), et — moyennant cet ostracisme arbitraire et cette dichotomie peu satisfaisante pour l'esprit — de lui construire une crypte à part dans le vaste panthéon des classiques.

Pourtant, il suffisait de lire la fin du « prière d'insérer » de *Voyage au bout de la nuit* pour comprendre que son œuvre est fortement enracinée dans la culture :

Un livre promis à un retentissement exceptionnel. L'auteur débute en pleine maturité après une expérience de vie extrêmement riche et diverse.

Le livre :

Roman impossible à classer, difficile à définir à cause de son originalité. L'auteur tend à créer une image très fidèle de l'homme des villes, avec tout ce que ce terme suggère de complexe, d'abondant, de contradictoire.

Il a réussi le tour de force de transposer le parler populaire le plus dru et le plus vert dans le langage écrit. Il en résulte un livre d'une lecture aisée, d'un pittoresque prodigieux.

Il ne faudrait pas se méprendre au ton du *Voyage au bout de la Nuit* et tenir ce livre souvent satirique jusqu'à la férocité pour un pamphlet. L'auteur conte de la manière la plus humble et la plus candide : les esprits non prévenus devront s'incliner devant la fidélité de son témoignage.

Son public :

Les médecins que l'auteur attaque avec une particulière violence, les universitaires, les lettrés[1].

---

1. Jean-Pierre Dauphin et Pascal Fouché, *Bibliographie des écrits de Louis-Ferdinand Céline*, Paris, Bibliothèque de Littérature française contemporaine de l'Université Paris 7, 1985, document 32A1.

En se recommandant à l'attention des *médecins*, des *universitaires*, des *lettrés*, et d'*eux seuls*, Céline se présentait et s'assumait comme un intellectuel désirant que son œuvre soit appréhendée dans sa dimension intellectuelle.

Ce fut peine perdue. Le scandale, le succès et le malentendu furent immédiats ; Céline se plaignit de ce que les critiques n'avaient « rien compris », et il n'aima jamais beaucoup « cette espèce de gloire » fondée sur un quiproquo. Loin de s'attacher à ce par quoi ce roman s'adressait aux « médecins », aux « universitaires » et aux « lettrés », s'inscrivant ainsi dans le tissu culturel européen, la critique traita *Voyage au bout de la nuit* comme un coup de tonnerre dans un ciel clair et Céline comme un phénomène. L'émotion que le roman provoqua d'emblée chez tous les lettrés aurait pourtant dû mettre la puce à l'oreille des commentateurs ; on ne rameute pas aussi vite les populations si l'air n'est pas déjà à l'orage, un discours ne pique pas ainsi au vif s'il ne charrie pas mille signes de reconnaissance, s'il n'est que nouveau, personnel, marginal. La diversité des intelligences qui firent cercle autour de *Voyage* est significative. Qu'est-ce qui a pu faire converger sur ce texte l'attention d'esprits aussi divers que Malraux, qui soutint en vain le roman devant le comité de lecture de Gallimard, que Léon Daudet et Lucien Descaves qui le soutinrent en vain devant l'Académie Goncourt, qu'Elsa Triolet qui le traduisit pour l'URSS, que François Mauriac qui écrivit une lettre personnelle à Céline, que Trotski qui prit la peine d'analyser le roman, que Simone de Beauvoir et Jean-Paul Sartre qui en apprirent par cœur « des tas de passages », que Marie Bonaparte qui demanda à Freud de le lire, que Georges Bataille, Elie Faure, Lévi-Strauss, etc. ? Qu'était-ce que ce nouveau venu qu'on traitait comme un aérolithe, mais où chacun reconnaissait un peu de soi, et qui se référait dès ses premières interviews à Rabelais ou à Dostoïevski ?

A la suite de ce malentendu initial, un aspect important de la création littéraire célinienne a été mésestimé. Nous avons donc entrepris de repartir du point de départ et de lire *Voyage au bout de la nuit* comme une œuvre adressée aux « médecins », aux « universitaires » et aux « lettrés ».

Entreprise difficile. Pour définir avec exactitude les effets de sens produits par ce texte en 1932, il faudrait pouvoir rétablir ce que savaient et professaient les médecins, universitaires et lettrés de cette époque ; or il ne suffit pas de fréquenter les bibliothèques pour pouvoir remonter le temps, ne fût-ce que de cinquante ans. Et même si l'on reconstituait ce que savaient les médecins, les universitaires et les lettrés d'alors, on ne pourrait pas deviner ce que Céline s'attendait à ce qu'ils connaissent, lui dont la formation était en grande partie celle d'un autodidacte, qui lors de son séjour à Londres en 1915 se lançait seul dans des lectures d'histoire ou de philosophie aussi arides que celles de Hegel, Fichte, Nietzsche et Schopenhauer[2], et qui, dans les années de rédaction de *Voyage au bout de la nuit*, lisait « énormément », « tout ce qui [lui] tombait sous la main »[3]. Notre étude est donc condamnée aux lacunes et aux défaillances. Aussi ne l'aurait-on pas entreprise s'il n'était apparu que *Voyage au bout de la nuit* prenait en compte les œuvres, les idées majeures et les problèmes esthétiques débattus dans l'entre-deux-guerres, et que, lu comme un roman philosophique, il exprimait un système de représentations cohérent et complet et contenait presque toutes les options qui déterminèrent l'ensemble de l'itinéraire célinien.

Pour reconstituer la bibliothèque de Céline et sa démarche intellectuelle, on s'appuiera essentiellement sur les références culturelles de *Voyage au bout de la nuit* (et sur la lecture des pamphlets) et on procédera à des explications de texte et à des comparaisons précises. Le lecteur excusera-t-il ces moments où le rythme de l'exposé se fait lent ? Ce n'est qu'au prix de ces analyses minutieuses que nous pourrons propo-

---

2. Témoignage de Georges Geoffroy, « Céline en Angleterre », *in HER*, p. 202. (On trouvera la table des abréviations page 9-10).
3. Robert Poulet, *Mon ami Bardamu. Entretiens familiers avec L.-F. Céline*, Paris, Plon, 1971, p. 74.

ser une interprétation de ce roman et une compréhension de la cohérence de l'œuvre célinien dans son entier, en un va-et-vient du détail à l'ensemble. On évitera de faire, entre Céline et tel ou tel écrivain de son temps ou du passé, des rapprochements qui ne seraient pas contrôlés par les jugements que Céline lui-même a portés sur les auteurs, ou par ses confidences concernant son œuvre. Malheureusement, les nombreux commentaires qu'il a livrés dans sa correspondance et ses interviews sont inégalement fiables ; vérités et mensonges s'y mêlent, toutes sortes de mensonges : par omission, par affabulation complexe, par peur de dévoiler des secrets de fabrication ou d'alimenter des cabales, par souci de se justifier ou par désir de façonner, à l'usage des « Professeurs Y » de l'avenir, une certaine image de soi. Tout chercheur célinien sait qu'il est hasardeux de croire Céline sur parole ; à force de fréquenter ses textes, on a l'impression qu'il s'est confié plus franchement au tout début de sa carrière et à l'extrême fin de sa vie que dans la période intermédiaire, devant les femmes que devant les hommes, devant un micro ou une caméra que devant un interviewer muni d'un simple stylo à bille... C'est l'intuition seule qui fera donc préférer telle confidence à telle autre.

La présente étude devrait ainsi permettre, tout en précisant certaines modalités de la création célinienne, de mieux appréhender l'univers intellectuel de Céline ou, si l'on préfère, de dessiner le profil d'un Céline intellectuel. Intellectuel, Céline, avec ce vocabulaire et ces idées souvent taillées au couteau ? Et pourquoi non ? Toutes les méditations sur les livres ne se mènent pas dans la langue académique ; quant aux idées hasardeuses, il arrive aussi aux intellectuels d'en développer. Surtout aux heures des crises historiques, et surtout si ce sont des artistes, si le désir de leur œuvre propre, le désir de dire, les pousse plus loin, ou plus obscurément que d'autres, dans leurs réflexions.

Sans nous inquiéter de savoir si Céline sortirait de cette nouvelle lecture plus estimable ou plus odieux que des précédents commentaires de la critique, nous avons voulu obser-

ver comment fonctionnent les « idées » de cet évrivain : d'où
elles sortent, où elles vont, comment elles s'organisent en
système cohérent et selon quelles procédures elles engendrent
une œuvre littéraire. En étudiant comment, dans le « cas
Céline », l'idéologie se cheville sur l'esthétique, on ne prétend pas atténuer l'admiration que provoquent les réussites
de son aventure artistique, on travaille simplement à mieux
comprendre cette aventure — et donc à assumer la contradiction qu'éprouvent certains lecteurs de Céline, pris entre le
plaisir et la répulsion, l'adhésion et l'inquiétude, devant une
œuvre qui n'appartient vraiment pas, comme disait Léon Daudet, à la « bibliothèque rose »[4].

Septembre 1989.

4. Cet ouvrage est une version abrégée et remaniée d'une thèse de troisième
cycle (*Le système de références de L.-F. Céline dans « Voyage au bout de la nuit »*,
Université Paris 7, 1983) faite sous la direction de M. Jacques Seebacher, et
soutenue devant MM. René Pomeau, Jacques Seebacher, Henri Godard et Jean-
Pierre Dauphin. Qu'ils trouvent tous ici l'expression de mes remerciements,
pour leurs enseignements, leurs exemples et leurs critiques. Je remercie également Mme Irène Allier, le Dr Christian Bonnerot, MM. Michel Delon, Jacques Dupont, Jean-Michel Péru, Mmes Nicole Racine-Furlaud, Marie
Romain-Rolland (†), le Dr Pierre Strauss, MM. Bernard Tocanne (†), Guy
Turbet-Delof, qui ont bien voulu aider mon travail, avec une mention particulière pour Mme Françoise Delon dont la vigilance fut indispensable pour
le mener à bien.
    Cette étude est redevable au premier chef aux travaux de Jean-Pierre Dau-
phin, de François Gibault et d'Henri Godard. On ne pourra donc y faire référence chaque fois qu'on recourra à leurs savoirs ou qu'on se rangera à leur avis
— mais on y renverra chaque fois qu'il y aura divergence de vues.

CHAPITRE PREMIER

Voyage au bout de la nuit
comme roman philosophique

Voyage au bout de la nuit avait, dans l'esprit de son auteur, vocation « philosophique ». Il l'a signalé dans la préface de la réédition de 1949, faisant remonter le « compte entre moi et "Eux" » à son œuvre initiale : « au tout profond... pas racontable... On est en pétard de Mystique ! [...] Si j'étais pas tellement astreint, contraint, je supprimerais tout... surtout le *Voyage*... Le seul livre vraiment méchant de tous mes livres c'est le *Voyage*... Je me comprends... Le fonds sensible... » (*I*, p. 1114). Dans un des brouillons de cette préface, il évoquait « ses pensées d'abîmes, ses philosophies si originales »[1], et il affirmait incidemment en 1960 que la « signature » du livre était « philosophique »[2].

Si l'on observe la structure de la narration, le type de hasard qui en assure la progression, la fonction des personnages, on remarque des similitudes importantes avec le plus célèbre des romans philosophiques français, *Candide*. Pouvons-nous considérer *Voyage* comme une réécriture volontaire de *Candide* ? Quoi qu'il en soit, le premier roman de

---

1. « Etats successifs de la préface de 1949 à *Voyage au bout de la nuit* », état B, *in* L.-F. Céline, *Préfaces et dédicaces*, textes établis et présentés par Henri Godard, Tusson, Editions du Lérot, 1987, p. 61.
2. *Le « Voyage » au cinéma*, entretien avec Jean Guénot et Jacques Darribehaude, *in I*, p. 1117.

Céline pose lui aussi la question du Mal, et son écriture
s'écarte du naturalisme comme de l'autobiographie pour tendre vers des formes propres au roman philosophique[3], à travers lesquelles s'expriment la compréhension que l'auteur a
du réel et son opinion sur les idées de son temps.

1. SIMILITUDES ENTRE *VOYAGE AU BOUT DE LA NUIT* ET *CANDIDE*

Les deux œuvres narrent les aventures du même type de
personnage, un « candide » dit Voltaire, un « puceau » dit
Céline (*V*, 14), qui n'en vient à une plus juste appréciation
de ce bas monde qu'à force de payer de sa personne de catastrophe en catastrophe. Candide et Bardamu connaissent des
destinées semblablement riches en mésaventures ; l'enchaînement narratif des deux romans est procuré par un voyage aux
quatre coins du monde qui permet au personnage de perdre
progressivement toutes ses illusions et de poursuivre son
enquête sur la variété infinie des souffrances et des sottises
humaines. Les deux voyages se déroulent selon le même mou-

---

3. Nous employons ce terme par référence aux œuvres du XVIIIe siècle
qu'on désigne d'ordinaire ainsi, *Candide ou l'Optimisme*, *Jacques le Fataliste*,
Aline et Valcour... C'est avec le genre du « roman philosophique » que *Voyage
au bout de la nuit* (que son « Prière d'insérer » présentait comme un « roman
impossible à classer ») a, selon nous, le plus d'affinités. De fait, si c'est un « récit
exemplaire », nous verrons que ce n'est pas une œuvre « réaliste » — ce qui
interdit qu'on le range parmi les « romans à thèse », le roman à thèse se défi-
nissant comme « un roman "réaliste" (fondé sur une esthétique du vraisemblable et de la représentation) qui signale au lecteur principalement comme
porteur d'un enseignement, tendant à démontrer la vérité d'une doctrine » (voir
Susan Rubin Suleiman, *Le roman à thèse ou l'autorité fictive*, Paris, PUF, 1983).
S'appuyant sur une phrase de l'avant-dire de *Voyage* (« Notre voyage à nous
est entièrement imaginaire. Voilà sa force. »), Nicholas Hewitt suggère de le
rattacher au sous-genre du roman philosophique que constituait le « voyage imaginaire » de la littérature classique (Nicholas Hewitt, « *Voyage au bout de la
nuit*, voyage imaginaire et histoire de fantômes », *in BLFC8*, p. 9-21), mais ce
rapprochement, intéressant parce qu'il met le roman de Céline aux côtés du
Quart Livre et de *Micromégas*, nous paraît affiner le classement de manière
hasardeuse, en privilégiant trop exclusivement les éléments du récit qui procèdent d'un mouvement de libre évasion vers l'imaginaire.

vement d'ensemble. *Candide* et *Voyage* sont bâtis sur une bipartition du récit. La première partie des deux romans, qui dure, dans les deux cas, dix-neuf chapitres, est consacrée aux expériences de guerre et d'outre-mer des deux voyageurs. La deuxième partie des romans (onze chapitres dans *Candide*, vingt-six dans *Voyage*) concerne les faits et gestes des héros enrichis d'expériences et revenus à une vie plus banale. Dans les deux cas, cette deuxième partie leur fait connaître quatre lieux (Paris, les côtes d'Angleterre, Venise et la Propontide, pour Candide; Rancy, Paris, Toulouse et Vigny, pour Bardamu).

Les premières parties des romans offrent plusieurs ressemblances. Dans les deux cas, le voyage commence par le plus grand des maux, celui qui couronne l'édifice de la civilisation : la guerre. Les deux héros sont partis en guerre dans la même situation : ce sont des engagés volontaires malgré eux, incorporés après une conversation étourdie dans un débit de boisson, et qui ont voulu s'en aller quand il était trop tard. Tous deux assistent à la guerre plutôt qu'ils ne la font, se sentant fort lâches, selon la célèbre formule qui vaut aussi bien pour Bardamu que pour Candide : « Candide, qui tremblait comme un philosophe, se cacha du mieux qu'il put pendant cette boucherie héroïque. » Les chapitres X marquent un tournant de l'action ; tous deux s'embarquent pour les colonies, et leurs traversées les éclairent sur la cruauté humaine, Candide écoutant l'« histoire de la vieille » (chapitre X à XII) et Bardamu subissant l'attaque du capitaine Frémizon (chapitre X) ; puis ils vivent successivement dans deux colonies occidentales (Candide au Paraguai espagnol et à Surinam « appartenante aux Hollandais », Bardamu en Bambola-Bragamance française et au Rio del Rio, « antique possession de la Couronne de Castille »). Ils séjournent ensuite au paradis mythique de la fortune, Candide en Eldorado, Bardamu aux États-Unis.

Le même genre de hasard romanesque préside à leurs destinées et facilite l'enchaînement de leur fuite en avant. Ce hasard complaisant — et étranger à la vraisemblance — permet toujours au personnage de se tirer d'un mauvais pas et

favorise des rencontres peu probables (par exemple Lola à
New York et Cunégonde à Lisbonne), autorisant ainsi le
dédoublement du personnage principal, la perte et la retrouvaille du double. Dans les deux cas, l'action est en effet dédou-
blée, entre Candide et Pangloss, entre Bardamu et Robinson,
le double étant plus malchanceux et plus entêté[4] que le personnage dans sa vision du monde : alors que Candide et Bardamu trouvent pour finir une relation tenable avec le monde,
Pangloss finit dans les radotages de son optimisme impéni-
tent et Robinson meurt d'avoir trop longtemps affiché son
irréconciliable dégoût : ces deux-là n'ont pas appris à vivre.
  L'apprentissage philosophique qui façonne Bardamu ressemble à celui de Candide. Les deux héros ont l'expérience
pour seule maîtresse de vérité et provoquent le même rire
grinçant en confrontant la réalité vécue aux mensonges idéologiques. Par exemple : « j'aurais bien voulu le voir ici moi,
le Déroulède dont on m'avait tant parlé, m'expliquer comment qu'il faisait, lui, quand il prenait une balle en plein
bidon » (V, p. 12-13) ; « Il songeait à Pangloss à chaque aventure qu'on lui contait. "Ce Pangloss, disait-il, serait bien
embarrassé à démontrer son système. Je voudrais qu'il fût
ici" » (Candide, chapitre XIX). D'autre part, ils approfondis-
sent leur enquête en écoutant la part de vérité professée par
ceux qu'ils rencontrent. Des interviews ponctuent les deux
œuvres. Celle de Princhard sur la nature et la place de la
guerre dans l'histoire ou celle de Bestombes sur les enseignements psychologiques qu'on peut tirer de la guerre sont intro-
duites aussi abruptement que le questionnement de Martin
par Candide ou celui des savants par Micromégas. C'est toujours du Mal qu'il s'agit, mais chaque siècle s'interroge selon
ses enjeux : Voltaire faisait parler physiciens et métaphysi-
ciens, Céline, au siècle du marxisme et de la psychanalyse,
fait discourir sur l'histoire (Princhard, Parapine) et sur la

---

4. Robinson est « héroïque dans son genre » dit Céline dans l'interview avec
Merry Bromberger, « Le Prix Théophraste Renaudot [...] », L'Intransigeant,
8 décembre 1932, repris dans CC1, p. 31.

pathologie mentale (Bestombes et Baryton). Nous reviendrons
sur le détail de ces discours « philosophiques » qui sont les
lieux du texte les plus intellectuels et les plus minutieusement
pamphlétaires. Mais nous pouvons dès l'abord remarquer
qu'on y trouve une pratique amusante de la fausse innocence
et de la mauvaise foi, et qu'on pourrait appliquer à l'auteur
de *Voyage* ce que Paul Valéry écrivait de Voltaire : « [il] substitue aux argumentations massives une tactique de vitesse, de
pointes brèves, de feintes, et d'ironie de harcèlement. Il passe
du logique au comique, du bon sens à la fantaisie pure,
exploite tous les faibles de l'adversaire et l'abandonne ridicule, s'il ne l'a pas finalement rendu tout à fait odieux. »[5].
   Au total, *Candide* et *Voyage* rendent un son voisin. Certes, Céline se laisser aller par moments, surtout dans la
deuxième partie du roman, au lyrisme qui se déploiera dans
la suite de son œuvre. Mais, dans la première partie, et par
moments dans la seconde, on reconnaît le ton voltairien, cette
étonnante façon de raconter des horreurs *scherzando ma non
troppo*. On peut rapprocher, par exemple, le chapitre XIX de
Candide, où le nègre de Surinam raconte avec une relative pla-
cidité les sévices que son maître Vanderdendur lui a infligés,
et où Candide, ému et philosophant, n'en fait pas moins
affaire avec Vanderdendur, et la scène de *Voyage* où une
enfant subit sans révolte les tortures que ses parents lui infli-
gent, sans que Bardamu, ému mais toujours avide de
« comprendre » et d'« aller plus loin », envisage de lui porter secours (*V*, p. 266-267). Ces deux passages connus ne
représentent qu'un cas extrême, mais ils reflètent le rapport
nécessaire qui unit un certain statut du personnage principal
(observateur, voire voyeur, et philosophe) au ton adopté par
le narrateur ; ce ton ne porte pas trace de sentimentalisme et
frappe par son laconisme et par une allégresse sans cesse conti-
guë à la cruauté[6]. Envisageant son texte « sous l'angle du

---

5. Paul Valéry, *Voltaire, in Œuvres I*, Paris, Gallimard, « Bibliothèque de
la Pléiade », 1957, p. 527.
   6. On songe ici à l'expression de « désespoir allègre » que Céline utilisa pour
qualifier le ton de *L'Église* dans sa lettre à Robert Denoël du 2 juillet 1933,
in BLFC9, p. 68.

goût », Céline recommandait, pour la couverture du volume :
« Pas de sentimentalisme typographique. Du classique »[7] ;
l'équivalence mise entre ces deux injonctions a elle-même
quelque chose de voltairien. On peut d'ailleurs noter que cette
absence de sentimentalisme littéraire, pratiquée dans *Voyage*
et ultérieurement abandonnée, fut une des causes majeures
du succès de cette œuvre, et de la préférence que la plupart
des lecteurs lui accordent sur les autres romans ; Malraux ne
jugeait-il pas : « le *Voyage* [...] n'était pas sentimental et c'est
sa force »[8] ?

2. HYPOTHÈSE D'UNE RÉÉCRITURE DE *CANDIDE* PAR CÉLINE

Lorsque deux œuvres coïncident ainsi sur tant de points
précis, pouvons-nous attribuer ces coïncidences à un hasard ?
Il semble plus vraisemblable de supposer que Céline a
emprunté à *Candide* l'essentiel de l'architecture de *Voyage*.

Aucune preuve formelle ne permet, à notre connaissance,
d'étayer cette supposition, Céline n'ayant jamais formulé de
déclaration dans ce sens. Un silence qui ne prouve rien non
plus, car il n'eut pas l'occasion de nier cet emprunt, et il ne
se souciait guère d'éclairer sérieusement les critiques sur la
genèse de ses œuvres. Cependant de menus détails, aux alentours du texte, pourraient bien corroborer cette hypothèse.
L'avant-dernier paragraphe du « Prière d'insérer » est
construit sur une curieuse antiphrase :

> Il ne faudrait pas se méprendre au ton du *Voyage au bout de la nuit*
> et tenir ce livre souvent satirique jusqu'à la férocité pour un pamph-
> let. L'auteur conte de la manière la plus humble et la plus candide :
> les esprits non prévenus devront s'incliner devant la fidélité de son
> témoignage.

La « fidélité » du « témoignage » ne semble rien moins

7. Lettre au même d'août 1922, *ibid.*, p. 55.
8. Frédéric Grover, *Six entretiens avec André Malraux sur des écrivains de son temps*, Paris, Gallimard, 1978, « Idées », p. 88.

qu'avérée, et la mise en garde « Il ne faudrait pas se méprendre... » a surtout pour effet d'attirer l'attention sur les aspects pamphlétaires de l'œuvre. Une telle pratique ironique n'est pas sans rappeler les dénégations narquoises du Siècle des Lumières, et particulièrement celles dont Voltaire assortissait ses publications. D'autant que le vocabulaire paraît ici bizarrement vieilli : « L'auteur *conte* de la manière la plus humble et la plus *candide*... » il serait surprenant que ces mots aient été choisis au hasard, s'agissant d'un auteur qui prêtait attention au moindre détail et écrivait à sa secrétaire le 12 avril 1936 : « LA MOINDRE VIRGULE ME PASSIONNE » (*I*, p. 1399). On croirait plus volontiers que ces termes invitaient le journaliste littéraire de 1932 à se poser la question d'une trace éventuelle du *conte* intitulé *Candide* dans *Voyage au bout de la nuit* ; si ce journaliste était « lettré », il savait d'ailleurs que Voltaire a lui aussi écrit des « voyages », dont ceux d'un homme qui possède, comme Céline et comme son nom l'indique, « une expérience de vie extrêmement riche et diverse » (« Prière d'insérer »), l'*Histoire des voyages de Scarmentado*, qui prélude aux voyages de *Candide*. D'autre part, la publication de la « Postface au *Voyage au bout de la nuit*. Qu'on s'explique... » dans l'hebdomadaire *Candide* peut aussi constituer un clin d'œil[9].

Ce que Céline écrivit de Voltaire est loin d'invalider l'hypothèse proposée. Sa correspondance de jeunesse et ses interviews tardives montrent qu'il le connaît assez pour le citer et pour en faire son « personnage historique favori »[10] ; il voit en lui un « maître » en « architecture » : « Autrefois pour faire de l'architecture, on avait Bourget, les Goncourt, Voltaire. Lui surtout, il est le maître. Maintenant... [...] L'emmerdement c'est l'architecture. On ne peut pas s'en passer »[11].

9. Ce ne serait que par surcroît, car le choix de *Candide* pour la publication de cette postface doit surtout être imputé à un choix politique (voir *infra*, p. 235 et suivantes).

10. Jacques Izoard, « Un entretien avec L.-F. Céline », *L'Essai*, novembre 1959, repris dans *CC2*, p. 138.

11. « A propos du style : L.-F. Céline », interview avec Julien Alvard dans *Ring des Arts*, automne 1961, repris dans *CC7*, p. 459-460.

Voltaire représentant une des plus prodigieuses réussites du passé, Céline nourrit pour son talent, modèle et contre-modèle à la fois, des sentiments ambivalents. Par son « caractère » admirable et « l'effroyable scrupule au boulot des classiques », Voltaire lui semble être de ceux qui ont atteint « un *goût qui reste — une couleur absolue* »[12] ; mais il estime ou feint d'estimer que rien de nouveau n'a eu lieu en littérature depuis Voltaire, tous les écrivains s'étant employés à « copier » son style[13], et qu'enfin Céline vint pour ranimer la langue, « morte depuis Voltaire »[14]. De ce fait, lorsqu'il formule cet éloge des *Souvenirs d'un ours* de Lucien Descaves (qui paraissent loin de le mériter) :

[...] Tout y palpite... et de douleur et de pitié et de malice c'est un paysage bien enchanteur qui se déroule de ligne en ligne — malgré tristesse atroce, douleurs sans nombre, deuil, tant de chagrins — tout y chante malgré tout — le poète çà et là toujours ! Qui dit mieux ? C'est mieux que du Voltaire, aussi désinvolte, aussi dégagé, aussi pimpant et bien plus touchant, plus sensible[15].

on peut se demander s'il n'a pas tâché de devenir lui-même le Voltaire « émotif » d'un siècle de barbarie.

En outre, si on se rallie à l'hypothèse que Céline produisit, avec *Voyage*, une réécriture moderne de *Candide*, deux difficultés, d'inégale importance, se trouvent par là même aplanies.

Le texte du roman comporte en effet un épisode, au chapitre XIV, dont l'anachronisme a déjà fait couler beaucoup d'encre : voici des Africains anthropophages qui sont de mèche avec un prêtre dans une colonie espagnole pour fournir en rameurs une galère royale nommée *Infanta Combitta* ; Bardamu, après Robinson, est vendu comme galérien. Rien à voir avec les réalités africaines ou espagnoles des années 20... Cela rappelle, par contre, la dernière infortune subie par Pan-

12. Lettre à Albert Paraz du 27 mars 1949, *in CC6*, p. 143.
13. « L.-F. Céline vous parle », *in II*, p. 935.
14. Lettre à André Rousseaux du 24 mai 1936, *in I*, p. 1120.
15. Lettre à Lucien Descaves du 17 janvier 1947, *in BLFC6*, p. 99.

gloss qui rame dans une chiourme au chapitre XXVII de *Candide*, et la fin de l'*Histoire des voyages de Scarmentado* où le héros connaît une aventure symétrique à celle de Bardamu : tandis que Bardamu est vendu comme galérien par des Noirs agriculteurs, Scarmentado est vendu comme esclave agriculteur par des corsaires nègres qui se sont emparés de lui, et tous deux conviennent que les Noirs sont dans leur droit :

> [...] Vous nous achetez aux foires de la côte de Guinée, comme des bêtes de somme, pour nous faire travailler à je ne sais quel emploi aussi pénible que ridicule. [...] aussi quand nous vous rencontrons, et que nous sommes les plus forts, nous vous faisons esclaves, nous vous faisons labourer nos champs, ou nous vous coupons le nez et les oreilles.
> On n'avait rien à répliquer à un discours si sage (*Histoire des voyages de Scarmentado*, dernière page).
> Chacun son tour, c'était régulier (*V*, p. 183).

Bien plus tard, d'après Robert Poulet, Céline expliqua cet épisode par une « élucubration de la fièvre. Comme dans *D'un château l'autre*, le chapitre du bateau-mouche, [...] Episodes où intervient la féerie, pour mettre de la profondeur dans l'idée et pour rappeler le point de vue de l'artiste »[16]. Ce « point de vue » de l'artiste pourrait être le point de vue philosophique qui préside à l'ensemble de l'œuvre, et cet épisode extravagant pourrait signaler l'épaisseur du palimpseste en laissant voir, sous la narration de *Voyage*, le texte voltairien primitif.

D'autre part, l'hypothèse d'un détour par Voltaire permet de proposer une explication pour le moment clef de la carrière littéraire de Céline, cette mystérieuse mutation qui fit surgir *Voyage au bout de la nuit* de *L'Église*, qu'il considérait lui-même comme sa « première forme » tout à fait « tarte », comme un « effort avorté et sans intérêt »[17]. Nous adhérons au point de vue qu'exprime Henri Godard au terme de son étude des rapports génétiques entre *Des Vagues*, *L'Église* et *Voyage* (*I*, p. 1157-1172) :

16. Robert Poulet, *op. cit.*, p. 83.
17. D'après plusieurs échos anonymes relevés dans *CC1*, p. 76-77.

[...] Dans *L'Église*, *Voyage au bout de la nuit* est à la fois préfiguré et absent. Pour qu'il surgisse, à partir d'éléments déjà pour une part réunis, des options fondamentales sont encore à prendre. [...]

Entre cet essai manqué et la réussite déjà évidente de *Voyage au bout de la nuit*, on aimerait suivre pas à pas le cheminement, cerner de plus près le passage, saisir sur le vif le moment où s'accomplit la métamorphose.

Le choix d'écrire un *Candide*-1932 peut constituer, selon nous, ce « moment où s'accomplit la métamorphose », car toutes les modifications « fondamentales » qu'on relève dans le passage de *L'Église* à *Voyage* peuvent être imputables au modèle voltairien ; qu'il s'agisse de « l'introduction, au premier commencement, de l'expérience de la guerre », absente de *L'Église* et qui met toute la lecture de *Voyage* en perspective ; ou de la « transformation du statut social du personnage » qui fait du médecin de *L'Église* le Bardamu va-nu-pieds de *Voyage* (et l'élimination de l'épisode de la S.D.N. en est la conséquence logique) ; ou bien encore de la transformation de Pistil, comparse peu brillant de *L'Église*, en un Robinson dont l'importance est égale à celle de Bardamu dans la démonstration ; ou enfin de la disparition de l'élément féminin, aimable et aimant, de la danse et des danseuses, qui offraient dans *L'Église* un contrepoids au dégoût, et entachaient le texte d'attendrissement « tarte ». Il en est de même pour des modifications moins importantes : il est conforme à l'itinéraire de Candide que Bardamu connaisse à présent deux contrées coloniales au lieu d'une comme dans *L'Église*, qu'il rentre bredouille d'Eldorado au lieu d'en revenir marié, et que Céline ajoute, en chapitre X, la traversée sur l'*Amiral-Bragueton*, en se souvenant, pour ce faire, de sa nouvelle *Des Vagues*. Peut-on considérer comme un hasard que tous ces éléments qui marquent la mutation de *L'Église* en *Voyage* soient précisément des éléments par lesquels *Voyage* s'apparente à *Candide* ? Il semble plus vraisemblable d'imaginer que les « efforts avortés » de ses précédentes tentatives, *Progrès* et *L'Église*, ont convaincu Céline de la nécessité d'une « architecture » qui tienne bon, et qu'il eut alors l'idée de génie de recourir au schéma voltairien.

3. SITUATION LITTÉRAIRE DE CETTE RÉÉCRITURE

Cette idée ne doit pas surprendre, pour au moins trois raisons, que nous allons développer successivement : d'une part, l'image qui était alors celle de Voltaire avait de quoi intéresser Céline ; d'autre part, un projet détaillé de réécriture de *Candide* avait été émis en 1922 par Mac Orlan ; enfin, l'idée même de remployer le matériau des anciens chefs-d'œuvre, de réécrire, était très présente dans la création des années 20.

Voltaire est au nombre des écrivains français dont la gloire a des couleurs politiques et dont l'œuvre est régulièrement relue moins pour ce qu'elle a contenu que pour l'emploi moderne qu'on en peut faire. Dans l'entre-deux-guerres, il y a ainsi deux Voltaire, l'un républicain et l'autre pas. Le premier a la part belle dans l'enseignement de cette Troisième République née peu après son centenaire : il représente, pour la forme, la perfection du dernier classicisme, pour le fond, l'exercice intransigeant de l'esprit critique, pour la morale, le bon exemple d'un engagement résolu, pour l'histoire, un des pères de la démocratie. Le second est une machine de guerre antirépublicaine : pamphlétaire incisif, il patronne la tradition de l'irrespect contre les conforts intellectuels bourgeois et sert à ridiculiser l'emphase des générosités républicaines et la « sensiblerie » rousseauiste et romantique ; homme des derniers jours de la « douceur de vivre », il est opposé à l'imbécile satisfaction des masses modernes ; commensal des princes, il est opposé à l'aberration rousseauiste du suffrage universel. Tel est le Voltaire de droite, celui qui est à la mode (et le restera quelques années, le temps de servir au pacifisme germanophile et à l'antisémitisme de l'avant-guerre), celui auquel Léon Daudet emprunte le titre de *Candide* pour l'hebdomadaire qu'il fonde en 1924. Il ne serait donc pas étonnant que Céline ait recouru lui aussi à Voltaire ; un aussi vif éclat politique ne devait pas le laisser indifférent.

D'autre part, depuis le début de la Grande Guerre, l'exploitation littéraire de Voltaire n'avait pas manqué[18]. Les uns avaient enrôlé son ironie anti-germanique dans la propagande belliciste, d'autres avaient utilisé ses personnages ou son ton pour prendre leurs distances avec les abus intellectuels du patriotisme, par exemple Abel Hermant dans ses *Heures de guerre de la famille Valadier* en 1915, et Adrien Bertrand (qui partagea en 1916 le Prix Goncourt avec Henri Barbusse) dans son *Orage sur le jardin de Candide* en 1917. Mais ces précédents importent moins, pour situer *Voyage*, que le projet de réécriture de *Candide* que Mac Orlan publia en 1922, en préface à une édition de luxe de ce roman. En voici l'essentiel :

CANDIDE ET LES HOMMES DE 1918

La première cellule vivante errant avec inquiétude dans un marais de la terre préhistorique portait en soi la double essence de Candide et de Pangloss.

Le livre de Voltaire est le livre de la majorité, il exprime merveilleusement la philosophie désabusée et ironique de ceux que le destin ne cesse d'asservir sous les formes les plus diverses et, parfois, les plus incongrues.

Ce n'est pas un livre d'action. Au XVIIIᵉ siècle, pour les lecteurs du temps qui — comme nous — s'inquiétaient devant les signes démoralisants des grands bouleversements sociaux, ce joli roman, d'une si parfaite nonchalance sociale, devait apparaître comme un des éléments plus séduisants de l'anarchie. Car l'expression de la sagesse intime des classes les moins combatives d'une société offre toujours un merveilleux choix d'images et d'idées révolutionnaires quand l'art d'un écrivain veut bien les parer d'un style séducteur et dangereux.

Candide, paraissant quelques années avant l'un des « grands soirs » de l'humanité, sous une forme satirique, discréditant un des principes de Leibniz, dépassait la volonté de son auteur.

Dans toute œuvre littéraire le subconscient trahit parfois la volonté

18. Voir Michel Delon, « Candide et Justine dans les tranchées », *in Studies on Voltaire and the eighteenth Century*, Oxford, Voltaire Fondation, 1980, vol. 185, p. 103-118. Michel Delon nous a également appris l'existence de *Candide et les hommes de 1918*.

de l'écrivain; c'est toujours là qu'il faut rechercher la marque de son génie. Et pour cette raison que le subconscient des hommes de qualité de son temps se nourrit des mêmes éléments, ce génie apparaît moins clairement que les marques raisonnables de l'habileté littéraire.

La satire de Voltaire, en plaçant l'optimisme dans les limites à peine exagérées que les événements lui assignent, comporte en exégèse les appétits révolutionnaires du peuple pour qui, en dehors de quelques pendaisons impromptues, la moquerie est une arme à deux tranchants.

On peut dire, maintenant que l'on connaît le programme social des années qui suivirent celle de 1759, que le roman célèbre du docteur Ralph est l'œuvre d'un bourgeois spirituel et timoré, dont le subconscient pressentait une guerre civile où sa raison lui interdisait tout rôle actif.

On ne peut guère reprocher cette attitude à Voltaire, car entre l'idée qui détermine le geste et le geste qui réalise l'idée, il y a toutes les critiques de l'intelligence.

Si l'on reprend la lecture de *Candide*, maintenant qu'une série d'événements, en partie comparables à ceux de 1759, mais avec cette amplification que donne aux gestes de l'humanité la progression émouvante de la vitesse la rapprochant vertigineusement d'on ne sait quel but, on y retrouve une philosophie qui n'a pas vieilli, prête à s'incorporer sans accroc dans un cadre fabriqué à sa mesure.

Candide est entièrement construit sur un thème immortel parce que l'idée n'est pas dominée par l'atmosphère du temps où le livre fut écrit. On ne pourrait en dire autant, par exemple, des cinq livres de Rabelais qui, tout en demeurant un modèle d'une puissance sociale incontestable, n'en restent pas moins un ouvrage étroitement lié à l'atmosphère de son temps.

Les aventures de Candide et de Pangloss, son bon ou son mauvais génie, se déroulent en dehors de la reproduction directe des choses qui devaient constituer le réalisme de ces aventures.

Les mœurs du XVIIIe siècle apparaissent derrière la satire, mais transformées littérairement et généralisées au point qu'elles ne peuvent servir de documents.

Pour cette raison, cette histoire évoluant dans un cadre d'une sobriété particulière où les influences étrangères se trouvent nettement purifiées au filtre de l'esprit français, constitue un type unique de livre sans âge, semblable à un mannequin de belles proportions que l'on transforme, selon l'heure, avec des nippes nouvelles ou rajeunies et que toutes les « atmosphères du temps » passé ou à venir peuvent animer sans perdre leur originalité.

Il n'y a pas d'idées nouvelles. Voltaire offre les mêmes idées que

M. Anatole France. Les hommes-machines-intellectuelles qui précédèrent ces deux grands écrivains remontent jusqu'à cette mélancolique cellule perdue dans les brouillards et les boues riches en iguanodons, cette cellule qui portait en soi les germes de *Candide* et de toutes les idées permises aux hommes qui furent toutes créées avec la première manifestation de la vie humaine.

Mais ce qui, entre Voltaire et l'homme-machine-intellectuelle de notre époque, constitue une différence absolue, c'est la réalisation de l'atmosphère où ces deux hommes travaillent pour exposer les idées traditionnelles. Voltaire ne pouvait concevoir l'état d'esprit, l'état des nerfs, les actions et les réactions d'un homme dominé par le passage des ondes électriques domestiquées, par l'accomplissement quotidien et inquiétant d'une vie artificielle dans une nature quotidiennement recréée par l'homme. Et cet homme modifiant des idées déjà manufacturées, fabriquant de vieilles idées avec des moyens éternels, se compose en définitive une personnalité évidente grâce au décor dont il pare ou enlaidit la durée de son existence.

Le bouillon de culture où les idées humaines évoluent avec leur contagion, permet aux hommes d'être différents de siècle en siècle, ou d'année en année, à mesure que la rapidité des mille roues à engrenage de notre monde mécanique et en résumé enthousiasmant, nous rapproche de ce but difficile à prévoir et qui n'est peut-être que le gouffre de l'Antarctique où la pirogue de Gordon Pym sombra avec les dernières ressources de l'imagination d'Edgar Allan Poe.

Si les hommes, socialement, n'ont pas acquis des vertus merveilleuses et si dans leurs rapports avec les idées économiques qui les gouvernent ils n'ont pas acquis des connaissances dignes d'être remarquées, il n'en est pas moins vrai, qu'ils savent par quels moyens on cultive la personnalité, cet orgueil délicat de n'être point absolument semblables aux autres : « Voir, comme dit le soldat de Kipling, voir, s'émerveiller de voir, tenir un monde sous ses paupières » et laisser l'atmosphère qui nous entoure, celle de notre vie, différente de celle de Voltaire, pénétrer en nous avec la force bourdonnante de l'électricité asservie, provisoirement.

Et c'est parce que *Candide*, qui n'est que l'histoire d'un homme d'intelligence moyenne et d'un révolutionnaire passif, a été écrit par Voltaire, en dehors de toutes préoccupations d'être *de son temps*, ou plus exactement parce que Voltaire a su dégager du temps, par l'extériorisation inconsciente de son génie, une histoire essentiellement humaine, que *Candide*, de siècle en siècle, peut être, sinon refait avec le charme du grand écrivain français, du moins transformé et baigné dans une atmosphère telle qu'il sera difficile de discerner dans les élé-

ments nouveaux, empruntés à l'atmosphère de notre temps, l'architecture de cette satire universellement connue du monde littéraire.

Pour un écrivain moderne, qui à l'exemple de M. Joyce reprenant
les aventures d'Ulysse tenterait d'infuser au roman de Voltaire une vie
nouvelle tenant compte des moteurs d'aviation et des présences mysté-
rieuses de la TSF, quatre éléments apparaissent dans l'histoire de Candide, quatre éléments qui peuvent permettre à l'imagination humaine
de poursuivre ses plus émouvantes spéculations : l'aventure, l'érotisme,
l'Allemagne et le Romantisme, la révolution ou l'inquiétude.

Il n'est pas difficile d'isoler le thème d'un roman d'aventures dans
Candide. C'est le roman d'aventures conçu dans les règles du goût du
temps, aussi peu réaliste que possible, au sens moderne de ce qualifi-
catif. Comme dans tous les romans d'aventures de cette époque, les
événements exceptionnels s'accumulent laissant peu de place aux détails
qui seuls permettent de réaliser la vie, telle que nous l'aimons maintenant dans une œuvre littéraire. [...]

Un des éléments d'atmosphère, qui n'est point le moins négligeable *[sic]* dans *Candide*, c'est encore la présence discrète d'un érotisme
littéraire de bonne compagnie. [...] Voltaire ne recule jamais devant un
détail érotique précis [...]. Ceci n'est pas une critique, la présence de
l'érotisme dans une œuvre littéraire ne peut qu'augmenter la puissance
et l'humanité de cette œuvre. [...] L'érotisme est un levier puissant qui
ne donne pas seulement de l'intérêt aux livres de psychanalyse mais
colore littérairement les révolutions et jette un mystère suggestif sur
les mouvements de foule les plus homicides. Il est inutile d'ajouter que
son domaine est étroitement limité ou largement développé par la personnalité secrète du lecteur. [...]

Ce que l'on peut encore utiliser avec profit en relisant *Candide*, c'est
l'influence de l'Allemagne sur la partie pittoresque du roman du docteur Ralph, un peu avant sa mort à Minden. Voltaire qui accueillait
avec enthousiasme, comme beaucoup de ses contemporains, les auteurs
étrangers avait le choix entre la supercherie d'une traduction anglaise
et celle d'une traduction allemande. Il préféra cette dernière. Il avait
vécu à la cour de Prusse, la guerre de Sept ans permettait des rapprochements aisés, et puis l'esprit romantique de la vieille Allemagne, bien
avant les romantiques et le fastidieux *Moine* de Lewis, pénétrait l'esprit
réaliste et pratique des Français. Voltaire critiqua les Allemands mais,
là, il ne montrait pas ses goûts intimes. Il ne se laissa jamais aller à
cœur ouvert, sans restriction, comme le fit Gérard de Nerval dans les
Sensations d'un voyageur enthousiaste. Il serait curieux de rechercher
l'influence allemande sur la partie purement pittoresque, d'ailleurs, de
l'inspiration des écrivains français.

Enfin, et pour en terminer avec les éléments de *Candide* que nous
pouvons considérer comme appartenant à tous ceux qui voudront tenter
de les utiliser, il faut insister sur le côté révolutionnaire de cette œuvre,

encore plus anarchique que révolutionnaire, ce qui enlève toute idée de réaction à ce mot. La force révolutionnaire de Candide et de Pangloss est une force d'inertie, elle oppose la calme résignation d'un esprit qui n'est pas dupe aux cataclysmes naturels et artificiels. Aucune puissance politique ne peut agir sur des hommes comme Candide et Pangloss : ils formeront toujours l'opposition, quel que soit le système social qui les gouverne.

Il serait curieux, en partant de ces quatre éléments, de reprendre *Candide*, livre d'expression internationale, et de le traiter en le développant dans des atmosphères nouvelles. On aurait pu obtenir un *Candide* écrit par Rimbaud et traité selon le simultanéisme d'images et d'idées qui s'impose depuis ce grand poète ; Laforgue y eût trouvé une silhouette de Cunégonde, mi-sentimentale, mi-ironique, et de nos jours, des hommes, comme Jean Giraudoux, Jules Romains, André Gide, etc., y trouveraient l'architecture d'un livre, peut-être parmi les plus curieux et les plus personnels de leur œuvre.

En somme, si l'on tient compte que *Candide* fut écrit en marge de la guerre de Sept ans, au milieu de l'engouement des savants et de la société pour Leibniz, dans le malaise provenant d'un bouleversement social qui fut une des causes de la merveilleuse originalité de la nation française aux yeux de l'Europe centrale, on peut se permettre un rapprochement.

Il est bien entendu que, pour récrire *Candide*, il ne faudrait point négliger la guerre de Cinq ans, la présence d'Einstein, l'influence de la littérature scientifique allemande et peut-être, quand elle sera mieux connue, leur littérature, un certain snobisme qui, cette fois, rajeunit encore les meilleurs romantiques et l'inquiétude extraordinaire d'un monde attentif et sans maître[19].

Céline a-t-il lu ce texte de Mac Orlan ? Nous l'ignorons. Nous pouvons seulement noter que Mac Orlan est le seul écrivain français vivant auquel il soit fait référence dans le roman (*V*, p. 70, par la mention de la cavalière Elsa, personnage d'un roman de Mac Orlan adapté à la scène), que, si Céline a très rarement mentionné son nom, il lui consacre une ligne élogieuse dans *Bagatelles pour un massacre*, parmi les écrivains qu'il admire (« Il avait tout prévu, tout mis en musique, trente ans d'avance » — *BM*, p. 216), et que, dans sa lettre à

19. Pierre Mac Orlan, « Candide et les hommes de 1918 », *in* Voltaire, *Candide*, Jules Meynal, 1922. Repris dans Mac Orlan, *Masques sur mesure*, t. III, p. 427-435, t. XXV des *Œuvres complètes*, Lausanne, Edito-France, 1971.

Edmond Jaloux du 19 novembre 1932, il fait « remonter à dix ans » (*I*, p. 1107), soit à 1922, année de publication de *Candide et les hommes de 1918*, le « projet » de *Voyage au bout de la nuit*.

Quoi qu'il en soit, la lecture attentive de *Candide et les hommes de 1918* procure au lecteur de *Voyage* une illusion d'optique : ne croirait-on pas, par moments, que Mac Orlan décrit le roman de Céline plutôt que celui de Voltaire ? De fait, la critique de 1932 n'a-t-elle pas vu dans *Voyage* « un des éléments les plus séduisants de l'anarchie », « encore plus anarchique que révolutionnaire » ? La voix de Bardamu n'a-t-elle pas passé pour celle « de la majorité », exprimant « la philosophie désabusée et ironique de ceux que le destin ne cesse d'asservir » ? Bardamu est-il autre chose qu'un « homme d'intelligence moyenne et un révolutionnaire passif » et Robinson « son bon ou mauvais génie » ? Peut-on nier que, dans *Voyage*, « les mœurs du [XXe] siècle apparaissent derrière la satire, mais transformées littérairement et généralisées au point qu'elles ne peuvent servir de documents » ? Et lorsqu'on connaît les dispositions politiques de Céline en 1933 par sa lettre de fin mai 1933 à Elie Faure (« Au Fascisme nous allons, nous volons. Qui nous arrête ? Est-ce les quatre douzaines d'agent[s] provocateurs répartis en cinq ou six cliques hurlantes et autophagiques ? » — *BLFC6*, p. 46) ou par sa réponse à *Avant-poste* de juin 1933 (*CC7*, p. 18), ne peut-on pas le reconnaître dans ce « bourgeois » « dont le subconscient pressentait une guerre civile où sa raison lui interdisait tout rôle actif » ? D'autre part, les « quatre éléments » de *Candide* qui, d'après Mac Orlan, « peuvent permettre à l'imagination humaine de poursuivre ses plus émouvantes spéculations » se retrouvent effectivement au premier rang de *Voyage* : c'est bien un roman d'« aventures », fortement assaisonné d'« érotisme », bâti sur « l'inquiétude révolutionnaire », et non sans perspective vers un néo-« romantisme ». Lorsqu'on voit Mac Orlan préconiser de ne « point négliger la guerre de Cinq ans » et suggérer de s'inspirer de la « littérature scientifique allemande », on songe que l'expérience de la guerre de 14 est effectivement déterminante dans *Voyage* et que Céline s'y sert de la psychanalyse. Enfin, Mac Orlan souhaite que soit prise en compte la vie moderne, et le « Prière d'insérer » annonce que « l'auteur tend à créer une image très fidèle de l'homme des villes » ; Mac Orlan cite une formule de Kipling pour définir la perception personnelle du monde qui caractérise l'homme moderne (« Voir, [...] tenir un monde sous ses paupières »), et une expression très proche se trouve à la fin de l'avant-dire de *Voyage* : « Il suffit de fermer les yeux » (*V*, p. 5).

De ce fait, on aimerait formuler l'hypothèse suivante : Céline aurait trouvé dans *Candide et les hommes de 1918* le projet de réécriture de *Candide* qui allait aboutir à *Voyage au bout de la nuit* et il aurait fait siens certains des points d'optique et des moyens que Pierre Mac Orlan proposait pour cette réécriture. Si l'hypothèse est séduisante, elle n'en demeure pas moins invérifiable... On retiendra cependant au moins de la lecture de *Candide et les hommes de 1918* que l'idée de « trouver dans *Candide* l'architecture d'un livre », de reprendre le vieux chef-d'œuvre en le « baignant dans une atmosphère telle qu'il sera difficile de discerner dans les éléments nouveaux, empruntés à l'atmosphère de notre temps, l'architecture de cette satire universellement connue du monde littéraire », cette idée était dans l'air au moment où Céline commençait à écrire *Voyage au bout de la nuit*.

On peut observer, plus largement, que le remploi des objets culturels du passé est une des pratiques caractéristiques de la littérature au moment où Céline entreprend d'écrire son roman (vers l'été 1929). Pour toute une génération, ce n'est évidemment pas du plagiat, ni nécessairement de la parodie, mais une utilisation euphorisante de la culture, un travail poétique et/ou comique et/ou philosophique où le vieux matériau sert à édifier les représentations du présent par le biais du contraste, de la métaphore ou du symbole. Giraudoux ou Gide, auxquels Mac Orlan dédie son projet, sont représentatifs de cette pratique. Les spectacles du « Cartel des Quatre », dont Céline semble avoir suivi de près la production vers 1929 (voir

*CC*7, p. 71-75), vont de Jeanne d'Arc en Œdipe et de Sieg-
fried en Amphytrion. Si cette pratique du palimpseste peut
être en elle-même considérée comme classique, ces « classiques » à l'œuvre dans l'entre-deux-guerres relèvent de courants
littéraires divers. Le plus moderne d'entre eux est James
Joyce, dont Mac Orlan propose de suivre l'exemple, et dont
Ulysses, publié en 1922, est traduit en français en 1929. Céline
s'est-il inspiré des techniques joyciennes ? Nous exprimerons
notre point de vue sur cette question au terme de notre étude.

4. LA QUESTION PHILOSOPHIQUE DE *VOYAGE AU BOUT DE LA NUIT*

Dès le départ, Céline souligne que son livre « pose une
question » : « L'essentiel, voyez-vous, dans la littérature, c'est
de poser une question. *Macbeth*, hein, ça pose une question ?
Dostoïevsky, ça pose une question, quelques livres, comme
ça, dans le monde... Le reste, hein ? »[20]. Et il explique, non
sans humeur, à Merry Bromberger :

> Le fond de l'histoire ? Personne ne l'a compris. Ni mon éditeur,
> ni les critiques, ni personne. Vous non plus !
> Le voilà ! C'est l'amour dont nous osons parler encore dans cet
> enfer, comme si l'on pouvait composer des quatrains dans un abattoir.
> L'amour impossible aujourd'hui. [...]
> Personne n'a compris. Il est raté, hein, mon bouquin ? Mais si ! [...]
> Je l'ai compris quand j'ai dû le relire. Si j'avais la force de Dostoïevsky,
> je le recommencerais[21].

La « question » que pose *Voyage* est donc celle de *Macbeth* et de Dostoïevski, la question métaphysique (sinon
« mystique », comme Céline écrivait dans la préface de 1949),
« la bonne question, la vraie » (*V*, p. 378) : celle du mal. C'est
en quoi l'emprunt à *Candide* est naturel ; c'est la question

---

20. Georges Altman, « Les "Goncourt" avaient un grand livre... [...] », *in
Monde*, 10 décembre 1932, repris dans *CC1*, p. 37.
21. Merry Bromberger, *op. cit., in CC1*, p. 31.

même que posent Candide et Voltaire : « Mais vous, Monsieur Martin, [...] quelle est votre idée sur le mal moral et le mal physique ? » (chapitre XX). La pensée européenne de l'après-guerre semble d'ailleurs ne pouvoir se passer de Voltaire pour envisager la question du mal, que ce soit Maurice Genevoix au front, dans *La Boue* (1921), ou Sigmund Freud au début de *Malaise dans la civilisation* (1929)[22].

Malraux, qui avait compris l'enjeu philosophique du roman, s'étonnait que Céline n'eût pas pris Dostoïevski pour « dialogueur principal » :

> Dostoïevski pose [...] le problème en termes métaphysiques. Pour lui, la grande énigme c'est la présence du mal sur la terre. Vous vous souvenez de ce que dit Ivan Karamazov : « Si l'harmonie de l'univers suppose la souffrance et la mort d'un seul enfant innocent, je rends mon billet, je ne veux pas de cette création. » C'est ce que pensait Dostoïevski. Son point de vue était celui d'un chrétien[23].

Céline s'est souvenu, lui aussi, de ce que dit Ivan Karamazov ; la mort « naturelle » de Bébert et les souffrances de la petite fille torturée par ses parents (qu'Henri Godard a pertinemment imputées à un souvenir du chapitre « La révolte » des *Frères Karamazov* — voir *I*, p. 1247) en sont le signe. Mais l'auteur de *Voyage* « rend son billet » d'entrée de jeu, en soulignant, par sa « prière vengeresse et sociale » qu'il intitule « LES AILES EN OR », qu'il ne s'agit pas de métaphysique, ou alors d'une métaphysique sans Dieu, d'une métaphysique dans l'histoire :

> *Un Dieu qui compte les minutes et les sous, un Dieu désespéré, sensuel et grognon comme un cochon. Un cochon avec des ailes en or qui retombe partout, le ventre en l'air, prêt aux caresses, c'est lui, c'est notre maître. Embrassons-nous !* (*V*, p. 9).

Dieu est déjà mort quand commence *Voyage*, il est remplacé par ce que le catholicisme nommait le « siècle », en

---

22. Maurice Genevoix, *La Boue*, « La réserve », *In Ceux de 14*, Paris, Flammarion, 1950, p. 384-385. Sigmund Freud, *Malaise dans la civilisation*, Paris, PUF, 1971, p. 19-25.
23. Frédéric Grover, *op. cit.*, p. 99.

l'occurrence un siècle capitaliste et matérialiste, seulement régi
par l'argent et le désir ; réflexion métaphysique et « vengeance
sociale » se confondent ; le roman est bien « philosophique »,
au sens vaste que le XVIIIᵉ siècle donnait à ce terme : Céline
y médite conjointement sur la nature humaine, l'histoire et
la société.

La « prière » « LES AILES EN OR » spécifie même, par allusion, ce qui fait problème dans l'histoire récente : c'est « l'abattoir » et « l'enfer » dont Céline parlait à Merry Bromberger,
la guerre et l'ignoble paix qui la suivit. Cette « prière » est
écrite en effet en référence aux campagnes de propagande des
bons de la Défense nationale. Ces campagnes « Donnez votre
or » furent menées à partir de novembre 1915 avec, pour support publicitaire, plusieurs séries d'affiches et de cartes postales représentant une Victoire dorée dans diverses postures
allégoriques et portant le slogan « Les ailes d'or de la Victoire » ; les discours de propagande s'appuyaient sur cette
image, par exemple :

> La victoire [...] veut des ailes d'or pour survoler l'ennemi, des ailes
> d'or pour entraîner nos soldats jusqu'à la frontière, des ailes d'or pour
> emporter la France et, avec elle, l'humanité aux radieux sommets de
> la paix où nous ne craindrons plus les vautours de la barbarie. [...]
> O France ! tes fils sont prêts pour toi à tous les sacrifices. Les uns
> te donnent leur sang, les autres te donneront leur or. Et avec ce sublime
> amalgame de sang et d'or, tu feras de la gloire, de la liberté, de la vic-
> toire, pour toi et pour l'humanité, pour demain et pour des siècles[24].

C'est cette Victoire qui « retombe partout » à présent, et
Céline ressent l'histoire de sa génération comme une « obscène » « cochonnerie ». Un critique de 1932 l'avait senti, qui
voyait dans *Voyage* « le roman de l'homme malade de civilisation », « le roman de tous les pauvres types que la guerre
a broyés et, après l'armistice, l'après-guerre avec ses vomis-
sures, son chaos, sa famine, son désespoir »[25]. Les « dialo-

24. M. le chanoine Coube, *Les Ailes d'or de la Victoire*, Paris, P. Lethiel-
leux, 1916.
25. René Trintzius, « L.-F. Céline — *Voyage au bout de la nuit* », in *Europe*,
15 décembre 1932, repris *in* Jean-Pierre Dauphin, *Les critiques de notre temps
et Céline*, Paris, Garnier, 1976, p. 19-20.

gueurs principaux » (pour reprendre l'expression de Malraux) que Céline choisit pour dire le mal tel que son siècle le découvre ne seront donc pas de l'espace religieux, ce seront, nous l'expliquerons, Barbusse et Freud.

Voyage au bout de la nuit a donc vocation à soutenir une lecture philosophique, symbolique, en utilisant ce terme au sens que Céline lui donnait quand il déclarait dans son *Hommage à Zola* : « On ne sortirait pas de prison si on racontait la vie telle qu'on la sait, à commencer par la sienne. Je veux dire telle qu'on la comprend depuis une vingtaine d'années. [...] La réalité d'aujourd'hui ne serait permise à personne. A nous donc les symboles et les rêves ! » (*CC1*, p. 78). Mais avant d'en venir à cette lecture, on peut observer quelques-uns des aspects de la narration qui caractérisent l'écriture « philosophique » de Céline.

5. L'ÉLABORATION D'IMAGES SYNTHÉTIQUES.
     PREMIER EXEMPLE : LA REPRÉSENTATION DE LA GUERRE.

Voyage n'est ni un roman réaliste, ni un témoignage, même s'il rend compte du fonctionnement de la société française de 1914 à 1932. A la sortie du livre, de nombreux critiques voulurent y voir la continuation du naturalisme. Céline autorisa pendant quelque temps ce rapprochement ; il prononça un *Hommage à Zola* à Médan, le 1er octobre 1933, puis, en 1936, il laissa Denoël comparer, dans son *Apologie de Mort à crédit*, le scandale soulevé par cette œuvre avec ceux que Zola provoquait. Mais, en même temps, il ne faisait pas mystère de son agacement : il écrivait le 5 octobre 1933 à Eugène Dabit qu'il n'était allé à Médan que « pour faire plaisir à Descaves » (*BLFC6*, p. 53), et son *Hommage*, à force de litotes et d'euphémismes, valait un courtois refus d'héritage. Des critiques plus récents ont souligné que, par la place qu'y avaient le noircissement, la fantaisie et l'invention, *Voyage* tournait en vérité le dos à toute espèce de réalisme.

Si ce roman se sépare du réalisme, tout aussi certainement

que de l'autobiographie, c'est avant tout, nous semble-t-il, parce qu'il entretient avec le réel les rapports qu'entretiennent les romans philosophiques. Céline n'a pas pour projet essentiel de décrire, ou de se raconter, mais d'énoncer des « vérités », de prendre position, d'élaborer des images synthétiques qu'il puisse présenter en disant : la guerre, c'est ça, la colonisation, c'est ça, l'Amérique, c'est ça, etc. Pour parvenir à ces images essentielles où le spectacle des objets décrits tend à n'être que l'affichage de leur vérité profonde, le travail de l'écrivain est de dépasser, après les avoir unifiées, toutes les représentations qu'ont déjà connues ou connaissent les objets qu'il décrit. L'étude détaillée de l'élaboration de l'image de la guerre permet de se faire une première idée de ce travail.

La première entorse de Céline au réalisme est de gauchir continûment la chronologie[26] en sorte de rassembler la variété des moments divers en un seul moment essentiel. Si l'on songe qu'en 1932 la guerre appartenait à l'histoire immédiate, la chronologie des chapitres de guerre paraît bien peu cohérente ; quel que soit le moment de la guerre désigné par certains détails, d'autres détails renvoient toujours à l'année 17. Ainsi les trois chapitres consacrés aux combats (*V*, p. 11-47) couvrent les trois premiers mois du conflit, guerre de mouvement, avant que le front n'ait fini de s'enterrer dans les tranchées. L'épisode qui clôt ces chapitres peut être daté globalement de la fin de l'année 1914 : le combat de la Maison du Passeur s'acheva le 4 décembre. L'affirmation « C'est à partir de ces mois-là qu'on a commencé à fusiller des troupiers pour leur remonter le moral, par escouades » (p. 30) constitue donc un anachronisme, les fusillés « par escouades » ne pouvant renvoyer qu'à la « décimation » qui a suivi les mutineries de 1917. Les pages consacrées à l'arrière connaissent la même double datation ; le chapitre V se situe en 1915,

26. De manière générale, l'auteur de *Voyage* manifeste une grande désinvolture vis-à-vis de la vraisemblance temporelle ; les incohérences les plus visibles concernent les âges, fluctuants ou mal accordés entre eux, de ses personnages principaux.

puisque « voilà un an qu'ils sont partis » (p. 57), mais la maîtresse du narrateur fait partie du Corps expéditionnaire américain, et les Etats-Unis ne sont entrés en guerre qu'en avril
1917 ; le chapitre IX est daté de 1916, par des allusions à un
« service en ville » qui dure « depuis deux ans » (p. 105) et
à la bataille de la Somme (p. 110), or le chapitre VII était daté
de 1917, par les lettres que Mme Hérote envoie « au Maréchal Pétain, en anglais, [...] pour le faire enrager » (p. 76) —
allusion aux différends qui l'opposèrent au commandement
britannique lorsqu'il devint commandant en chef des armées
du Nord et du Nord-Est.

Céline tend ainsi à définir une sorte d'essence de la guerre :
c'est 1917 constamment lisible en filigrane, l'année terrible,
celle du pire holocauste et du doute, des mutineries et des grè-
ves, et du redressement par Pétain. Après la seconde guerre,
il y verra l'apogée d'un certain héroïsme, tout à la gloire du
« caractère à Pétain » (*CA*, p. 135) et de la France : « La
France là, avoué simplement, ça va de Sainte Geneviève sur
son mont à Verdun 17, après c'est plus que du drôle de
monde » (*F1*, p. 24). Le propos de *Voyage* se situe au contraire
dans une optique libertaire ; à l'autre bout du roman Bardamu
célébrera à sa manière le « 4 mai », l'anniversaire des mutineries de 1917 (*V*, p. 428). La chronologie symbolique de la
narration double ainsi une affirmation du narrateur : la vraie
guerre, « la profonde, la vraie de vraie » (p. 30), c'est la guerre
civile entre le gendarme et l'insoumis.

Quant à la description du front, Destouches avait vécu
assez de combats jusqu'à sa blessure le 27 octobre 1914 pour
que Céline puisse écrire un témoignage personnel. Or le récit
n'est fidèle à l'expérience de Destouches qu'en ce qu'il abandonne le front à la fin de 1914, évoquant en un seul paragraphe de congé (« Et puis il s'est passé des choses et encore des
choses [...] », *V*, p. 47) la guerre des tranchées qui demeure,
pour la mémoire collective, la « grande » guerre. Cependant,
Céline ne décrit pas les trois premiers mois de la guerre en
ce qu'ils eurent de spécifique. Il y investit une vision globale,
ce qui ne va pas sans anachronismes ; par exemple il est

peu vraisemblable qu'en août 1914 un personnage qui vient
de s'engager d'enthousiasme exprime le désir de la « bonne
blessure » (« je saignais du bras, mais un peu seulement, pas
une blessure suffisante du tout, une écorchure. C'était à
recommencer. » — p. 18), désir qui semble ne s'être emparé
des combattants qu'à partir de la fin de l'année 14.

Céline élabore cette vision globale en reprenant en une
brève synthèse les éléments les plus marquants ou les plus
typiques des récits de guerre précédents (pour reprendre une
expression de Robert Brasillach, il « résume des tonnes de littérature guerrière »[27]). A ne comparer son texte qu'avec les
plus célèbres d'entre eux, *Le Feu* (1916) et *Clarté* (1919)
d'Henri Barbusse, *Sous Verdun* (1916), *Nuits de guerre* (1917),
La Boue (1921) et *Les Éparges* (1923) de Maurice Genevoix,
Les Croix de bois (1919) de Roland Dorgelès[28], on observe
que *Voyage* s'écrit à partir d'une série de clichés et de lieux
communs. Les balles ? Elles font un bruit de « guêpes », dit
Céline (*V*, p. 16) après Dorgelès (*Les Croix de bois*, p. 54) et
on éprouve la « tentation » de s'approcher de leur trajectoire
(*V*, p. 12 ; *Sous Verdun*, p. 32). Les bombardements ? ils provoquent un tremblement incoercible dit Céline (*V*, p. 17)
après Genevoix (*Les Éparges*, p. 589). Les habitants ? Ils ne
songent qu'à s'enrichir aux dépens des soldats, prétendent
qu'ils n'ont pas de vin mais en vendent à qui leur en propose
assez cher (*V*, p. 39 ; *Les Croix de bois*, p. 149, *Le Feu*, p. 62,
Sous Verdun, p. 121). Le logement ? La troupe met à sac pour
faire du feu le mobilier des maisons où elle cantonne (*V*,

27. Robert Brasillach, « En relisant le *Voyage* », *in Révolution nationale*,
25 septembre 1943, repris dans Jean-Pierre Dauphin, *Les critiques de notre temps
et Céline*, p. 101. Dans cet article, Brasillach considère *Voyage* comme un « texte
classique », frère de *Candide* et de *Moll Flanders*.
28. Lorsque que nous citerons ces textes ce sera en référence aux éditions
suivantes : Henri Barbusse, *Le Feu*, Paris, Flammarion, 1965, *Clarté*, Paris,
Flammarion, 1978 ; Maurice Genevoix, *Ceux de 14*, Paris, 1950 (réédition grou-
pée de *Sous Verdun*, *Nuits de guerre*, *La Boue*, *Les Eparges*) ; Roland Dorgelès, *Les Croix de bois*, Paris, « Le Livre de Poche », 1962.
Nous nous inscrivons ici dans la perspective ouverte par Jean-Pierre Dauphin, « *Voyage au bout de la nuit* ». *Etude d'une illusion romanesque*, thèse pour
le doctorat d'Etat, Paris IV, 1976, p. 327-352.

p. 36 ; *Les Croix de bois*, p. 19-20) ; elle y vole toutes sortes d'objets qui alourdissent le barda (*V*, p. 36, *Le Feu* p. 148-149), jusqu'à des couronnes de mariées (*V*, p. 36 ; *Les Croix de bois*, p. 17). Les villages ? On regarde leur incendie, le spectacle des poutres qui tardent à s'abattre dans des gerbes d'étincelles (*V*, p. 29 ; *Sous Verdun*, p. 35). La nourriture ? Elle est hasardeuse, les boucheries du front sont répugnantes et on s'y dispute les morceaux (V, p. 20-21 ; *Sous Verdun*, p. 55 ; *Les Croix de Bois*, p. 34-36). La mort ? Elle offre l'embarras du choix, mais certaines images obsèdent : il y a des colonels intrépides qui meurent en dictant des ordres (*V*, p. 13-14 ; *Sous Verdun*, p. 48-49), ceux qui meurent contre des troncs d'arbres (*V*, p. 42 ; *Sous Verdun*, p. 49 ; *Les Croix de bois*, p. 405), ceux qui gémissent « maman ! » (*V*, p. 42 ; *Sous Verdun*, p. 81 ; *Les Croix de bois*, p. 408), les décapitations qu'on a le temps de voir (*V*, p. 17 ; *Les Éparges*, p. 558, 568, etc.), et les rescapés que possède une joie nerveuse et hébétée (*V*, p. 18 ; *Clarté*, p. 119), etc.

Céline va au-delà de cette répétition de lieux communs pour emprunter à Barbusse et à Dorgelès plusieurs éléments qui classent son roman dans le camp pacifiste. Le point commun initial de leurs œuvres est le refus d'appliquer au temps de guerre d'autres critères qu'au temps de paix, l'obstination à parler du combat en termes d'« assassinat » (*V*, p. 14 ; *Les Croix de bois*, p. 326) ou de « meurtre » (*V*, p. 14, *Le Feu*, p. 201). Le rapprochement que Bardamu fait entre l'envie de combattre et celle de « se suicider » (*V*, p. 23) rappelle le slogan célèbre de Barbusse : « Deux armées qui se battent, c'est comme une grande armée qui se suicide ! » (*Le Feu*, p. 275) ; celui qu'il fait entre l'absurdité de la guerre et celle de la chasse à courre (*V*, p. 14) rappelle le parallélisme qu'avait établi Barbusse dans le chapitre « Le crieur » de *Clarté*. Son affirmation fondamentale « On a bien le droit d'avoir une opinion sur sa propre mort » (*V*, p. 19) ressemble à la détermination de Termite : « Mon lieutenant, j'suis propriétaire de ma peau » (*Clarté*, p. 135). Une série de similitudes s'ensuivent. Bardamu exprime le vœu de la « bonne

blessure » dont parle Barbusse (*Le Feu*, p. 50-51), et il éprouve
le sentiment d'absurdité totale (« La guerre en somme c'était
tout ce qu'on ne comprenait pas », *V*, p. 12) que Barbusse
avait plusieurs fois décrit (par exemple dans *Clarté*,
p. 168-169). De même l'obsession qu'il a du gendarme qui
« fait sa petite guerre à lui » (*V*, p. 24 et p. 30), du conseil
de guerre et du poteau d'exécution (« On aurait joué avec moi
à la justice [etc.] », *V*, p. 19), reprend la rancune exprimée
par Barbusse évoquant les gendarmes (« I' n'ont pas l'même
champ d'bataille que nous », *Le Feu*, p. 98), ou par Dorgelès décrivant un conseil de guerre sous forme de comédie (*Les
Croix de bois*, p. 232). Barbusse puis Dorgelès avaient tous
deux consacré un chapitre inoubliable aux exécutions « pour
l'exemple » (*Le Feu*, « Argoval » ; *Les Croix de bois*, « Mourir pour la patrie »).

On peut observer par ailleurs que quatre scènes originales des *Croix de bois* ont inspiré Céline. Quand Bardamu arrive
dans une maison en deuil pour demander son chemin et acheter à boire (*V*, p. 38), on songe aux soldats du chapitre « La
maison du bouquet blanc » qui poussent la porte d'une
demeure qu'ils prennent pour une maison close au service de
la troupe :

— Vous venez pour vous amuser, dit-elle, d'une voix dure qui me
surprit, vous voulez voir ?... Tenez, c'est joli, ça vaut la peine...
Et, brutalement, elle poussa une porte...
Dans la grande pièce froide et nue, une bougie veillait, près d'un
petit lit de fer. Un enfant y était couché, tout blanc, ses mains frêles
serrant sur sa petite poitrine un gros crucifix noir (*Les Croix de bois*,
p. 340).

Cet épisode fait ressortir l'égoïsme de la souffrance, et il
devient dans *Voyage* un des moments où s'illustre la devise
du chacun pour soi et malheur à tous ! qui sous-tend le roman.
D'autre part, le personnage de Sulphart, le « Parigot » du chapitre « Le retour du héros », prête successivement ses traits
à Bardamu, à Voireuse et à Branledore. Son geste sarcastique
de poser, en paiement, sa main mutilée sur le comptoir d'un
bureau de tabac est homologue à l'ironie de Bardamu : « On

est des héros! qu'on dirait au moment de payer la note... »
(*V*, p. 18). La visite de Sulphart aux parents d'un camarade
tué, riches bourgeois qui lui donnent cent francs en prenant
congé, est semblable à la visite de Voireuse chez les bourgeois
de l'avenue Henri-Martin (*V*, p. 107-109). Céline suit ainsi
Dorgelès pour dénoncer les limites de « l'union nationale » :
à son retour, le héros trouve la société comme il l'avait laissée, les valeurs morales n'ont toujours pas de valeur mar-
chande, et s'il a cru gagner, par son sacrifice, l'égalité sociale,
il a fait un marché de dupe. Enfin, lorsque Sulphart découvre à l'hôpital l'intérêt qu'il y a à raconter aux civils crédu-
les d'invraisemblables exploits guerriers, il est le modèle de
Branledore (*V*, p. 90-91 et p. 98-101). Après Dorgelès, Céline
dénonce ainsi la théâtralité de la guerre, ce goût du spectacle et de l'emphase patriotique par lequel les victimes se font
complices de la guerre. Dorgelès ridiculisait l'apparat des
conseils de guerre, il montrait qu'en affabulant dans
l'héroïsme Sulphart trahissait sa propre souffrance, et il con-
sacrait une fin de chapitre (« Victoire ») à montrer qu'accepter de défiler victorieusement, « être ceux qu'on salue ! », c'est
déjà céder aux simagrées du grand spectacle patriotique :
« Allons, il y aura toujours des guerres, toujours, toujours... ».
Voyage montre lui aussi que la guerre trouvera toujours des
soldats dans la mesure où elle est monnayée sous des espè-
ces lyriques par tous les inventeurs de grands mots, exhortations d'un colonel (*V*, p. 19), spectacles du conseil de guerre
(p. 19), du théâtre aux armées (p. 79-80) ou de la Comédie-
Française (p. 98-101), « bobards » à la Branledore.

L'emprunt à Barbusse engage quant à lui certaines caractéristiques littéraires des chapitres de guerre de *Voyage*. Céline
les construit sur deux métaphores que Barbusse avait exploi-
tées dans les chapitres homologues du *Feu* et de *Clarté*, celles de l'abattoir et de la plongée dans la nuit.

Le thème de la « boucherie humaine — bouchers ou
bétail » (*Le Feu*, p. 201) revenait sans cesse dans *Le Feu*, dans
les commentaires du narrateur mais aussi sous forme narrative, par exemple quand l'escouade tassée dans la tranchée

« change de place sur place, comme un bétail parqué » (p. 27)
ou bien quand on attache un condamné à mort à un « poteau
d'bestiaux » (p. 110). *Clarté* intégrait constamment cette métaphore à la description des soldats et faisait des officiers les
grands « sacrificateurs », au double sens de « bouchers » et de
« prêtres » : « l'adjudant Marcassin [...] s'agitait dans le rang
comme un prêtre sanglant du Dieu de la guerre, avec sa
culotte rouge » (p. 201). Le thème de l'abattoir qui revient
sans cesse dans *Voyage* (*V*, p. 50, 82, 91, 97) y est introduit
par une réflexion qui rappelle la phrase de Barbusse que nous
venons de citer : « Dans la nuit du village de guerre, l'adjudant gardait les animaux humains pour les grands abattoirs
qui venaient d'ouvrir. Il est le roi l'adjudant ! Le Roi de la
Mort ! » (p. 35). Et Céline, comme Barbusse, met cette métaphore en pratique narrative : au chapitre II, l'image des soldats tués (« Toutes ces viandes saignaient énormément
ensemble » — *V*, p. 18) est parallèle aux images d'un abattoir animal en plein air (p. 20-21) ; le « On faisait queue pour
aller crever » qui clôt le chapitre III (p. 30) annonce la description du bétail soldat, « vautré à terre entre deux fumiers »
et dormant autour des abreuvoirs (p. 34), sans plus d'imagination qu'un « mouton » (p. 36). Au demeurant la métaphore
de l'abattoir hantera toute l'œuvre de Céline ; en 1936, il
inventera un « Hymne à l'Abattoir » (*Mea*, p. 31) pour la
guerre vers laquelle les bolcheviques, dit-il, précipitent
l'Europe ; puis cette métaphore sera un des principes d'unité
narrative de *Casse-pipe* ; puis, dans *Féerie* et la trilogie finale,
ce seront les FFI les sacrificateurs de l'Abattoir (voir par
exemple, *CA*, p. 155).

D'autre part, Barbusse avait peint la guerre comme une
plongée dans la « nuit ». Le thème de l'errance nocturne avait
pour prétexte, dans *Le Feu* et *Clarté*, l'abondance des actions
militaires nocturnes, mais il fonctionnait comme un symbole,
explicité à diverses reprises (la guerre est l'abîme d'absurdité
et de crime où l'humanité se plonge) et sur lequel *Le Feu* était
construit : son dernier chapitre, « L'aube », rapporte les propos protestataires de soldats perdus dans l'immensité d'une

boue qui confond tranchées allemandes et françaises, la lumière de la prise de conscience pacifiste et révolutionnaire commence à poindre, administrant la preuve que « le soleil existe ». Les épisodes d'errance circulaire dans la nuit abondent donc chez Barbusse : « Ce fut d'abord le même exode que toujours. Ce fut par le même chemin que nous disparûmes et dans les mêmes grands cercles de noir que nous nous enfonçâmes » (*Clarté*, p. 142), tout au long de nuits dont on ne voit pas le « bout » : « même le jour, on marche dans la nuit » (p. 169), « c'était notre dixième nuit, et cette nuit qui était au bout de toutes nos nuits paraissait plus grande qu'elles » (p. 150). Ce symbole devient précisément l'objet de la narration de *Voyage* ; errer « en cerclant autour des villages » « pendant des nuits et des nuits imbéciles » (*V*, p. 24) est la seule action que Bardamu accomplisse au front.

Les textes que *Voyage* démarque ainsi ne sont pas tous des sources, au sens ordinaire du terme, mais, en grande partie, des cautions, ou des repoussoirs. Ecrire ainsi, en renonçant à l'invention narrative, avec une pratique constamment elliptique et allusive du détail, c'est écrire pour se situer par rapport à du déjà-écrit, en réécrivant *pour* ou *contre*. Aussi bien les critiques favorables de 1932 ne se soucièrent-ils pas de remarquer que *Voyage* recombine des éléments narratifs déjà connus. Georges Altman, de *Monde*, par exemple, n'est sensible qu'au « souffle de rage épique qui fit naître ces premières pages du *Voyage* où [...] l'image de la guerre reflétée par un soldat est toute neuve de souffle et d'expression »[29]. En effet,

---

29. Georges Altman, *op. cit.*, in *CC1*, p. 36. Du simple point de vue chronologique, *Voyage* fait partie de la seconde vague des romans inspirés par la guerre. Antoine Prost remarque que c'est vers 1930 seulement que la plupart des anciens combattants, ayant enfin assimilé leur atroce expérience, parvinrent à en parler plus librement — et il cite une page d'*H.O.E.* de Genevoix (qui a sans doute été le plus fidèle témoin des horreurs de cette guerre) : « Dix ans, les gars... Il vous aura fallu dix ans [...] Dix ans, ami, nous aurons guéri assez vite » (Antoine Prost, *Les Anciens combattants (1914-1940)*, Paris, Gallimard, « Archives », 1977, p. 26-31). Si nous observons ici ce que *Voyage* doit aux romans écrits à chaud, on pourrait aussi étudier ce que lui doivent les œuvres de la seconde vague, *La Comédie de Charleroi* par exemple.

la répétition des clichés, des lieux communs, des idées ou des images des livres récents et célèbres, a pour effet de mettre en évidence la différence du ton qui désigne la prise de position personnelle et l'écart moral ou idéologique. Parce qu'il redit la même chose autrement, Céline se réclame des opinions pacifistes de Dorgelès et Barbusse, mais en même temps il apporte la contradiction à la tendresse, à la pitié et à la colère humaniste qui guidaient Dorgelès, ainsi qu'à l'espoir révolutionnaire, obstiné et lyrique, qui soutenait Barbusse, car nul ne mérite la pitié de Bardamu, pas même un homme qui « crève » en appelant sa mère (*V*, p. 42), et nulle « aube », nulle « clarté » ne l'attend, lui, de l'autre côté de la nuit. Parce que les chapitres de guerre de *Voyage* sont un condensé des remarques typiques faites par le sous-lieutenant Genevoix, Céline apporte la contradiction à la bonne volonté émouvante qui s'exprimait par sa bouche : bien lente paraît l'initiation qui fit passer Genevoix de la haine anti-allemande et de la fierté de vaincre qu'il évoque dans *Sous Verdun* (« Jeudi 10 septembre ») à cette « froideur dure », au-delà du désespoir et de la résignation, qu'il avoue dans *Les Éparges* (« 20 février »), quand Céline lui oppose le « dépucelage » (*V*, p. 14) invraisemblablement immédiat de Bardamu, et son parti pris de mauvaise volonté. Parce qu'il s'inspire de l'épisode des *Sept dernières plaies* (1928), « Élévation et mort d'Armand Branche », où Duhamel raconte de façon intimiste et émue l'histoire d'un simple au cœur plein de bonne foi qui mourut pour avoir tenté d'arrêter la guerre à lui seul, Céline apporte la contradiction au respect dont on entoure les sacrifices idéalistes : la naïveté de Bardamu essayant « tout seul, d'arrêter la guerre » (p. 15) ne mérite qu'un éclat de rire bouffon.

L'examen de l'épisode de Noirceur-sur-la-Lys fait apparaître un autre processus par lequel Céline parvient à une image essentielle de la guerre ; le travail sur la géographie romanesque y mène à un amalgame symbolique des faits historiques.

Le nom du lieu lui-même ne prétend qu'à moitié au réalisme (« sur-la-Lys ») ; pour le reste, comme il est fréquent dans le roman philosophique, il explicite le contenu narratif et discursif de l'épisode : cette « noirceur » est celle de la guerre. L'oxymore qu'il contient (« Noirceur » / « Lys ») fait sourire, mais ce sourire devait être amer en 1932, quand le souvenir des nuits d'horreur passées « cote 60 », sur la Lys, n'était pas effacé. Cette « ville de tisserands » (*V*, p. 36), riche d'un « patrimoine artistique », particulièrement d'une « église du XVᵉ siècle » (p. 45), et qui fut occupée par les Allemands dès le début du conflit, ne peut renvoyer qu'à Comines[30], ville frontière sur la Lys, cité industrielle qui fut occupée du 10 octobre 1914 au 13 octobre 1918, et dont l'église et le bef-froi furent détruits pendant la Grande Guerre. La presse de 14-18 et les facteurs de cartes postales avaient suffisamment répandu les photos des « destructions allemandes », les varia-tions du front étaient assez présentes aux mémoires en 1932 pour que l'identification de la ville ne fasse alors pas de doute. Le massacre d'un petit garçon sur le « pont Rouge » (p. 38) rappelle quant à lui les hécatombes qui eurent lieu entre le 15 et le 30 octobre 1914 à Pont-Rouge, pont où la départe-mentale qui mène d'Ypres à Lille enjambe la Lys. La halte à « la maison du passeur »[31] (p. 46) fait référence aux combats qui furent livrés pour la Maison du Passeur située sur une bande de terre entre le canal de l'Yser à Ypres et l'Yperlée, à 3 km au nord-est de Bixschoote, combats qui s'achevèrent le 4 décembre 1914 par la prise de la maison par des chasseurs du Bataillon d'Afrique, et qui ont semblé par-ticulièrement atroces : ce fut, pour cette zone, la première des opérations coûteuses qui marquèrent l'immobilisation du front, et l'enjeu en était si mince qu'on ne savait où la situer

---

30. Il ne peut pas s'agir d'Armentières, à laquelle ont songé d'autres criti-ques, du fait des dates d'occupation de cette ville.

31. Il convient en effet de lire « la maison du Passeur » et non « la mai-son du Pasteur ». L'édition originale portait « Pasteur », mais la correction fut opérée dès la réimpression datée du 12 janvier 1933. La Maison du Passeur avait, dès avant *Voyage*, une existence littéraire ; on la trouvait dans *L'éclat d'obus* de Maurice Leblanc (IIᵉ partie, chap. III — Paris, Lafitte, 1916) et dans *Moravagine* de Blaise Cendrars (« r) L'île Sainte-Marguerite » — Paris, Gras-set, 1926) par exemple.

(voir les hésitations de *L'Illustration* des 27 mars et 29 mai 1915 sur la localisation de ce qu'elle nomme un « point à jamais célèbre »). Tout le monde a su cela, et Destouches mieux que personne, qui fut blessé le 27 octobre 1914 devant Poelkapelle. De Poelkapelle à la Maison du Passeur il y a 7 km, de la Maison du Passeur à Comines 23 km, de Comines à Pont-Rouge 8 km.

Du point de vue de la communication, les références historiques contenues dans cette géographie romanesque sont des signes de reconnaissance entre l'auteur et son public idéal, entre gens qui n'ont pas « oublié » — il existerait donc, dès *Voyage*, à côté de la dénonciation pacifiste, une discrète fidélité d'ancien combattant chez Céline, celle qui s'exprimera à partir des *Beaux draps*. D'autre part, comme elles rattachent le texte du roman à la mémoire collective, ces références lui permettent de s'y inscrire en la remodelant. L'auteur fabrique un objet nouveau par l'assemblage d'objets non imaginés ; rassemblant en un épisode trois souvenirs historiques séparés dans le temps, il propose une image de la guerre qui est la synthèse symbolique d'expériences variées. Errant en une seule nuit de Pont-Rouge à Comines et à la Maison du Passeur, Bardamu prend d'un seul coup la mesure de la totalité de la guerre : les deuils des habitants (Pont-Rouge), la lâcheté des responsables civils (Comines) et la mort de soldats inconnus dans des lieux perdus (la Maison du Passeur) composent une image unique de la « noirceur » de la guerre et de l'humanité. L'unité de cette image n'est pas fondée dans l'ordre « réaliste » mais en littérarité, sur les connotations des mots « la rivière », la « Lys ». Le motif poétique de l'arrêt au bord de la rivière où glisse l'eau du temps est doublement exploité, par la vision d'un enfant cloué sur un pont et par celle d'une maison de passeur habitée par la mort. Ponts et passeurs enjambent d'ordinaire l'eau du temps ; mais la Lys est obstruée de cadavres, son pont est « rouge » et le passeur est mort : il n'y a plus moyen d'enjamber la guerre (« Tu vois, c'est trop tard » — *V*, p. 46), il n'y a plus qu'à y « retourner » (p. 47). Ces motifs de l'arrêt au bord du quai, du pont coupé et du passeur retrouveront d'ailleurs d'importantes fonctions dans les œuvres ultérieures[32]. Le mot « Lys » suscite quant à lui des images de passé royal, de blancheur et de pureté, images qui s'accordent à l'église ancienne, à la pâleur de l'aube, à la vision d'un enfant qui joue, et à la paix où repose le soldat mort. L'image de ce soldat sacrifié, oublié quelque part dans l'immensité des combats, vient, en point d'orgue final, investir le récit du front d'une dérision mélancolique que les lecteurs, qui avaient porté des deuils de guerre, connaissaient bien.

6. SYNTHÈSE SYMBOLIQUE ET PREMIÈRE PERSONNE DU SINGULIER. PRATIQUE ROMANESQUE, PRATIQUE PAMPHLÉTAIRE.

Tous les volets de la description du monde moderne que présente *Voyage* sont élaborés selon la méthode que nous venons d'exposer pour l'épisode de la guerre. Tout concourt dans cet épisode à produire une image essentielle, synthétique : un gauchissement continu de la chronologie qui fait de l'année 17 le lieu de la focalisation, la réécriture des descriptions déjà fournies par les romanciers de la génération du feu, l'amalgame poétique de plusieurs champs de bataille en une seule nuit d'errance emblématique. La représentation est de nature symbolique dans la mesure où le discours sur l'histoire demeure de l'ordre du global et de l'implicite ; ce processus de réduction du divers à l'homogène et du complexe à l'unique peut donner l'impression que les idées de Céline sont simplistes, simplifiées qu'elles sont selon le procédé de la symbolisation que le romantisme avait privilégié — voir par exemple le deuxième chapitre de *La Confession d'un enfant du siècle* de Musset, dont Céline avait repris la technique pour

---

32. L'arrêt au bord du quai permettra l'enclenchement du récit de l'enfance dans *Mort à crédit* (*MC*, p. 526). Le motif symbolique du pont coupé servira d'origine à la remémoration dans *Guignol's band* (*GB1*, p. 87-88). Le symbole du passeur mort reparaîtra sous les traits de Caron pour amorcer le récit rétrospectif de *D'un château l'autre* (*CA*, p. 74 et suivantes).

son premier chapitre de *Semmelweis*. La guerre, *c'est*, en un seul regard, en un seul lieu, et sous toutes les péripéties, la totalité de ce qu'ont vu Barbusse, Dorgelès, Genevoix, Duhamel, etc., toutes les campagnes ravagées et l'horreur de l'année 17. Lorsqu'il commente sa démarche littéraire en 1933, Céline utilise, nous l'avons vu, le mot de « symbole » ; plus tard, il parlera d'écriture « organique » (dans *Bagatelles pour un massacre*), et d'un « don » pour la « légende » qu'il a dû « plier au réalisme par esprit de haine de la méchanceté des hommes — par esprit de combat »[33].

Pour faire synthèse et accréditer le symbole, il suffit d'écrire avec la puissance d'un « je » qui garantit d'autant mieux le « *c'est* » qu'il s'exhibe davantage. Le « je » du narrateur de *Voyage* impose violemment sa présence ; il affiche sa singularité en premier lieu par la nouveauté du ton, produit du travail stylistique, mais aussi en s'inscrivant fortement dans le tissu grammatical des phrases ; par exemple, au début du premier chapitre consacré à la guerre, le « je » se définit par de constantes prises de position oppositionnelles, à la fois individuelles et individualistes, rédigées à grand renfort de « , moi » ou de « Moi, », de « je ressentais » ou de « pensais-je » (« Lui, notre colonel, savait peut-être [...], mais moi, vraiment, je savais pas », *V*, p. 11, « Il s'était donc passé dans ces gens-là quelque chose [...] Que je ne ressentais, moi, pas du tout. », p. 12, etc.).

Du point de vue de l'effet, l'écart qui sépare ici l'écriture romanesque d'une écriture pamphlétaire paraît mince dans la mesure où l'écrivain tend à définir la réalité du monde en situant sa part de vérité, de manière combative, par rapport aux vérités qui ont déjà droit de cité. A partir de *Mea culpa*, le relais de Bardamu étant supprimé, la description critique du monde sera prise directement à son compte par l'auteur et le « *c'est* » qui sert à énoncer la vérité essentielle des choses figurera réellement dans le texte, signe du passage à une

33. Lettre du 29 mai 1947 à Milton Hindus, *in* Milton Hindus, *L.-F. Céline tel que je l'ai vu*, Paris, Editions de l'Herne, 1969, p. 140.

écriture pamphlétaire à proprement parler ; par exemple (c'est nous qui soulignons) : « 93, *pour ma pomme, c'est* les larbins... larbins textuels, larbins de gueule ! larbins de plume qui maîtrisent un soir le château, tous fous d'envie, délirants, jaloux, pillent, crèvent, s'installent et comptent le sucre et les couverts, les draps... » (*Mea*, p. 32), « La France, là, avoué *simplement, ça* va de Sainte Geneviève sur son mont à Verdun 17, après *c'est* plus que du drôle de monde » (déjà cité *supra* p. 40). Si *Voyage* a des implications pamphlétaires, il demeure un roman : les représentations que l'auteur donne du monde sont présentées comme les constatations d'un « je » expérimentateur et garant de leur pertinence, les aventures romanesques du narrateur sont le support de l'aventure intellectuelle d'un auteur qui critique l'état du monde et des discours au moment où il intervient. Sans cette dissociation interne du « je » entre narrateur et auteur, les prises de position du « je » se collectionneraient en des textes qui relèveraient de l'« essai », de « l'examen » des idées reçues ou du « pamphlet ». Avec ce roman philosophique qu'est *Voyage*, nous sommes d'ailleurs plus près du « pamphlet » que de l'« examen » dans la mesure où le garant de la pertinence n'est pas d'ordre rationnel, c'est l'expérience, c'est-à-dire en dernier ressort la souffrance. De ce fait, il était sans doute inévitable que Céline souligne dès le « Prière d'insérer » de *Voyage* la qualité de son « expérience de la vie » et que, hors texte, il finisse par assumer comme biographie véritable les aventures du « je » romanesque : la vision critique de Bardamu ayant pour seule caution la dureté de son expérience, il était nécessaire de soutenir que cette expérience avait été véritablement vécue.

Il n'est pas utile de rappeler qu'il n'en était rien : Henri Godard a longuement exposé dans son analyse des *Données de l'expérience* (*I*, p. 1179-1217) les écarts qui séparent la biographie de Destouches du destin de Bardamu. On sait par exemple que Destouches fut un excellent soldat ; s'étant engagé en 1912, il est maréchal des logis quand il part pour le front en écrivant à ses parents : « si par fatalité je ne devais

pas en revenir... soyez persuadés [...] que je meurs content » ;
le capitaine commandant son escadron témoigne qu'« on le
trouve [...] partout où il y a du danger, c'est son bonheur »[34] ; le 8 octobre 1914, il sauve la vie de son lieutenant
en le ramenant grièvement blessé, sous le feu ennemi, dans
les lignes françaises ; le 27 octobre, il est blessé au cours d'une
mission périlleuse pour laquelle il s'est porté volontaire — ce
qui lui vaut la médaille militaire... Bardamu est le contraire
de ce jeune héros. De la guerre vécue à la guerre écrite passe
seulement le fil du souvenir des lieux, Comines et Pont-
Rouge. Pour le reste, Céline ne raconte pas *sa* guerre, il dit
la guerre, telle qu'elle a déjà été dénoncée par les pacifistes
qu'il rejoint en élaborant une image symbolique de l'expérience commune contre d'autres images également répandues.
Nous sommes loin de l'autobiographie, même si cette représentation de la guerre avait peut-être, pour Céline se souvenant de Destouches (mais le lecteur n'a pas à en connaître),
la fonction d'une autocritique secrète.

7. AUTRES EXEMPLES : LA REPRÉSENTATION DE LA BOHÈME,
DE LA COLONISATION, DE L'AMÉRIQUE.

Sans prétendre à l'analyse exhaustive de *Voyage*, nous pouvons observer le même processus littéraire dans l'élaboration
de la représentation de trois autres objets du récit : la bohème,
la colonisation, l'Amérique. Dans chaque cas, l'auteur recourt
au déjà-écrit, et il propose une saisie totale des objets qu'il
décrit en mêlant à la description de leur réalité actuelle des
éléments de leur identité historique.

Ce que c'est que la bohème

Les chapitres VII et XXXIII répondent à cette question ;
c'est du « désespoir en café crème » (*V*, p. 359), de la pau-

---

34. François Gibault, *Céline. 1894-1932. Le Temps des espérances*, Paris, Mercure de France, 1977, p. 137 et 151-152.

vreté, de la frénésie amoureuse, et, partant, de la prostitution, qu'on soit homme ou femme, Balthazar ou Musyne. La prostitution est décrite au chapitre VII (p. 72-84) avec des détails que n'eût pas négligés un auteur naturaliste. L'action est située à la charnière de la belle époque et des années folles ; c'est déjà presque l'après-guerre, la « nouvelle époque de la lingerie fine et démocratique » (p. 76), mais Mme Herote pratique le commerce des « rendez-vous » comme on pouvait le faire « quelque vingt-ans » plus tôt, à l'époque de Proust, avant que le « puritanisme anglo-saxon » n'ait « réduit à peu près à rien la gaudriole impromptue des arrière-boutiques » (p. 73) ; sa clientèle d'Argentins, enrichis pendant la guerre dans le commerce de la viande, est elle aussi très datée.

Mais, en même temps, ce chapitre s'épaissit de clichés puisés dans la tradition ; cette « vie de bohème » a déjà été décrite par Henri Mürger, et le nom du « passage des Bérésinas » (p. 75, 359) (pour « passage des Panoramas ») est un clin d'œil qui y renvoie[35]. Le personnage de Musyne et une demi-reprise : Mürger l'appelait Musette, elle chantait d'une voix ravissante, elle était toute coquetterie, avait un bonnet mignon et de jolies jambes, elle était amoureuse de son petit peintre pauvre mais ne tardait pas à se pourvoir d'un riche protecteur ; elle s'appelle Musyne, elle est violoniste, elle s'est fait un « petit répertoire [...] qui, tel un chapeau mutin, lui allait à ravir » (p. 80), elle montre ses jambes, et préfère les Argentins à la maigre pitance que lui offre Bardamu. La reprise du mythe est une fois encore l'occasion de manifester, par l'écart, une vision morale plus noire : tandis que Musette, rencontrant par hasard Marcel, se suspendait à son bras avec la tendresse étourdie des jolies filles infidèles[36], Musyne n'aime pas

35. Dans *Scènes de la vie de Bohème*, chap. XVI, le peintre Marcel compose un *Passage de la Mer Rouge* qui, de salon en salon, est retouché et rebaptisé *Passage du Rubicon*, *Passage de la Bérésina*, et, pourquoi pas ? *Passage des Panoramas*. L'œuvre de Mürger, publiée en volume en 1851, a fourni à Puccini l'argument de sa comédie-lyrique de 1896. On ne sait sous quelle forme Céline l'a connue, mais elle a inspiré aussi le personnage de l'oncle Rodolphe dans *Mort à crédit* et les personnages de Mimi et Rodolphe dans *Normance*.

36. *Scènes de la vie de Bohème*, chap. XV.

revoir Bardamu et leurs rencontres ne sont que l'occasion de
vérifier sur leurs visages qu'ils ont bien pris chacun « la route
de la pourriture » (p. 77).

Ce que c'est que la colonisation

L'image que *Voyage* donne de la colonisation est le fruit
d'une élaboration beaucoup plus complexe. Elle est d'actualité en 1932 : la famille d'indigènes qui vient troquer plusieurs
mois de récolte de caoutchouc contre un grand mouchoir vert
(*V*, p. 137-138) symbolise la misère où la chute des cours du
caoutchouc plongea à partir de 1929 les colonisés de diverses régions de l'Empire français. *Voyage* prend place ainsi
après le *Voyage au Congo* de Gide (1927) au sein d'une critique anticolonialiste qui devenait fort vive à gauche en 1930.
Le nom de « Compagnie Pordurière du Petit-Togo » désignait
clairement, pour les lecteurs du temps, la Compagnie Fores-
tière Sangha-Oubangui dont Gide[37] avait montré le fonctionnement, dénonçant la rapacité de ses employés qui n'hésitaient
pas à payer la récolte de caoutchouc avec n'importe quoi (à
l'occasion une poignée de cadenas).

D'autres éléments de la description contribuent à mettre
en perspective l'essence du colonialisme à travers les âges.
Céline semble en particulier s'être beaucoup inspiré de Joseph
Conrad, intégrant à son « bout de la nuit » *Le Cœur des ténèbres* qui, publié en 1899 et traduit en 1925, offre une description très noire de la colonisation[38]. L'épisode colonial de
Voyage est bâti sur le même plan que la partie africaine du
récit du « vagabond » Marlow ; c'est la même pénétration pro-
gressive de l'Afrique jusqu'au cœur de la forêt, jusqu'à la dis-

37. Pour une comparaison entre les textes de Céline et de Gide, voir Henri
Godard, *I*, p. 1239-1240.
38. C'est Claude Lévi-Strauss qui a fait le premier ce rapprochement, dans
L'Etudiant socialiste de janvier 1933. Une lettre du 12 juin 1947 (*in* Milton
Hindus, *op. cit.*, p. 147) montre que Céline avait lu Conrad. Le rapprochement
qu'Henri Godard établit avec *Magie noire* (1928) de Paul Morand (voir *I*,
p. 1235) paraît moins nécessaire, les images fournies par Morand remontant
également à Conrad comme source commune.

solution dans la barbarie naturelle. Chez Céline comme chez Conrad, dont c'est le thème majeur, la description est orientée par le même fantasme : la sensation de la fragilité de l'état de civilisation, la fascination et la peur du retour à la barbarie. L'impression qu'a Bardamu d'avoir affaire à un « carnaval torride » (*V*, p. 127, 143) reprend « l'oppression d'une sorte de lamentable et absurde fantasmagorie » qu'éprouve sans cesse Marlow[39] : absurdité de cette entreprise coloniale qui confronte le civilisé à la puissance « préhistorique »[40]. L'image physique de l'Afrique que Céline donne reprend celle que Conrad avait élaborée :

[...] Nous fîmes escale à quelques autres endroits aux noms bouffons, où la joyeuse danse du Commerce et de la Mort va son train dans une immobile et terreuse atmosphère de catacombe surchauffée, au long d'une côte sans forme bordée par une barre dangereuse [...] dans les eaux ou en vue de fleuves, vivants courants de mort, dont les berges pourrissaient parmi la vase, dont le flot, épaissi par la boue, inondait des palétuviers convulsés qui semblaient se tordre vers nous, comme dans l'excès d'un désespoir impuissant. [...] je sentais s'accentuer en moi un sentiment d'étonnement, confus et déprimant. C'était comme une sorte de morne pélerinage parmi des éléments de cauchemar[41].

Ce pays « aux noms bouffons » (« Petit-Popo » chez Conrad, « Fort-Gono » ici) est difficilement pénétrable, et Céline reprend, sur le même ton, les images que Conrad avait tracées : cargo poussif remontant les fleuves, équipages nègres, porteurs dans la forêt. La population noire est l'objet d'une atroce exploitation : payée en « monnaie de singe » (des fils de laiton tout juste bons à faire des parures chez Conrad[42], un chiffon vert dans *Voyage*), elle subit son destin avec une « mortelle indifférence »[43]. Quant aux colonisateurs, Céline et Conrad peignent le même « démon, flasque, hypocrite, aux regards évasifs, le démon d'une folie rapace et sans

39. Joseph Conrad, *Jeunesse* suivi du *Cœur des ténèbres*, Paris, Gallimard, 1932, p. 103.
40. *Ibid.*, p. 155.
41. *Ibid.*, p. 105.
42. *Ibid.*, p. 168.
43. *Ibid.*, p. 109 et *V*, p. 140.

merci »[44], la même liquéfaction dans la chaleur, dans l'abrutissement cancanier et prévaricateur, le même combat grotesque contre les forêts et les fleuves qui emportent toujours les
routes inutiles et les pontons pourris, la même brutalité des
directeurs, la même hantise de l'administration centrale, et
la même morbidité, la maladie étant la grande triomphatrice
dans *Le Cœur des ténèbres*.

Céline synthétise ainsi une double image de la colonisation (la colonisation à son stade organisé, et la colonisation
héroïque que Conrad jugeait si sévèrement en 1899), articu-
lant par là même deux ordres de griefs : ceux qui le rattachent
au discours anticolonialiste de la gauche des années 30, et ceux
fondés sur la peur de la nature africaine, l'inquiétude fantasmatique de s'y fondre « comme un morceau de sucre dans du
café » (*V*, p. 144) qu'on retrouve dans l'anticolonialisme de
droite.

A cela s'ajoute un ensemble d'allusions au passé de la colonisation. L'onomastique rattache la description aux origines
de la colonisation : le nom de « Robinson » ouvre une perspective vers le texte de Defoe, roman mythique de l'aventure
capitaliste et coloniale ; une ligne régulière Marseille-Fort-
Gono appartient à la « Compagnie des Corsaires Réunis » (*V*,
p. 111) ; les noms de « Bambola-Bragamance » (formé sur
« bamboula » et « Bragance ») et de « Rio del Rio, antique
possession de la Couronne de Castille » (formé sur « Rio del
Rey », comptoir situé face à Santa-Isabel) et l'épisode de la
galère « *Infanta Combitta* » rappellent les origines portugai-
ses et espagnoles de la colonisation de l'Afrique orientale ; les
place, avenue et boulevard Faidherbe de Fort-Gono rappellent Saint-Louis du Sénégal, premier comptoir français en
Afrique noire. Ainsi la description prétend concerner non seulement les effets contemporains du colonialisme, mais, « philosophiquement », son essence, qui n'a pas changé depuis que
Robinson Crusoé le célébrait. Des deux types de colonisation
opposés à travers le portrait de deux militaires, la colonisa-

44. Joseph Conrad, *op. cit.*, p. 110.

tion « romaine » (celle de Grappa) et la colonisation capitaliste (celle d'Alcide), c'est celle d'Alcide la plus détestable
(p. 156). Céline démythifie à deux reprises le mythe colonial
de Crusoé. Son Robinson vit seul de sa civilisation dans une
forêt tropicale ; mais il est incapable d'assurer le moindre rôle
colonisateur : il laisse s'effondrer sa case et, ayant compris que
la colonisation, c'est le vol, il part avec la caisse de la factorerie. Comme le Robinson de Defoe, il court le monde en
suivant le trajet du « commerce triangulaire » (Europe-
Afrique-Amérique), mais c'est Bardamu et lui-même qui sont
à présent transportés à fond de cale pour fournir en esclaves
les fabriques de Ford. Le détournement du mythe fonctionne
donc sur deux plans ; sur le plan psychologique, Céline présente l'Afrique comme une puissance qui démoralise toute
population « civilisatrice » ; sur le plan politique, son anticolo-
lonialisme est une variante de son anticapitalisme : à moins
d'être actionnaire des Sangha-Oubangui, on n'a aucun intérêt, étant soi-même le nègre, à soutenir la colonisation.

La représentation célinienne de la colonisation de l'Afrique est donc le produit d'un jeu intertextuel où s'affiche une
prise de position sur l'histoire en cours et les discours qui s'y
affrontent. Les éléments d'un plaidoyer anticolonialiste
moderne y sont pris dans l'épaisseur d'un nouveau mythe qui
est lui-même la juxtaposition de deux mythes plus anciens,
l'endroit du mythe de Conrad étant cousu avec l'envers du
mythe de Defoe.

Ce que c'est que l'Amérique

Dans l'entre-deux-guerres, l'Amérique provoque l'étonnement des voyageurs européens, et *Voyage* reprend de manière
systématique les éléments des descriptions récemment
publiées. On y retrouve les cabinets publics (*V*, p. 195-196),
les couloirs d'hôtels en dédale (p. 197-198), la beauté des jambes américaines (p. 196, 200, 228), les visages effacés des travailleurs épuisés (p. 232) que Georges Duhamel venait de
montrer dans *Scènes de la vie future* (1930), ainsi que le regard

que Paul Morand portait dans *New York* (1930) sur Broad-
way (p. 192), sur le City Hall et sur la pièce d'un dollar, blanche comme une « hostie » (p. 193)[45]. Bardamu pose dans
tous les clichés, c'est-à-dire que Céline prend ainsi position
dans les débats d'actualité pour rejoindre ceux qui démythi-
fient l'Eldorado capitaliste. Les chaînes de Ford sont l'objet
de la plus grande attention, le sujet de plusieurs livres, de
polémiques, et, à gauche, d'une grande inquiétude sur l'avenir
du travail ouvrier ? Bardamu travaillera chez Ford et se retrouvera parmi les victimes du capitalisme : « C'était les pauvres
de partout » — p. 191. Le cinéma est le symbole même, aux
yeux des intellectuels bourgeois français de la misère intellectuelle des « multitudes aviles » (« C'est un divertissement
d'ilotes, un passe-temps d'illettrés, de créatures misérables,
ahuries par leur besogne et leurs soucis », concluait
Duhamel[46]) ? Bardamu sera parmi ces cinéphiles américains.
Cette synthèse, assumée par le « je » romanesque, des images de l'Amérique moderne, est assortie d'une dimension
« philosophique » ; la généalogie prêtée à Lola, descendante
d'un pélerin du *Mayflower*, et se pliant « au devoir des bei-
gnets » « en considération d'une pareille mémoire » (p. 51),
rappelle l'origine coloniale des Etats-Unis et leurs liens historiques avec l'Europe ; par ailleurs nous aurons à examiner
de près (cf. *infra*, p. 235-249) la réflexion sur la démocratie
que Céline mène au chapitre XVIII où Bardamu « fait son
petit Jean-Jacques » dans le salon new-yorkais de Lola.

---

45. Ces coïncidences ont déjà été commentées par Jean-Pierre Dauphin
(*Etude d'une illusion romanesque*, p. 305-314) et par Henri Godard (*I*, p. 1234,
1240-1241). Il s'agit respectivement des passages suivants : Georges Duhamel,
Scènes de la vie future, Paris, Mercure de France, 1943, p. 189, 183, 81-82,
210-211, Paul Morand, *New York*, Paris, Flammarion, 1930, p. 35, 39-40, 58.
46. Georges Duhamel, *op. cit.*, p. 53.

8. LES PERSONNAGES D'UN ROMAN PHILOSOPHIQUE

La nature des personnages de *Voyage* décourage immédiatement le lecteur d'y voir un roman « réaliste », et l'incline à y reconnaître l'expression romanesque d'un ensemble de prises de position sur le monde comme il va; ils manquent de « réalité » eu égard aux habitudes acquises au XIXᵉ siècle. C'est que Céline n'a pas cherché à leur en donner; « c'est un roman, mais ce n'est pas une histoire, de vrais "personnages". C'est plutôt des fantômes... » confiait-il à Georges Altman (*CC1*, p. 38), et à Merry Bromberger : « Bardamu n'est pas plus vrai que Pantagruel et Robinson que Pichrocole. Ils ne sont pas à la mesure de la réalité » (*CC1*, p. 31). Il est vrai que certains personnages sont assez riches de présence physique ou d'épaisseur psychologique pour produire un effet de réel, et d'autres non; mais quel que soit l'effet de réel qu'ils puissent par ailleurs produire, tous les personnages n'en sont pas moins « fantômes » de quelqu'un ou de quelque chose, types ou allégories. L'onomastique manifeste leur nature à la fois typique et caricaturale, comme faisaient les noms de « Pangloss » chez Voltaire, ou de « Pichrocole » chez Rabelais; par ses jeux de mots et ses effets comiques, elle tient à distance irrespectueuse les réalités auxquelles le récit se réfère.

Sur les soixante-cinq personnages nommés de l'œuvre, seize seulement, pour la plupart des comparses de la plus mince importance, ont des noms insignifiants. Dix-sept autres ont des noms signifiants purement descriptifs; soit ces noms font pléonasme avec la narration parce qu'ils confirment le portrait physique du personnage (« Ortolan »), le définissent par sa fonction sociale (« Herote » et « Pomone », pour des entremetteurs), ou illustrent son rapport avec le narrateur (« Musyne », de « Musette-Mélusine » pour son « petit ange musicien »; « Frémizon », pour un homme qui le fait frémir...), ou parce que ce sont des noms types d'un emploi (« Aimée », « Tania ») ou forgés pour imiter des noms typiques (« Kerdoncuff »); soit ces noms font oxymore avec le personnage et visent surtout le comique (« Pinçon » pour un militaire).

Mais, dans la plupart des cas, l'onomastique n'est pas aussi neutre ; commentant les personnages, elle souligne l'aspect satirique du roman et renforce les critiques que Céline émet par ailleurs dans son texte. Elle porte ainsi une des marques essentielles du style célinien : il n'y a pas d'énoncés neutres, nommer et qualifier ne font qu'un. Critique de l'institution militaire : « Céladon des Entrayes » ridiculise la noble extration des officiers supérieurs ; « Saint-Engence » ou « Mischieff » s'en prennent aux officiers et sous-officiers ; « Empouille » (« andouille » ?) qualifie le simple soldat ; « Brandelore » (de « branler » et « parler d'or ») stigmatise le soldat fanfaron. Critique de l'institution coloniale : « Tombat » rappelle « combat », « tombe » et le lac Tomba ; « Tandernot » (« tender, no » en anglais) fustige la cruauté de l'administration coloniale, et « Grappa » (de « grappin » et d'un nom de liqueur) sa rapacité et son alcoolisme. Critique de l'institution médicale : « Bestombes » (« béent tombes ») stigmatise une certaine médecine militaire, « Frolichon » (« folichon » ?) accuse les généralistes d'être peu sérieux et « Baryton » reproche aux psychiatres de ne faire que des vocalises. Critique des diverses classes de la société : « Puta » désigne des employeurs exploiteurs, « Gagat » une famille de prolétaires, et « Henrouille » (« en rouille ») une famille de petits-bourgeois.

L'onomastique de *Voyage* comprend également quelques noms à clefs que le lecteur-médecin de 1932 pouvait s'amuser à décoder : « Joseph Bioduret » (« bio-durée ») représente Louis Pasteur, le « Dr Jaunisset » et le « Dr Parapine » de « l'Institut Bioduret », le Dr Roux et le Dr Metchnikoff de l'Institut Pasteur. Deux autres personnages, Cézanne et Sévérine, portent le nom d'individus célèbres. Et surtout dix personnages, dont les principaux protagonistes, ont des noms empruntés à la tradition littéraire (Alcide, Bébert, « le Cid », Lola d'Amérique, Madelon, Molly, Robinson, Sophie) ou au vocabulaire (Bardamu — « barda mu », et Protiste), qui signifient que nous avons affaire à des personnages en papier, à des êtres de langage. Céline attire ainsi notre attention sur le fait qu'il ne nous mène pas dans le monde mais dans *sa* vision du monde, une vision habitée par des types sociaux, des types moraux, des types culturels qu'il forme ou qu'il déforme, qu'il critique. Il installe ainsi entre le roman et son lecteur un rapport auquel plusieurs genres classiques, la fable, le conte philosophique, le portrait, nous avaient habitués : à nous de conclure, de la narration qui entremêle ces personnages, à la réflexion philosophique sous-jacente qui leur vaut de porter ces noms.

9. SATIRE ET JEUX DE PISTE

Les lieux où se situe l'action de *Voyage* ont eux aussi une ambiguïté conforme à la technique du roman philosophique. Ils affichent leur littérarité (on chercherait en vain Fort-Gono ou Rancy-la-Garenne sur une carte), mais sans cesser pour autant d'être présentés comme réels : si Vigny-sur-Seine n'existe pas, on y accède tout de même par un tramway qui part de la place Clichy. Ils sont ainsi donnés pour des enclaves imaginaires dans la réalité du monde, pour des parcelles déguisées du réel où la satire peut se déchaîner.

Comme les personnages, les lieux romanesques sont typiques. La toponymie, allusive, aide à situer le récit par rapport à la réalité du monde. « Condé-sur-Yser » et « Les Etrapes » sonnent comme « Condé-en-Barrois » et « Les Éparges », théâtres de combats connus de 14-18, « Noirceur-sur-la-Lys » évoque la bataille de la Lys, « Fort-Gono » rend un son voisin de tous les « Fort-[...] » de la colonisation, « Rancy-la-Garenne » rime avec « Clichy-la-Garenne », etc. La plupart de ces noms produisent un effet comique — ce qui est une des raisons qui convainquirent certains lecteurs de *Voyage* de sa parenté avec Rabelais. L'oxymore (l'hôtel « Laugh-Calvin »), l'anagramme approximatif (« Tarapout » pour « Paramount »), le jeu de mots (« Passage des Bérésinas »), ou l'utilisation du lexique obscène ou raciste (« Infanta Com-

bitta », « Fort-*Gono* », « *Papaoutah* », « *Bambola*-Braga-
mance ») servent une grande imagination verbale qui s'amuse.
Cette toponymie fait en même temps commentaire sur la réalité décrite. Elle confirme que la guerre, c'est la « barbe » dans
des pays en « -gnies » (« Barbagny »), la mort assurée (« Les
Etrapes », d'« étriper », « étrape », « Eparges »), et l'expérience de la noirceur humaine (« Noirceur-sur-la-Lys »). Elle
souligne, par l'emploi du lexique bas, le dégoût du narrateur
pour la colonisation, colonisateurs et colonisés. Elle qualifie
le cinéma de « tare à poux » (« Tarapout »), les maisons de
rendez-vous de lieux de débâcle (« Passage des Bérésinas »)
et la banlieue parisienne de « rancie » (« Rancy »): le narrateur plaint le destin sacrifié des jeunes prolétaires (« Boulevard du Minotaure »), mais il voit dans ces banlieues rouges
(« Place Jean-Jaurès », « Place Lénine », etc.) les menaces de
la délinquance (« Impasse Gibet », « Rue des Mineures ») et
de la dictature (« Rue des Brumaires »).

Tous ces lieux littéraires sollicitent l'identification. Ainsi
nous avons vu que, par certains détails, Céline faisait reconnaître Comines sous « Noirceur ». Mais le jeu des masques
se complique, pour la plupart des épisodes français de la narration, d'un jeu de double piste. « Rancy », est-ce Vanves,
« après la porte Brancion » (*V*, p. 237), ou Clichy
(p. 290-291)? « Vigny-sur-Seine », est-ce bien Vigny, bourgade
située en réalité sur l'Aubette, ou, comme il semble par le
détail du récit (par exemple, p. 445), Argenteuil? « Toulouse »
désigne-t-il vraiment Toulouse, ou plutôt Bordeaux? Cette
double localisation est cependant presque annulée par l'insis-
tance que l'auteur met à favoriser l'une des deux interpréta-
tions. Le cas du déguisement de l'Institut Pasteur en fournit
un exemple : après nous avoir lancés sur une fausse piste en
nous dirigeant « derrière La Villette » (p. 279), c'est-à-dire vers
l'hôpital Claude-Bernard, dont les recherches sur les maladies
infectieuses furent célèbres dans les années 30[47], Céline sol-

47. S'interrogeant sur un cas de typhoïde, il était logique que Bardamu
songe à s'informer auprès de l'important laboratoire de recherches sur cette
maladie que dirigeait alors, à Claude-Bernard, le Dr James Paul Reilly
(1887-1975).

licite l'identification exacte par la précision de la description, le tombeau de Joseph Bioduret selon *Voyage*, « fantaisie bourgeoiso-byzantine de haut goût » (p. 279) ressemblant fort au tombeau de Pasteur, et la situation de l'Institut Bioduret ne faisant pas de doute pour un promeneur parisien (près de la rue de Vaugirard, d'un square — le square Saint-Lambert — et d'un lycée de jeunes filles — Camille-Sée — p. 286).

Cette technique du camouflage transparent peut recevoir plusieurs explications qui vaudraient pour bien des romans satiriques. Son mobile le plus évident pourrait être la prudence ; il s'agit d'ôter au récit son aspect diffamatoire ; les dénégations du « Prière d'insérer » (« Il ne faudrait pas [...] tenir ce livre pour un pamphlet ») jouent d'ailleurs dans le même sens. Au demeurant, les récits de Céline sont si malveillants que quand il renoncera, en écrivant *Nord*, à cette mesure de prudence, il attirera à son éditeur plusieurs procès en diffamation. D'autre part, des points de vue littéraire et idéologique, cette technique permet d'allier au pittoresque de quelques détails fidèles (« naturalistes », disait-on en 1932), cet effet de « généralisation » dont Mac Orlan parlait à propos de *Candide*. Perdre l'Institut Bioduret entre La Villette et Vaugirard, c'est signifier que la satire est également applicable aux chercheurs de l'Institut Pasteur et à ceux de l'hôpital Claude-Bernard, et suggérer par là-même qu'elle convient pour tout centre de recherche. De même, en laissant flotter sa ville de province entre Bordeaux et Toulouse, et sa banlieue rouge entre Vanves et Clichy, Céline donne à leurs descriptions satiriques une portée emblématique. Enfin, cette technique a pour effet de créer avec le lecteur un lien de complicité, car chacun identifie dans ce roman ce qui fait partie de sa propre mémoire : hors du milieu médical, nul n'ira chercher Louis Pasteur sous Bioduret Joseph... Le lecteur se trouve ainsi isolé du reste du public par un rapport préférentiel à ce qui, dans l'œuvre, semble écrit « pour lui ». Le traitement des lieux romanesques entre ainsi dans la stratégie générale de l'œuvre, en ses parties écrites pour les « médecins », les « universitaires » et les « lettrés », mais aussi avec son lexique populaire qui fait fi des non-initiés. Littérature à complicité limitée. C'est un des aspects de cette persuasion indirecte que Céline commence à pratiquer — son but étant, comme l'expliquera l'interviewé du *Professeur Y*, de parvenir à une complicité totale avec son lecteur, à lui parler « dans la tête » (*EY*, p. 122). Etant une œuvre réussie, *Voyage* ne repousse cependant aucun lecteur, et peut se lire sur plusieurs plans ; tous les lecteurs rient, même s'ils ne rient pas aux mêmes endroits, ni, surtout, des mêmes choses ; par exemple, la satire qui est menée, dans les chapitres VI, VII et VIII, contre la psychiatrie de guerre, peut amuser le grand public par ses très nombreux effets comiques, son antimilitarisme ou ses attaques antimédicales traditionnelles, mais le lecteur-médecin de 1932 trouvera des raisons de rire particulières dans la mise en cause qui y est faite, à travers le « professeur Bestombes », des théories du Dr Ernest Dupré et des pratiques du Dr Gustave Roussy (voir *infra* p. 133-141).

10. EXEMPLE : LA SATIRE DE LA PROVINCE,
    « TOULOUSE »-BORDEAUX.

L'exemple de la description de Bordeaux sous le nom de Toulouse permet de mieux saisir ce double plan de fonctionnement du texte. Un lecteur qui ne reconnaît pas Bordeaux croit inventés à plaisir les détails de l'épisode « toulousain ». Si l'on identifie la ville, on peut les juger riches en intentions satiriques et en implications qui importent à la signification de l'œuvre.

Céline dissimule Bordeaux sous le nom de Toulouse, mais sollicite le décodage par plusieurs indices ; par exemple Bardamu se nourrit de « Cassoulet à la bordelaise » (*V*, p. 174), alors que la gastronomie ne connaît que le cassoulet à la toulousaine, et il remarque que « tout le monde en ville sembl[e] fier et content » des « vignobles des environs » (p. 398) ; la confusion est favorisée par le fait que Toulouse soit la patrie de Grappa (p. 154) et Bordeaux celle d'Alcide (p. 157-159)

et que le souvenir de ce dernier soit évoqué lors de l'épisode
« toulousain » (p. 404).

La description de Bordeaux est précise. La scène de la
pâtisserie, « le beau magasin du coin fignolé comme un décor
de bobinard » (*V*, p. 382) constitue une mise en page ironique de la maison Jegher, sise au 36 cours de Verdun, établis-
sement fréquenté par la clientèle élégante du quartier des
Chartrons. Le jardin d'« en face » (p. 384-385), avec ses « eaux
strictement captives », ses « rocailles » et sa « barquette de
zinc » est une représentation fidèle, dans un registre morbide,
du Jardin public, et il est naturel que Bardamu passe par le
théâtre et les « rues d'ombre de la vieille cité » (p. 385-386)
pour gagner, de là, le caveau de « Sainte-Éponime », qui
représente le caveau de Saint-Michel. Celui-ci était situé sous
la Tour Saint-Michel, qui se dresse au milieu d'un square,
et que les Bordelais nomment « la Flèche » tant ses pierres
semblent « prêtes à aller se fondre dans l'air » (p. 385). Aussi
surprenant que cela paraisse, Céline n'a rien inventé pour
décrire ce caveau. On y descendait par un escalier extrêmement raide ; les momies étaient présentées debout attachées
à des poteaux le long des murs, « comme des fusillés »
(p. 387). Parmi elles, on faisait remarquer au visiteur une
femme avec un bonnet, un bossu (surnommé « le porte-faix »),
un géant, un bébé avec son bavoir, enterré avec sa mère ; il
pouvait même vérifier l'élasticité des langues momifiées,
comme y invite la vieille Henrouille (p. 390-391)[48]. L'excur-
sion dominicale que les personnages font au chapitre XXXVII
correspond à ce qu'était la sortie favorite de la jeunesse bordelaise d'alors : on remontait la vallée de la Garonne en amont
de Portets pour passer la journée dans un de ses villages au
bord de l'eau, entre vignobles et peupliers. Le « Saint-Jean »
de *Voyage* représente sans doute Saint-Macaire, joli village
ancien, aujourd'hui encore touristique, assez proche du Canal
latéral à la Garonne pour qu'on y puisse trouver des péniches

---

48. Voir la note anonyme portée sur une des cartes postales que nous repro-
duisons p. 69.

de plaisance, et la promenade qui mène Bardamu « jusqu'à cet endroit [...] où la rivière faisait un coude » d'où l'on découvrait vers l'ouest « toute la vallée » (p. 407) pourrait consister à longer la berge de Saint-Macaire jusqu'au pied de Langon.

La reconnaissance de Bordeaux importe à l'acuité satirique du roman. Si Robinson est soigné à Bordeaux, c'est que s'y trouvait « Le Phare de Bordeaux — Œuvre des Soldats aveugles réunis aux Aveugles travailleurs du Sud-Ouest », une œuvre fondée avant 1914 sous l'autorité de l'Archevêché, gérée surtout par des pères jésuites, qui avait trouvé avec la guerre un champ d'action national ; déclarée d'utilité publique en 1924, elle faisait partie en 1932 de l'association nationale catholique Croisade des Aveugles fondée en 1927. Il va sans dire que la représentation qu'en donne Céline est diffamatoire, que les aveugles n'y étaient pas amenés par d'indélicats abbés Protiste, ni employés à des activités aussi bizarres que la garde du caveau Saint-Michel ; à travers cette satire, Céline s'en prend aux œuvres paramédicales de l'Église. Par ailleurs, du point de vue médical, Bordeaux jouissait alors d'une assez belle réputation ; Céline y fait allusion, lorsqu'il fait soigner à Bordeaux la nièce d'Alcide (*V*, p. 158-160), mais c'est pour la ridiculiser en donnant à Baryton, aliéniste conservateur et bientôt aliéné, des origines bordelaises (p. 415, 433). Du point de vue politique, Bordeaux est une ville importante ; présente aux esprits comme habituelle capitale de la France vaincue (« Les guerres ne vont plus par là », p. 385), elle est en 1932 le théâtre d'affrontements significatifs (« les journaux du Midi en pustulent de la politique et de la vivace », p. 395) : parmi les élus de Gironde se trouvent par exemple Adrien Marquet, un socialiste qui, admirateur de Mussolini, sera bientôt l'un des fondateurs du Parti socialiste de France, Philippe Henriot, le futur éditorialiste de *Radio-Paris*, et Georges Mandel, que Céline désignera comme un juif fauteur de guerre (*ÉC*, p. 43) et qui mourra abattu par la Milice. Du point de vue social, c'est, à en croire Mauriac, « une ville où la bourgeoisie est la plus vaniteuse et la plus gourmée de

Ce qui restait de la Maison du Passeur, le 30 décembre dernier.

La maison
du Passeur

L'institution
charitable
de « Toulouse »
(*Voyage
au bout de la nuit*)

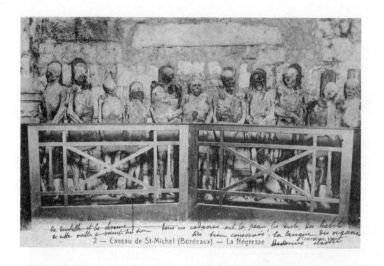

2 — Caveau de St-Michel (Bordeaux) — La Négresse

6 — Caveau de St-Michel (Bordeaux) — La Mère et l'Enfant

La « cave aux momies » de « Toulouse »
(Voyage au bout de la nuit)

France »[49] : cible de choix pour Céline par conséquent, qui brocarde la bourgeoisie des Chartrons dans la scène de la pâtisserie (p. 382-384); Bordeaux passait aussi pour fournir la France en « petites femmes » chaleureuses mais intéressées et soucieuses des convenances : l'auteur s'empare du stéréotype pour construire, avec Madelon, le modèle de ces conformismes féminins qu'il exècre.

D'autre part, la reconnaissance de Bordeaux importe à la perception du caractère ordonné du roman, auquel les critiques de 1932 reprochèrent indûment son manque de construction. L'hétérogénéité des lieux romanesques — conséquence d'une enquête à la *Candide* — est atténuée par un réseau de liaisons. La géographie des chapitres XII à XLV est presque entièrement reliée à deux points sur lesquels l'auteur a attiré l'attention en énumérant le mobilier africain de Robinson : Bardamu y découvre « une quantité désarmante de cassoulets "à la bordelaise" en conserve » et une carte postale en couleurs de « la Place Clichy » (*V*, p. 167). Du point de vue narratif, tandis que la vie de Bardamu se passe aux alentours de la place Clichy, la partie la plus dramatique de celle de Robinson se situe à Bordeaux. De part et d'autre du voyage de Bardamu à Bordeaux, Céline ménage deux rencontres symétriques avec des Bordelais : l'une, en Afrique, avec Alcide qui fait élever sa nièce à Bordeaux, l'autre, en banlieue parisienne, avec Baryton qui abandonne sa fille aux soins d'une tante bordelaise (p. 440). Le dernier lieu romanesque de l'œuvre, la maison de santé de Vigny, conjugue les deux lieux principaux : il n'est repérable qu'à partir de la place Clichy et on y retrouve un Bordelais, Baryton. Du point de vue thématique, Céline maintient ainsi un équilibre : les sarcasmes anti-bourgeois contenus dans la description de Toulouse-Bordeaux font pendant au mépris anti-populaire exprimé dans la description de Rancy-Clichy ; la description ironique d'une ville catholique qui s'est donné un maire SFIO

---

49. François Mauriac, *La Robe prétexte*, in *Œuvres complètes I*, Paris, Arthème Fayard, 1950, p. 73.

fait pendant à la description sceptique d'une banlieue rouge
en voie de déchristianisation ; l'évocation d'une œuvre para-
médicale catholique et celle d'un corps médical provincial
conformiste complètent le tour d'horizon de la médecine française en s'ajoutant à la présentation, ailleurs, de la vie médicale parisienne, psychiatrie hospitalière, recherche médicale,
médecine de dispensaire et médecine de cabinet en milieu
défavorisé.

Enfin, décrire Bordeaux en 1932, c'est s'avancer sur un
terrain qui est en quelque sorte le lieu réservé de François
Mauriac, dont *Thérèse Desqueyroux* vient de faire en 1927 un
auteur de premier plan, et il semble que *Voyage* s'écrive en
prenant son œuvre en compte et à partie. Est-ce un hasard
si la promenade bordelaise de Bardamu part d'un jardin
public où Mauriac a enraciné les souvenirs d'enfance de *La
Robe prétexte* (1914) et du *Désert de l'amour* (Grand prix du
roman de l'Académie française en 1925), et où, dans *Bordeaux
ou l'adolescence* (1926), il « poursuit le fantôme pitoyable »
d'un jeune garçon qu'étreignait « cette nostalgie des soirs de
fête que nous découvrons plus tard, lorsque se révèle à notre
jeunesse la médiocrité du plaisir »[50] ? N'est-ce pas à lui que
songe Bardamu : « Combien d'années ? d'étudiants ? de fantômes ? / Dans tous les coins des jardins publics, il y a comme
ça d'oubliés des tas de petits cercueils fleuris d'idéal, des bos-
quets à promesses et des mouchoirs remplis de tout » (*V*,
p. 385) ? Et l'aventure qui mène Robinson à Toulouse, cette
tentative d'assassinat dont on étouffe le scandale sous la res-
pectabilité des soutanes, ne ressemble-t-elle pas à celle de Thérèse Desqueyroux ? Les noms de Robinson et Madelon que
porte ce couple de fiancés bordelais qui ne se marieront jamais
malgré les pressions familiales et les intérêts engagés (p. 449,
453), rapprochent curieusement *Voyage* du *Désert de l'amour*,
où ils désignaient des personnages évoluant à l'arrière-plan
de l'action : le Pr Courrèges comptait marier sa fille Madeleine à son brillant assistant Robinson, mais la jeune fille,

50. *Ibid.*, p. 11.

poussée par sa mère, préférait épouser un beau militaire borné.

Le projet de mariage raconté dans *Le Désert de l'amour* avait de quoi arrêter l'attention de Louis Destouches qui avait, lui aussi, épousé la fille d'un professeur de faculté de médecine provinciale, puis l'avait abandonnée. Mais c'est par son thème majeur que ce roman coïncide avec le dessein de *Voyage* : les deux auteurs s'emploient à montrer que l'expérience amoureuse est une illusion d'optique (telle est la découverte de Raymond Courrèges, du Pr Courrèges et de Bardamu, devant qui s'ouvre, dans l'orgasme, le « grand désert » de l'amour — *V*, p. 474) et ils décrivent des milieux empoisonnés par les convenances bourgeoises, où l'amour se révèle impossible du fait même de son conformisme : c'est ce que comprennent le Pr Courrèges, dont le regard médical et désabusé devait plaire à Céline, et les deux Robinson, celui de Mauriac qui se consolait sans mal de son mariage manqué avec « une girl des Bouffes », et celui de *Voyage*, qui fuit Madelon. Ceci faisait partie, aux yeux de Céline, du « fond de l'histoire », même si le misérabilisme de la représentation de « Toulouse » empêche certains lecteurs de s'en apercevoir : « [Robinson] finit enfin par trouver un coin tranquille, des rentes, une petite femme qui l'aime. Pourtant, il ne peut pas rester là. Il lui faut partir quand il a le bonheur bourgeois sous la main, une petite maison, une épouse câline, des poissons rouges »[51]. On comprend qu'un critique de 1933 ait estimé qu'« on aurait pu appeler *Voyage au bout de la nuit*, le *Désert de l'amour* »[52] et que Mauriac lui-même ait écrit immédiatement à Céline. L'épisode bordelais est donc aussi le moyen pour l'auteur d'apporter la contradiction à Mauriac sur son propre terrain. Car, si *Voyage* et *Le Désert de l'amour* ont,

51. Interview avec Merry Bromberger, *op. cit.*, *in CC1*, p. 31.

52. Pierre Audiat, « L'actualité littéraire », *La Revue de France*, 15 janvier 1933, repris dans Jean-Pierre Dauphin, *Les critiques de notre temps et Céline*, p. 31.

jusqu'à un certain point, des objectifs semblables, cette simi-
litude n'en met que mieux en valeur l'écart spirituel qui
sépare les deux écrivains — nous aurons à y revenir quand
nous étudierons l'ambiguïté des résonances religieuses du
roman.

CHAPITRE II

Voyage au bout de la nuit
dans la mouvance prolétarienne

La signification philosophique du roman s'éclaire si on se souvient que Céline se réclamait de Barbusse et de Freud — sur un ton tour à tour sérieux ou désinvolte selon son interlocuteur :

[...] Le délire, il n'y a que cela et notre grand maître actuellement à tous, c'est Freud. Peut-être, si vous tenez absolument à me trouver d'autres influences plus littéraires, peut-être que vous pourriez indiquer les livres de Barbusse[1].

[...] suivre la mode comme les midinettes, c'est le boulot de l'écrivain très contraint matériellement, c'est la condition sans laquelle pas de tirage sérieux (seul aspect qui compte). Ainsi pour la guerre depuis Barbusse, ainsi pour ces déballages psychanalytiques depuis Freud. Je choisis la direction adéquate, le sens indiqué par la flèche, *obstinément*[2].

On a vu que *Voyage* devait à Barbusse, pour l'épisode de guerre, bien des détails typiques qui le rangent dans le camp pacifiste, et les métaphores filées de l'abattoir et de l'errance nocturne. Mais l'influence de Barbusse semble également s'étendre à la mise en forme du message philosophique du

---

1. Charles Chassé, « Choses vues. En visite chez L.-F. Céline », *La Dépêche de Brest et de l'Ouest*, 11 octobre 1933, repris dans *CC1*, p. 88.
2. Lettre à Joseph Garcin du 13 mai 1933, *in* Pierre Lainé, *De la débâcle à l'insurrection contre le monde moderne. L'itinéraire de L.-F. Céline*, thèse pour le doctorat d'Etat, Paris IV, 1982, p. 632.

roman, ainsi qu'à son esthétique, le nom de Barbusse étant attaché en 1930 au projet de littérature prolétarienne, projet qui nous paraît être au point de départ de l'entreprise célinienne.

1. L'INFLUENCE DE BARBUSSE

Céline a souvent signalé sa dette envers Barbusse, même en ses heures d'anticommunisme exacerbé où on se fût attendu qu'il la passe sous silence (« Pour mon petit personnel je dois beaucoup à Barbusse », écrit-il dans *Bagatelles pour un massacre*, p. 216); mais il n'a pas clairement expliqué en quoi elle consistait. L'opinion communément admise est celle soutenue par Henri Godard : ce serait uniquement *Le Feu* qui l'aurait influencé, et, dans ce roman, « surtout la place faite au langage parlé des soldats », l'auteur de *Voyage* ayant « radicalisé » la tentative du prix Goncourt de 1916 (*I*, p. 1224-1227). Sans doute Céline admirait-il *Le Feu* et a-t-il examiné de près ses tours oraux; on rapporte qu'en 1920 il renvoyait à ce livre, « auquel il disait n'avoir rien à ajouter »[3], tous ceux qui l'interrogeaient sur la guerre. *Le Feu* est effectivement admirable, car ce fut le *premier* roman qui ait brisé le consensus pour donner du front l'image qu'en avait la troupe, et ce travail littéraire (observation du typique, découpage diégétique, mise au point du ton, des métaphores récurrentes, etc.) servit à l'élaboration de bien des récits de guerre ultérieurs.

Cette interprétation de l'influence de Barbusse sur Céline paraît pourtant trop restrictive. Elle s'appuie sur des déclarations tardives, comme cette allusion faite devant Robert Poulet au « Barbusse du *Feu*, où l'on voit apparaître dans les dialogues deux ou trois innovations curieuses »[4]. Or ses premières déclarations concernaient plutôt « *les* livres de Bar-

3. François Gibault, *Le Temps des espérances*, p. 235.
4. Robert Poulet, *op. cit.*, p. 75.

busse », ou « Barbusse ». Quelques confidences d'après-guerre permettent de mieux mesurer les mérites qu'il lui attribuait. Il dit appartenir à une « lignée » qui comprend « Tallemant?... Bruant... peut-être? Vallès sûrement... Barbusse... »[5]; ailleurs, il fait intervenir les notions de « poésie » et de « musique » : « je hais la prose... je suis poète et musicien raté — c'est le message direct au système nerveux, qui m'intéresse [...] — Vive Aristide Bruant, Barbusse (du *Feu*) HORREUR de ce qui *explique*... »[6]; ailleurs encore, il se classe avec Barbusse parmi les écrivains nantis d'un « raffinement infini » et comparables à des histologistes qui diraient : « Qu'il s'agisse d'une cellule de foie ou d'un neurone, peu importe, ce qui m'intéresse, c'est les colorants »[7]. Cette série d'affirmations montre que Céline avait fort justement reconnu en Barbusse un de ces artistes de la « lignée » réaliste, pour qui l'homme est essentiellement social et charnel, et qui, guettant leurs contemporains dans leur quotidienneté et leurs contradictions, tracent d'eux des portraits percutants et concis, qu'il appréciait la réussite « poétique » et « musicale » de son style (réussite rarement sensible dans *Le Feu* et presque constante dans *Clarté*), et qu'il avait perçu la puissance des « colorants » expressionnistes de Barbusse, cette couleur de nuit (nuits du voyeur de *L'Enfer*, nuits d'abattoir du *Feu*, nuit universelle de *Clarté*) qui devait être la couleur de *Voyage*. Enfin, la formule d'oraison funèbre (« un très grand cerveau — un homme ») qu'il emploie dans sa lettre à Dabit du 1er septembre 1935 (*BLFC6*, p. 76) manifeste une admiration située sur un tout autre plan que celui des « innovations curieuses » du dialogue. C'est ce Barbusse-là qui nous semble avoir influencé l'écriture de *Voyage*.

5. Lettre du 24 novembre 1949 à Albert Paraz, *in CC6*, p. 205.
6. Lettre du 11 juin 1947 à Milton Hindus, *in* Milton Hindus, *op. cit.*, p. 142.
7. Madeleine Chapsal, « Voyage au bout de la haine... avec L.-F. Céline », *in L'Express*, 14 juin 1957, repris *in CC2*, p. 22.

2. *VOYAGE AU BOUT DE LA NUIT* ET *CLARTÉ* : LA VÉRITÉ DANS LA NUIT.

Voyage et *Clarté* tentent tous deux de formuler la « vérité » sur le mal interne à la société moderne. Céline reprend le problème dans les termes dans lesquels Barbusse l'avait posé, comme on le voit en comparant le dialogue introducteur entre Ganate et Bardamu (*V*, p. 8-9), et les chapitres conclusifs de *Clarté* (« Le culte », « Non ! », « Clarté », « Face à face »). Ici comme là, le plus meurtrier des mensonges est l'idée de « Patrie », qui s'appuie sur une prétendue coïncidence des frontières et des races (chapitre « Le culte ») ; seuls les « maîtres », le « Roi Misère », dit Céline, « les rois », dit Barbusse, ont intérêt à l'accréditer, avec la complicité des prêtres du « bon Jésus » (chapitre « Clarté ») ; le mensonge le plus intime est la conception idéaliste de l'amour (chapitre « Face à face »).

Les deux narrateurs observent donc le monde avec la lucidité que leur donne l'expérience de « l'abattoir international en folie » (*V*, p. 112), « de l'horreur dégoûtante et de la folie » (*Clarté*, p. 254). *Clarté* inscrit en effet les données du *Feu* dans la totalité d'une vie adulte : parti pour le front patriote, religieux, naïvement réactionnaire et résigné, Simon Paulin en revient avec « le besoin de la vérité » (*Clarté*, p. 234), si bien que ses anciennes valeurs lui semblent mensongères et qu'il doit se rebâtir une sagesse sur ce « deuil immense » (p. 239). De même, le nom de Bardamu indique que sa vision est entièrement conditionnée par la guerre : il n'est qu'un « bardamu », un paquetage militaire trimbalé d'un bout du monde à l'autre en attendant « la prochaine » (*V*, p. 240). Ayant perdu à la guerre toutes ses illusions, il en reconnaît partout la menace ou la figure, dans la nuit africaine (p. 127), la logique colonialiste (p. 138), le fonctionnement de la justice (p. 173), la violence faite aux ouvriers (p. 226) et aux femmes (p. 260), et même dans la malveillance des conversations (p. 383). Céline tombe d'accord avec Barbusse sur un point essentiel pour l'interprétation politique de la guerre : elle entre dans le fonctionnement du capitalisme, aubaine de tous les

Puta (*V*, p. 102-106), elle « brûle les uns » pour « réchauffer les autres » (p. 216). Elle n'est que la pire des misères que la société impose aux pauvres, « l'exploitation jusqu'au dernier souffle, jusqu'à l'usure totale et la mort parfaite », lisait-on dans *Clarté* (p. 258), le moyen de faire passer aux « pauvres » leurs velléités révolutionnaires, en les fauchant « jusqu'à ce qu'il en vienne qui saisissent bien la plaisanterie, toute la plaisanterie... Comme on fauche les pelouses jusqu'au moment où l'herbe est vraiment la bonne, la tendre » (*V*, p. 382).

Au-delà de ces convergences qu'on trouverait peut-être aussi bien dans d'autres œuvres de l'époque, *Voyage* et *Clarté* se ressemblent en ce qu'ils lient tous deux les problèmes de la guerre et de l'amour, qu'on n'a pas accoutumé de poser ensemble. La question de « l'amour impossible aujourd'hui », que Céline désignait à Merry Bromberger comme le « fond de l'histoire », est un des thèmes majeurs de *Clarté*. La guerre ayant placé Bardamu et Simon Paulin en état de « vérité absolue » (*V*, p. 52), l'idéologie amoureuse se trouve remise en cause ; l'amour doit désormais s'accorder avec la « vérité » du corps, avec celle du temps et celle du désespoir ; il faut abandonner les idéalismes et les hypocrisies. Tel est le point de vue de Simon Paulin qui s'insurge devant les illusions de Marie et sent « monter en [lui] une sorte d'anathème contre cette dévotion aveugle dont on revêt les choses de la chair » (*Clarté*, p. 307), de Bardamu qui trouve incongru que Lola le « tracasse avec les choses de l'âme » (*V*, p. 52), et de Robinson repoussant Madelon : « Plus avec moi que ça prend ma fille... leur dégueulasse d'amour !... Tu tombes de travers !... T'arrives trop tard ! » (p. 493).

Voyage a aussi avec *Clarté* des similitudes littéraires ; Céline et Barbusse orchestrent les motifs de l'abattoir et de la nuit sur la totalité de leurs romans. La répétition du motif de l'abattoir hors de l'épisode guerrier exprime symboliquement une interprétation psychologique de la guerre : ses tueries sont contenues à l'état latent dans les comportements cruels du temps de paix. Barbusse le suggérait en décrivant la « joie » qui bouleverse les spectateurs d'une curée (chapi-

tre « Le crieur »), puis rappelait ce souvenir à propos d'un
cheval tombé au feu (chapitre « Ruines »), puis par le récit
d'une messe de Saint-Hubert (chapitre « Les yeux »). De
même, Céline met en scène des Argentins négociants de
« viandes froides » (*V*, p. 77) quand il dénonce les profiteurs
de guerre, puis il rappelle l'odeur des charniers par « l'odeur
âcre » d'une cave de boucher (p. 83), et la scène où toute la
rue Lepic s'amuse des souffrances d'un cochon (p. 290) fait
pendant à l'égorgement d'un cochon au Front (p. 21) pour
montrer la cruauté ordinaire dont s'autorisent les guerres.

L'extension à la totalité des deux romans du motif de la
nuit leur confère la même « couleur » symbolique. *Clarté* est
fait de scènes de nuit, car l'obscurité qui symbolisait dans *Le
Feu* l'expérience de la guerre s'étend à présent à la totalité du
monde. Simon Paulin ne cesse de s'enfoncer dans la souffrance, la solitude, et les décombres des illusions. *Voyage* imite
cette pratique du décor nocturne, au point même de frôler
parfois l'invraisemblance : c'est ainsi que le Dr Bardamu travaille surtout nuitamment (*V*, p. 242). Corrélativement, la
cécité a un sens symbolique dans les deux œuvres ; comme
les aveugles Tudor et Antoinette dans *Clarté* (chapitre « Le
culte »), Robinson « est arrivé au bout de tout ce qui peut
vous arriver » (*V*, p. 328). Le corps est lui-même une force
de nuit ; le célèbre gros plan du regard de Bardamu sur la
bouche de Protiste (p. 336-337) ressemble à celui de Simon
Paulin sur le visage de sa tante (*Clarté*, p. 13) ; Céline et Barbusse font une place égale au sommeil profond (*V*, p. 474),
cette puissance « qui revient toujours remplir de nuit la chair
humaine » (*Clarté*, p. 149) ; le regard de voyeur que Bardamu
jette dans les chambres où des couples américains se prépa-
rent à dormir (*V*, p. 199) est celui du narrateur de *L'Enfer*,
qui ne cesse d'épier la « déchéance » nocturne des habitants
anonymes d'un hôtel. Cette nuit symbolique du monde et du
corps contient, dans *Voyage* comme dans *Clarté*, les mêmes
fantômes de l'exploitation sociale, de la maladie, de l'âge, de
l'amour et du meurtre, et les deux romans, progressant len-

tement vers « le bout de la nuit », s'achèvent par des réflexions philosophiques dans la lumière de l'aube.

3. EN AMONT DE *VOYAGE*, LE VOULOIR-ESPÉRER DE *SEMMELWEIS*.

Doit-on s'étonner que Céline ait ainsi emprunté à Barbusse plusieurs options fondamentales de son premier roman ? Le militantisme pacifiste, antifasciste, procommuniste, prosovié-tique, auquel le nom de Barbusse était attaché en 1932, n'empêchait pas que Céline l'admirât. Les œuvres dont il s'inspire ont d'ailleurs été écrites avant l'entrée de Barbusse au PCF. Et il suffit de lire Barbusse pour comprendre l'admi-ration que Céline a pu éprouver pour sa puissance artistique, même s'il est aujourd'hui regrettablement négligé, au rebours de ce que Céline prévoyait[8]. Les emprunts de *Voyage* à Bar-busse se comprennent d'autant mieux si on observe l'orien-tation idéologique de la thèse *La vie et l'œuvre de Philippe Ignace Semmelweis*, et des *Derniers jours de Semmelweis*, con-traction de thèse qui fut publiée dans *La Presse médicale*. On peut lire dans ces écrits de 1924 l'influence idéologico-littéraire de Romain Rolland et/ou de Barbusse — car les réflexions de ces deux grands pacifistes s'épaulent si bien à partir de 1915 qu'il serait hasardeux de départager leurs influences. A cette époque, Destouches faisait à Romain Rol-land l'hommage d'un exemplaire de sa thèse[9] et il s'honorait

---

8. On songe au diagnostic de Céline : « Les critiques, le public s'acharnent à juger non le livre, mais l'homme à travers la mode, ragots, politiques, bat-tages, haines, jamais ils ne jugent le livre », affirmait-il, à propos de lui-même, ajoutant : « Que lira-t-on en l'an 2000 ? Plus guère que Barbusse, Paul Morand, Ramuz et moi-même, il me semble » (lettre au Magot solitaire, *in Carrefour*, 20 avril 1949, reprise dans *CC7*, p. 389-390).
9. Extrait inédit du *Journal intime* de Romain Rolland, que Marie Romain-Rolland datait de la deuxième semaine d'avril 1924 :
« En une même semaine, reçu communication de deux manuscrits médi-caux et d'une thèse médicale ; — celle-ci, *La Vie et l'Œuvre de Philippe Ignace Semmelweis 1818-1865,* thèse pour le doctorat en médecine soutenue devant la Faculté de médecine de Paris par *Dr. Louis Destouches* ; — les deux autres :

d'être en rapport avec lui, citant son appréciation au début des *Derniers jours de Semmelweis*. De tels gestes relevaient d'un engagement affirmé : c'est à la barbe d'un corps médical majoritairement réactionnaire que Destouches se réclamait de l'auteur d'*Au-dessus de la mêlée*, d'un penseur qui militait pour la paix et la justice sociale, et qui, sans appartenir au groupe « Clarté », en partageait la détermination.

Il semble que Destouches ait pris modèle sur lui pour la rédaction de *Semmelweis*. Il donne en épigraphe à son dernier chapitre une citation de la préface de la *Vie de Beethoven* : « La Nuit du Monde est illuminée de lumières divines » (*S*, p. 75) — citation qui contient une des métaphores récurrentes de l'imagerie rollandienne. Cette épigraphe engage toute une conception du génie humain et du héros. Dans sa préface à la *Vie de Beethoven*, Rolland propose la biographie des « héros » comme un encouragement à poursuivre le progrès et la lutte, à « ranimer [...] la foi de l'homme dans la vie et

---

Dr. Paul Bjerre : Comment l'âme guérit [...], Stockholm, 1924 ; — *Dr. Théodore Huzella*, prof. à la Faculté de médecine de Debreczen : *L'individu dans la vie sociale, en temps de paix et en temps de guerre [...]*, Budapest et Berlin, 1924.

    « Il peut sembler étrange que trois médecins s'adressent au jugement d'un artiste écrivain. Mais j'en trouve l'explication dans le beau travail du Dr. Huzella : "La vocation médicale, dit-il, exige l'appréciation artistique de la vie. *L'idéal du médecin, c'est la vie.*"

    « Et c'est aussi le mien. C'est par là que je me suis toujours senti plus près des biologistes que de beaucoup de mes confrères écrivains, de ceux qui possèdent un idéal d'esthétisme, de forme pure, — ou de pensée pure.

    « — La thèse de Louis Destouches, écrite avec beaucoup trop de juvénile emphase, est le martyrologe de Semmelweis, le précurseur hongrois de Pasteur, le découvreur de l'antisepsie. Incroyable histoire, où le grotesque des médecins de Molière s'élève à l'horreur tragique. Que les constatations de bon sens élémentaire de ce malheureux Semmelweis se soient brisées contre l'opposition non seulement obstinée, mais haineuse de la presque totalité des grands médecins d'Europe, et des Académies, de Paris, de Londres, de Berlin. Que, dans des hôpitaux où la mortalité pour fièvre puerpérale montait jusqu'à 97 %, le simple fait de vouloir obliger les étudiants qui approchaient les femmes enceintes, à se désinfecter les mains, ait soulevé les pires violences contre Semmelweis, deux fois cassé de son poste, privé d'emploi, réduit à la misère, et finissant par la démence furieuse... — Je n'avais guère d'illusion sur la bêtise humaine. Mais elle dépasse de loin tout ce que j'avais pu penser. Une telle histoire est à désespérer. — Et qu'il ait fallu 2 à 3 000 ans de médecine pour n'en être qu'à balbutier ces vérités abécédaires ! »

dans l'homme » — « Je n'appelle pas héros ceux qui ont triomphé par la pensée ou par la force. J'appelle héros, seuls ceux qui furent grands par le cœur. [...] La vie de ceux dont nous essayons de faire ici l'histoire, presque toujours fut un long martyre »[10]. A lire en parallèle *La Vie et l'œuvre de [...] Semmelweis* et la *Vie de Beethoven*, on voit que Destouches a pris là des leçons d'écriture. Ces phrases sobres, cette alternance dépouillée de passés simples et de présents de narration, cet exposé à la fois intime et simplifié où la vie d'un homme apparaît résumée avec, de temps en temps, des paragraphes ralentis de narration émue et des plongées rapides dans la vie intérieure, ce souci de moraliser la biographie par le mythe du génie lumineux, cette transposition d'une vie de savant contesté en un martyre immortel, cette leçon finale d'une « foi immense dans la vie » (*S*, p. 77) et de l'exemple donné par « un très grand cœur » (p. 78), tout cela ne ressemble ni au style spontané de Destouches, ni au style travaillé de Céline, mais bien à l'écriture rollandienne de *Vie de Beethoven* — autant que le style d'un apprenti imite celui d'un maître : comme le note Rolland, Destouches y met « beaucoup trop de juvénile emphase »[11].

Cette influence est d'autant plus remarquable que la citation de *Vie de Beethoven* couronne le chapitre de la thèse où, comme Denise Aebersold l'a montré[12], les obsessions paranoïaques et suicidaires de Destouches prennent le pas sur la biographie objective. Il faut donc croire qu'il se ralliait alors, lui et sa vision sombre de la réalité, aux actes de foi qui caractérisent les espérances de type humaniste et progressiste. On en trouve de nombreuses marques dans les textes de 1924 ; l'obsession de la guerre, la métaphore récurrente de la nuit du monde y figurent, mais Destouches veut avoir une interprétation progressiste de l'histoire : « Les âges de l'humanité,

10. Romain Rolland, *Vie de Beethoven*, préface (Paris, Hachette, 1907 — première publication *Cahiers de la Quinzaine*, janvier 1903).

11. Voir note 9.

12. Denise Aebersold, *Céline, un démystificateur mythomane*, Paris, Lettres modernes, 1979, p. 14-23.

écrit-il, s'accomplissent sans doute avec une majesté cruelle et redoutable, mais ils s'en vont vers la lumière » (*DJS*, p. 93). Il croit dans le relais que se passent les « génies » (*S*, p. 41); il a confiance dans l'humanité dans la mesure où il y a des hommes capables d'« élévations sublimes » vers la connaissance (p. 52), et que leur « pitié » (p. 23, 28) et leur « bonté » (p. 51) poussent à chercher la vérité. Il voit dans la « lucidité » la « puissance des puissances » (p. 71), professe que « l'ordinaire lucidité ne suffit pas », que seul le « sentiment » peut donner pouvoir à la « lucidité » (p. 52) et que le « bon sens » lui interdit d'outrepasser les bornes de la raison (p. 72). De telles affirmations ressemblent à ce qu'écrivaient Barbusse dans *Clarté* (« Les yeux », « Face à face ») ou Rolland dans *Au-dessus de la mêlée*[13]. Sa foi humaniste est également étayée, comme celle de Rolland, par la perception de la « divinité » de la musique (*S*, p. 25-26) et par la confiance placée, contre « l'idole mâle », dans les femmes, « qui anticipent dans le monde actuel les destinées de l'avenir » (*DJS*, p. 93-94). Certes, l'humanisme de *Semmelweis* n'est pas un optimisme béat; mais dans la plupart de ses restrictions même, il adhère à la pensée de *Clarté*, qui n'est pas béate non plus. Dénonçant les obstacles qui s'opposent à la trouvaille individuelle et à la propagation de la vérité scientifique, Destouches incrimine la résistance des intérêts et des pouvoirs en place, mais aussi le manque de lucidité de la jeunesse (*S*, p. 18 — cf. *Clarté*, « Clarté »), la croyance illusoire en l'existence du bonheur personnel (*S*, p. 18 — cf. *Clarté*, « Face à face »), et la fragilité mentale de l'homme, dont la chair est de mêche avec le délire et le néant (*DJS*, p. 86-89 — cf.: « Nous ne por-

---

13. On y lit par exemple : « Le vrai intellectuel, le vrai intelligent, est celui qui ne fait pas de soi et de son idéal, le centre de l'univers, [...] L'intelligence de la pensée n'est rien sans celle du cœur. Et elle n'est rien non plus sans le bon sens et l'esprit, — le bon sens, qui montre à chaque peuple, à chaque être son rang dans l'univers, — l'esprit, qui est le juge de la raison hallucinée [...] » (Romain Rolland, *Au-dessus de la mêlée*, « Les idoles », Paris, Ollendorf, 1915, p. 96).

tons pas de lumière; nous sommes des choses d'ombre, puisque le soir nous ferme les yeux », *Clarté*, p. 284).

En 1924, Destouches écrivait donc le drame de Semmelweis et sa propre inquiétude en termes souvent empruntés à Rolland et Barbusse. Sans doute trouvait-il chez eux une clairvoyante défense de l'homme, une pensée avertie par la guerre et démythifiante, qui s'accordait avec sa générosité et la sévérité de sa propre vision. Mais ne s'abusait-il pas, en envoyant sa thèse à Rolland, sur la dynamique de sa propre révolte? Quand, instruits par la suite de l'œuvre, nous lisons *Semmelweis*, nous voyons Céline percer sous Destouches à travers ce qui y excède les emprunts à l'idéologie humaniste : c'est cet accent paranoïaque qu'il ajoute au mythe du génie (« s'il insistait beaucoup, on le tuerait peut-être ? » — *S*, p. 69), cette croyance en un dieu du mal, « puissance biologique », « le diable existe quelque part ! » (*DJS*, p. 85); c'est, en contradiction avec l'affirmation de la progression des « âges de l'humanité » « vers la lumière », cette propension à penser l'histoire en cycles d'éternels retours, scandés par la réapparition de la Bête de l'Apocalypse (*S*, p. 19-21), et cet alinéa qui va à l'encontre de l'optimisme humaniste affiché par la thèse : « Dans l'Histoire des temps la vie n'est qu'une ivresse, la Vérité, c'est la Mort » (p. 28). *Semmelweis* donne ainsi le spectacle d'un texte proclamant un vouloir-espérer humaniste, mais guetté de l'intérieur par la fascination du pire.

4. *VOYAGE AU BOUT DE LA NUIT, SEMMELWEIS*
ET *CLARTÉ* : L'ABANDON DE LA VOLONTÉ D'ESPÉRER.

Quand Céline se sert de Barbusse pour l'écriture de *Voyage*, il refait donc, en sens inverse, le chemin de Destouches écrivant *Semmelweis*; il rejette l'humanisme de sa thèse pour partir de la formule qui s'écrivait alors comme en marge : « la vérité de ce monde c'est la mort » (*V*, p. 200). Cette phrase commune aux deux textes est la charnière autour de quoi toutes les affirmations se renversent. La musique n'est plus « un doux mystère » (*S*, p. 26), on entend au fond « l'air de la Mort » (*V*, p. 297) ; la femme n'est plus l'avenir de l'homme (*DJS*, p. 93), c'est elle qui tue Robinson... L'inversion de l'épigraphe de *Semmelweis* en celle de *Voyage* (« La Nuit du Monde est illuminée de lumières divines » — « *Notre vie est un voyage / Dans l'Hiver et dans la Nuit, / Nous cherchons notre passage / Dans le Ciel où rien ne luit.* ») est même si évidente qu'il faut imaginer Céline conscient de son propre revirement et opérant une métamorphose systématique du « docteur Jekyll » en « M. Hyde », pour reprendre les termes qu'il utilisa pour qualifier sa double vocation de médecin et d'écrivain[14].

Le détour par *Semmelweis* aide à mieux comprendre le remploi, dans *Voyage*, des options principales de *Clarté* : il s'agit de dresser une nouvelle « vérité » contre la « vérité » révolutionnaire de Barbusse, une vérité d'autant plus apte à contredire l'ancienne qu'elle se situe dans le même registre. La description du monde comme d'un espace de nuit et de guerre, la démythification des prestiges sociaux et de l'idéologie amoureuse, la mise en accusation du système social capitaliste, sont les mêmes que dans *Clarté* — et restent dans la logique majeure de *Semmelweis* —, mais Céline désamorce la puissance subversive de son réquisitoire historique et social en lui accolant une « vérité » d'ordre moral : la nature abjecte de l'homme, « la vérité, mares lourdement puantes, les crabes, la charogne et l'étron » (*V*, p. 113) ; il n'existe pas « d'autres véritables réalisations de nos profonds tempéraments que la guerre et la maladie, ces deux infinis du cauchemar » (p. 418). L'*Hommage à Zola* montre qu'il était conscient d'un choix à faire, pour la littérature et l'action, entre une interprétation politique et une interprétation métaphysique du mal, et qu'il choisit la seconde :

Je veux bien qu'on peut tout expliquer par les réactions malignes de défense du capitalisme ou l'extrême misère. Mais les choses ne sont pas si simples ni aussi pondérables. Ni la misère profonde ni l'acca-

14. Robert Poulet, *op. cit.*, p. 80.

blement policier ne justifient ces ruées en masse vers les nationalismes extrêmes, agressifs, extatiques de pays entiers. [...] Le sadisme unanime actuel procède avant tout d'un désir de néant profondément installé dans l'homme et surtout dans la masse des hommes, une sorte d'impatience amoureuse, à peu près irrésistible, unanime, pour la mort (*CC1*, p. 80).

Bardamu ne peut pas dire comme Simon Paulin « Nous n'avons qu'un secours : nous savons, nous, de quoi la nuit est faite » (*Clarté*, « Clarté ») ; « savoir de quoi la nuit est faite » ne lui est pas secourable : « au bout de la nuit », il n'y a pas de lumière comme dans *Semmelweis*, dans *Vie de Beethoven* ou dans *Clarté*, il y a le meurtre de Robinson par sa maîtresse, un meurtre en forme de suicide car son « c'est tout, qui me répugne » inclut aussi « la vie » (*V*, p. 493-494).

Dans le détail du texte, l'utilisation de Barbusse a pour effet de contredire son espérance. Par exemple, quand Barbusse développe la métaphore de l'abattoir humain, il s'agit de bœufs, de cerfs ou de chevaux et la métaphore est dénuée de mépris ; quand Céline la reprend, il s'agit de moutons (*V*, p. 36) ou de cochons et la métaphore résonne d'un dégoût qu'on trouverait aussi bien chez Léon Daudet[15] ; une modification dans le contenu du symbole inverse son sens, la pitié se fait sarcasme. Le parallélisme qu'on observe entre le dernier chapitre de *Clarté* et la conclusion de *Voyage* joue dans le même sens. Paulin prenait la mesure de sa révolution morale « à cette lumière terrible » de la mort, il comprenait qu'il n'avait plus « peur », qu'au-delà des illusions idéologiques et sexuelles sur l'amour, on pouvait reconstruire le couple, et, tout autour, le monde, sur une « vérité » qui propose son « courage » de l'autre côté du désespoir, sur la « tendresse » et la « pitié » — sans qu'on sache trop si ce mot reflétait davantage le pessimisme que Schopenhauer y avait mis, ou l'optimisme qu'y avait logé Victor Hugo :

15. Par exemple : « Les Français du XIXᵉ siècle prolongé jusqu'en 1914 se sont laissé mener, comme des moutons à l'abattoir » (Léon Daudet, *Le stupide XIXᵉ siècle. Exposé des insanités meurtrières qui se sont abattues sur la France depuis 130 ans, 1789-1919*, Paris, Nouvelle Librairie Nationale, 1922, p. 31).

La tendresse est le plus grand des sentiments humains parce qu'il est fait de respect, de lucidité et de lumière. Comprendre, s'égaler à la vérité, c'est tout, et aimer, c'est la même chose que connaître et comprendre. La tendresse, que j'appelle aussi la pitié parce que je ne vois pas de différence entre elles, domine tout à cause de sa clairvoyance. Ce sentiment qui est immense comme s'il était fou, et qui est sage, c'est la seule chose humaine qui soit parfaite. Il n'y a pas de vaste sentiment humain qui ne tienne tout entier entre les bras de la pitié (*Clarté*, p. 311).

Céline place Robinson, puis Bardamu, dans la même posture que Paulin et reprend les termes de Barbusse pour dresser le constat inverse. Robinson ne veut pas de la « tendresse » : « Tu veux en bouffer de la viande pourrie ? Avec ta sauce à la tendresse ?... » (*V*, p. 493-494). Quant au narrateur devant le cadavre de Robinson, incapable de trouver en soi la « pitié » (p. 496), il manque de « ce qui ferait un homme plus grand que sa simple vie, l'amour de la vie des autres » (p. 496). L'affirmation « J'avais pas la grande idée humaine moi » (p. 497) résume ce qui sépare Céline de l'écrivain auquel il apporte la contradiction. Sans la « grande idée humaine », le narrateur reste enlisé dans la « peur » (p. 500), son « courage » reste introuvable et rien ne lui permet d'affronter la mort (p. 501).

Cette proclamation d'une espérance introuvable au sein de structures littéraires inventées pour dire l'espérance retrouvée, montre à quel point l'imaginaire de Céline se développe contre celui d'autrui. Sa démarche créatrice n'est pas « ambiguë » (quoique la critique affectionne ce terme), elle est méthodiquement piégée ou « contradictoire » — pour reprendre un terme du « Prière d'insérer ». Sans doute douloureuse aussi puisque, ce refus de l'espérance de Bardamu recouvrant une dénégation des actes de foi prononcés par le Dr Destouches dans *Semmelweis*, *Voyage* est à la fois un acte fondateur et une définitive rétractation[16] ; l'écrivain détruit les abris

___

16. Les actes de foi de *Semmelweis* achèveront d'être rétractés en 1936 avec la première page de *Mort à crédit* (« Je n'ai pas toujours pratiqué la médecine, cette merde. ») et avec la publication de *Mea culpa*. L'épigraphe empruntée à Rolland disparaît évidemment dans l'édition de 1936 de *Semmelweis*, alors publié dans le même volume que *Mea Culpa*.

que l'homme s'était trouvés[17]. André Rousseaux voyait juste
lorsqu'il considérait ce livre comme un « suicide manqué »[18].
Céline suicide verbalement le Dr Destouches pour verbalement lui survivre ; ce n'est pas Céline, mais Robinson, le double de son double, qui meurt ; et Bardamu, double de Céline,
parle, parle, n'ayant pas le courage de se suicider : « Il faut
choisir, mourir ou mentir. Je n'ai jamais pu me tuer moi. »
(*V*, p. 200). L'écrivain se fonde et va s'édifier sur cette mise
à mort partielle ; la plus bruyante des « agonies différées »
(p. 52) de la littérature moderne commence. Mais le narrateur célinien tâche d'emporter dans son suicide les espérances collectives. *Voyage au bout de la nuit* formule un éloge de
la mort qui invite aussi la littérature d'espoir à se suicider :
« qu'on n'en parle plus » sont les derniers mots du texte, et
on les retrouve à la fin de la lettre de fin mai 1933 à Elie
Faure, lettre où est résumée la logique philosophique du
roman :

> Nous sommes tous en fait absolu[me]nt dépendants de notre Société.
> C'est elle qui décide notre destin. Pourrie, agonisante est la nôtre.
> J'aime mieux ma pourriture à moi, mes ferments à moi que ceux de
> tel ou tel communiste. Je me trouve orgueilleusement plus subtil, plus
> corrodant. Hâter cette décomposition voici l'œuvre. Et qu'on n'en parle
> plus ! [...]
> Les individus délabrés, sanieux qui prétendent rénover par leur
> philtre notre époque irrémédiablement close, me dégoûtent et me fati-
> guent. [...] A nous la mort camarade ! Individuelle ! (*BLFC6*, p. 47).

---

17. Sur la souffrance qui accompagna la rédaction de *Voyage au bout de la
nuit*, et plus généralement sur l'homme qu'était Destouches-Céline à ce moment
de sa vie, le témoignage d'Elisabeth Craig est extrêmement précieux : Jean Monnier, *Elisabeth Craig raconte Céline. Entretien avec la dédicataire de « Voyage au
bout de la nuit »*, Paris, Bibliothèque de Littérature française contemporaine,
1988.
18. André Rousseaux, « Le cas Céline », *in Figaro*, 10 décembre 1932, repris
dans Jean-Pierre Dauphin, *Les critiques de notre temps et Céline*, p. 18.

5. *VOYAGE AU BOUT DE LA NUIT*
EN LIEU ET PLACE D'UN « ROMAN COMMUNISTE ».

Cependant qu'il récupère de manière destructrice le travail de Barbusse, Céline écrit *de l'intérieur* du vaste mouvement que celui-ci avait lancé, *contre* l'espoir révolutionnaire
qui donnait sa dynamique à ce mouvement. Sa lettre du 27
octobre 1947, où il reproche à Georges Altman, le premier
critique à avoir salué *Voyage* en 1932[19], de s'associer à présent à l'hostilité des *Lettres françaises*, et tâche de ranimer les
cendres de leur première entente, nous montre comment
Céline situait *Voyage* par rapport au débat idéologico-littéraire
de l'entre-deux-guerres :

> Tu quoque Altman ? Non ! Tu es trop, malgré tout, grand seigneur,
> pour en arriver là... Tu es de ma famille. Laisse aux merdeux mor-
> gans et autres crapules triolettes ou cassoutes les tâches abjectes. Tu
> sais parfaitement ce qu'il en est. Qu'il n'y a jamais eu d'écrit qu'un
> seul roman communiste d'âme, le mien, en Russie en France et ail-
> leurs et vous traînez au cul cette bande de mafrins pouilleux d'écri-
> toire ! Que vous servent-ils ! Cafouilleux, confus, surbranlés ? Pas un
> seul capable de rédiger une affiche ! Ah Trotzky ne s'y était pas trompé,
> ni Barbusse, ni toi ! (*HER*, p. 195).

« Qu'il n'y ait jamais eu d'écrit qu'un seul roman communiste d'âme, le [s]ien » ne signifie pas que *Voyage* puisse
passer pour l'expression d'une sensibilité communiste, mais
qu'il fut aux yeux de son auteur la réponse au vœu formulé
par les communistes, « en Russie en France et ailleurs », de
voir apparaître une « littérature prolétarienne »[20].

Rappelons succinctement ce moment d'histoire littéraire.
En Russie, le concept de littérature prolétarienne domina la
politique culturelle de 1928 à 1932, sous l'égide de l'Asso-

---

19. Georges Altman, « Le goût de la vie. Un livre neuf et fort », *in Monde*,
29 octobre 1932. Céline s'en souvient dans sa lettre à *Combat* (1er août 1947),
reprise dans *CC1*, p. 145-146.

20. « C'était un livre communisant », dira-t-il également à Francine Bloch
(*CC7*, p. 430), dans une interview très fiable car accordée pour la Phonothè-
que nationale, le 16 juin 1959.

ciation des écrivains prolétariens soviétiques. En France, ces mêmes années voient s'opposer deux groupes qui aspirent à renouveler la littérature, l'école populiste et le courant prolétarien. Le populisme était promu par André Thérive et Léon Lemonnier; Lemonnier le lança par un manifeste publié dans *L'Œuvre* le 27 août 1929 et le définit dans son livre *Populisme* en 1931; le « prix populiste » fut fondé en 1931 et le premier lauréat en fut Eugène Dabit pour *Hôtel du Nord*. Les tenants de la littérature prolétarienne (qui n'étaient pas tous du même avis) étaient rassemblés autour d'Henry Poulaille et au sein ou autour de *Monde*. Henry Poulaille définit sa doctrine dans *Nouvel âge littéraire* en 1930 et fonda début 1931 la revue *Nouvel âge* (Dabit y était rédacteur); il refusa le premier prix populiste quand Lemonnier le lui proposa, et eut l'amertume de voir Dabit l'accepter; il sollicita vainement le prix Goncourt avec son premier roman prolétarien, *Le Pain quotidien*, concurrent malheureux de *Voyage*. *Monde* était l'hebdomadaire que Barbusse avait lancé le 9 juin 1928, dont les colonnes étaient aussi instructives qu'accueillantes, où Altman assurait très souvent la rubrique des livres, Poulaille toujours celle des disques, Elie Faure parfois celle de la peinture, Emmanuel Berl y publiant ses « Dépréciations », etc. Que le mouvement de littérature prolétarienne française ne soit pas venu de Russie (comme le soutint irréductiblement Poulaille) ou qu'il ait été mis en branle par la fondation à Moscou, fin 1927, de l'UIER (Union Internationale des Ecrivains Révolutionnaires) — les deux sont vrais sans doute — importe peu, et on n'a pas fini d'en débattre, cette question engageant des passions politiques mal éteintes... Toujours est-il que Barbusse fit de *Monde* une tribune de discussion sur le sujet, exposant lui-même des thèses différentes de la théorie soviétique et qui furent condamnées à la conférence de Kharkov en novembre 1930, en même temps que celles de Poulaille (et celles des surréalistes). La nouvelle de cette condamnation, diffusée en France fin 1931, scinda les « prolétariens » en deux groupes antagonistes créés aussitôt : une AER (Association des Ecrivains Révolutionnaires), représen-

tant l'orthodoxie de Kharkov, et le Groupe des écrivains prolétariens de langue française dans lequel Poulaille rassembla
ses amis (parmi lesquels Altman et Dabit) et qui s'exprima
abondamment dans les colonnes de *Monde*, Barbusse gardant
son autonomie de mouvement. La lutte de ces deux groupes
s'effrita vite, à partir du moment où l'AEAR (Association des
Ecrivains et Artistes Révolutionnaires fondée en mars 1932
en remplacement de l'AER avec l'aval du PCF) s'éloigna de la
doctrine stricte de l'UIER en faisant des ouvertures vers les
intellectuels antifascistes non communistes, amorçant ainsi
une de ces courbes qui aboutirent au Front populaire ; de
nombreux membres du groupe Poulaille (Altman, Dabit et
bien d'autres) ne tardèrent pas à la rejoindre[21].

A la fin de l'été 1929, quand Céline commence à écrire
son roman, cela fait donc un an que *Monde* a lancé son
enquête sur la possibilité d'une littérature prolétarienne, et
le manifeste de Lemonnier vient de paraître. Publié en octobre 1932, *Voyage* voit le jour quelques mois après l'AEAR, et
son premier thuriféraire s'exprime dans l'hebdomadaire de
Barbusse, c'est un critique non communiste, qui, en matière
de littérature prolétarienne, préfère les thèses de Poulaille ou
de Barbusse à celles de Kharkov : Altman.

La lettre à Altman du 27 octobre 1947 nous prouve que
Céline avait été à l'écoute des débats provoqués par la doctrine prolétarienne officielle : « Ah Trotzky ne s'y était pas
trompé, ni Barbusse, ni toi. » On sait en effet que Trotski
avait avancé de multiples objections, fondées sur l'analyse du
processus révolutionnaire et sur la nature de l'art, contre la
notion d'« art prolétarien » ; ses thèses étaient exposées dans
Littérature et révolution, et Céline a pu les connaître très tôt,

21. Cette description sommaire est inspirée de Jean-Pierre A. Bernard, *Le
PCF et la question littéraire (1921-1939)*, Grenoble, Presses Universitaires de
Grenoble, 1972 ; de Nicole Racine-Furlaud, « Les mouvements en faveur de
la littérature prolétarienne en France (1928-1934) », *in Entretiens*, n° 33, Rodez,
Editions Subervie, 1975, p. 77-98 ; de Michel Ragon, *Histoire de la littérature
prolétarienne en France*, Paris, Albin Michel, 1986 ; de Jean-Michel Péru, *Des
ouvriers écrivent. Le débat sur la littérature prolétarienne en France (1925-1935)*,
thèse pour le doctorat, Université Paris 7, 1987.

soit par la traduction anglaise de 1925, soit par les références qu'y faisaient plusieurs articles de *Monde*. Quant aux
objections de Barbusse, qu'il exposa dans *Russie* en 1930, et
périodiquement dans *Monde*, elles procédaient de sa pondé-
ration et de sa connaissance interne de l'art d'écrire ; on les
trouve résumées, par exemple, dans le manifeste *Ce que nous
pensons. L'écrivain et la révolution*, publié dans le numéro du
5 décembre 1931 sous la signature collective de *MONDE*.
Oui, il convient que l'écrivain « comprenne la mission historique du prolétariat » ; il faut « des œuvres qui parviennent
à une expression authentique, profonde de la vie du prolétariat. Tous ses aspects vus de l'intérieur, et rendus sensibles ».
Mais on ne saurait rattacher cette entreprise à « un but immédiat de propagande politique » : « toute œuvre qui parvient
jusqu'au sens profond de la révolte contre l'ordre des choses
actuelles a une valeur révolutionnaire » ; et « les œuvres [ayant]
le style qu'elles méritent », la littérature prolétarienne doit être
une littérature de recherche, à la poursuite d'« une expression
pleine et maîtresse d'elle-même » dans l'enceinte d'un réalisme
nouveau, « qui ne se sert pas, non plus, d'une méthode abs-
traite, mais qui a compris que Marx, en dénonçant tout ce
qu'il y a de déterminations sociales dans la destinée, les actes
et les pensées d'un individu, a énoncé sur l'homme une des
plus profondes vérités qui soient ».

Le « Céline est des nôtres » lancé par Altman[22] ne relevait donc pas d'une erreur de lecture. A l'espoir révolutionnaire près, que Bardamu ne soutient pas, bien au contraire,
Voyage fut écrit conformément à l'attente de *Monde*. Pour
reprendre les termes de *Ce que nous pensons*, ce roman « rend
sensibles » « de l'intérieur » les aspects de la vie du prolétariat, exalte la « révolte », invente ce que Céline appelait « une
langue antibourgeoise »[23] et lui donne une « expression

---

22. Georges Altman, « Les Goncourt avaient un grand livre [...] », *Monde*,
10 décembre 1932, reproduit dans Jean-Pierre Dauphin, *Album Céline*, Paris,
Gallimard, « Bibliothèque de la Pléiade », 1977, p. 113.
23. Robert de Saint-Jean, *Journal d'un journaliste* (Paris, Grasset, 1974),
extrait publié dans *CC1*, p. 51.

pleine et maîtresse d'elle-même », et son « réalisme » est certain : « les actes et les pensées de l'individu » Bardamu sont bien donnés pour déterminés par son apprentissage social — il est d'ailleurs manifeste que Céline ne se détacha jamais de l'axiome marxiste aujourd'hui si vulgarisé qu'on en oublie l'origine, selon lequel « nous sommes tous en fait absolument dépendants de notre société » (lettre à Elie Faure citée *supra*, p. 88).

Si Altman pensa avoir trouvé avec Céline un réalisateur de la doctrine de *Monde*, l'auteur de *Voyage* se crut lui-même tel. Altman est vraisemblablement le premier professionnel de la littérature qui ait lu le manuscrit du roman et encouragé sa publication, Céline le lui ayant apporté un jour au siège de *Monde*[24]. Est-ce lui qui lui donna l'idée de s'adresser à Denoël qui avait déjà édité *Hôtel du Nord* ? Toujours est-il que ce geste initial indique où Céline estimait se situer littérairement. De plus, ses tout premiers actes et déclarations montrent qu'il voulait être rangé parmi les tenants du projet de littérature prolétarienne. S'agit-il de donner des pages de *Voyage* en bonnes feuilles ? C'est à *Europe* que Denoël les confie, la revue fondée sous le patronage de Romain Rolland et dont le directeur, Jean Guéhenno, venait de faire grand bruit, en 1928, en publiant *Caliban parle*. Sans doute cette prépublication avait-elle des motifs commerciaux, mais la lettre de Céline à Jean-Richard Bloch du 21 avril 1933 (*BLFC9*,

---

24. D'après le témoignage que nous avons recueilli auprès de Mme Irène Allier, fille de Georges Altman. Un écho anonyme paru dans *Echo-Soir* (Oran) le 16 juillet 1961 (*Catalogue de l'exposition Céline*, Lausanne, Edita SA, 1977) concerne aussi cette rencontre, mais c'est un tissu d'extravagances.

L'enquête biographique n'est pas terminée concernant les rapports de Céline avec les personnalités de gauche. Nous savons qu'il était abonné à *Monde*, et qu'il y publia un article, « La santé publique en France », le 8 mars 1930, au sein d'une campagne d'information menée par cet hebdomadaire sur la création du ministère de la Santé publique. Il y abonna Erika Irrgang en novembre 1932 (voir *CC5*, p. 42). Il signa l'appel qu'Henri Barbusse lança en septembre 1933 en faveur des accusés du procès de l'incendie du Reichstag, et cette réponse fut publiée dans *Monde* le 10 février 1934 ; un témoignage fait état de sa présence à un dîner chez Barbusse vers la même époque (voir *CC7*, p. 21-25).

p. 62) nous persuade qu'elle était aussi l'effet d'une sincère convergence de vue, Céline confondant sa propre démarche avec ce qui, à gauche, pouvait donner un nouvel essor à la littérature : il y félicite Bloch pour son article « Nous aussi, nous avons nos mandolines » où il déplorait la pâleur de la littérature française, constatait que « cette société glisse lentement à l'agonie et [qu'] elle entraîne avec elle les artistes et les écrivains, ses serviteurs », souhaitait « un vaste coup de balai » qui évacue les « petits rentiers de l'art » et les « petits capitalistes de la pensée », et appelait à rompre « avec les parcs à la Lenôtre, les jardins bien ordonnés, l'apologie niaise de l'héritage cartésien, de la mesure et du dépouillement ».

La référence que Céline fit souvent à Eugène Dabit peut s'interpréter dans le même sens. Lorsqu'on lui demande, le 16 février 1933, « ce qui lui a donné l'idée d'écrire », il répond que c'est « le succès des populistes, surtout de Dabit »[25] — et il le répètera jusqu'à la fin de ses jours, ajoutant alors des allusions au caractère lucratif du succès de Dabit. Prise à la lettre, cette affirmation est mensongère, car *Voyage* a été commencé avant la publication d'*Hôtel du Nord* (novembre 1929) et *a fortiori* avant que le prix populiste n'en fasse un succès commercial. Céline et Dabit furent amis dès leur première rencontre le 26 avril 1933, et chacun estimait le travail de l'autre, mais on ne voit pas que Dabit ait influencé Céline ; il semblerait plutôt que Dabit, plus jeune et surtout plus vulnérable que lui, ait quelquefois subi, au-delà de son propre engagement, son influence morale[26]. C'est donc sans doute

25. « Propos recueillis par Elisabeth Porquerol », *CCl*, p. 46.
26. Pour la première rencontre entre Céline et Dabit, voir Eugène Dabit, *Journal intime*, Paris, Gallimard, 1939, p. 150. Henri Godard (in *I*, p. 1227-1232 et p. 1390-1392) et Pierre-Edmond Robert (dans *D'un Hôtel du Nord l'autre. Eugène Dabit 1898-1936*, Paris, Bibliothèque de Littérature française contemporaine de l'Université de Paris 7, 1986, p. 140-144 et p. 179-181) ont décrit les rapports entre les deux écrivains. Pierre Bardel a fait observer que l'influence de Céline se faisait sentir dans le pessimisme de la fin de *La Zone Verte* (« La guerre dans l'œuvre d'Eugène Dabit », *La Guerre et la paix dans les lettres françaises (1925-1939)*, Presses Universitaires de Reims, 1983, p. 34).

devant ce que *représentait* Dabit que Céline s'est toujours
incliné : en 1931, il était, plus qu'une œuvre, une figure de
proue que l'on se disputait, une preuve vivante qu'il pouvait
exister un authentique écrivain d'origine authentiquement
prolétarienne, et qu'il avait quelque chose à écrire que les
bourgeois ne risquaient pas d'écrire. La référence constante
de Céline à Dabit paraît être un mensonge valant pour une
vérité, où le nom de Dabit désigne par métonymie ce mouvement de littérature prolétarienne auquel Barbusse avait
donné, en 1928, une impulsion décisive.

On peut également interpréter de manière historique la
fable par laquelle Céline s'attribua des origines miséreuses,
fable dont la critique a souvent donné des explications psychologiques. En 1932, cette fausse biographie équivalait à l'étiquette « littérature prolétarienne » collée sur la couverture de
Voyage. L'ambivalence de son attitude par rapport à la notion
de « populisme » est d'ailleurs significative à cet égard ; alors
qu'interviewé le 16 février 1933, à l'heure où son roman était
dans la course pour l'attribution du prix Populiste, Céline
évoquait lui-même le « succès des populistes », il s'était impa-
tienté, le 7 décembre 1932, quand Max Descaves lui avait
demandé s'il « se réclamait des populistes » : « — Ah ! non,
je vous en prie, pas de bobards ! »[27]. « Pas de bobards » en
effet : non seulement Céline n'acceptera jamais de porter
l'insigne d'un groupe, mais aussi l'école populiste propose aux
écrivains bourgeois de prendre le peuple pour sujet. Or pour
lui, il ne s'agit pas de prendre le peuple pour sujet, mais de
se prendre et de se faire prendre pour le peuple, selon l'image
que le courant prolétarien se fait de l'écrivain de l'avenir. Et
il accumule immédiatement les « bobards » dans ce sens-là ;
il déclare à son premier interviewer « je suis du peuple, du
vrai... », il confie ensuite qu'il a « mastiqué la vache classique », que son père « travaillait au chemin de fer » et que sa

27. Max Descaves, « Le Dr G. Duhamel, Prix Goncourt [...], aura-t-il un
émule tout à l'heure ? », *Paris-Midi*, 7 décembre 1932, repris *in CC1*, p. 26.

mère « était couturière »[28]... lançant ainsi avec cent variantes et pour trente ans une biographie modèle d'écrivain prolétarien, à la Guéhenno, à la Guilloux, à la Dabit, à la Poulaille...

6. CÉLINE, PROUST, *MONDE*, POULAILLE, BERL: LES ORIGINES PROLÉTARIENNES DE L'ESTHÉTIQUE CÉLINIENNE.

L'influence de *Monde* sur les choix esthétiques céliniens paraît indéniable ; elle s'affiche dans les quelques lignes de *Voyage* où Proust est pris à partie[29]. Cette attaque de Proust est la partie émergente d'un iceberg, le signe exhibé d'une esthétique consciente de ses refus, déjà constituée à l'heure de *Voyage*, mise en pratique dans l'écriture de ce roman, et qui sera exposée dans *Bagatelles pour un massacre* et les *Entretiens avec le Professeur Y*.

Cette critique de Proust se fait à travers le remploi parodique de la notion proustienne « du côté de » au chapitre VII et dans un paragraphe qui articule une série de griefs contre *A la Recherche du temps perdu* :

> Proust, mi-revenant lui-même, s'est perdu avec une extraordinaire ténacité dans l'infinie, la diluante futilité des rites et démarches qui

28. Voir Pierre-Jean Launay, « L.-F. Céline le révolté », *Paris-Soir*, 10 novembre 1932, repris *in CC1*, p. 22 ; Merry Bromberger, *op. cit.*, *in CC1*, p. 32 ; Paul Vialar, « L'Histoire extraordinaire de L.-F. Céline », *Les Annales politiques et littéraires*, 9 décembre 1932, repris *in CC1*, p. 33.
29. Nous privilégions ici le cas particulier des choix esthétiques, mais on peut déceler de nombreuses coïncidences entre *Voyage au bout de la nuit* et ce qu'on lisait dans *Monde* entre 1928 et 1930, notamment concernant l'Afrique noire et la colonisation (« Retour du Tchad », *Monde*, 9 juin 1928), les Etats-Unis (A.H. [Augustin Habaru], « Georges Duhamel et l'Amérique », *ibid.*, 21 juin 1930), le travail à la chaîne (une série d'articles sur les usines Ford), l'image de la médecine (Marc Bernard, « *Service de jour*, par Henri Drouin », *ibid.*, 7 juillet 1928) et l'attention pour la psychanalyse (par exemple, Marc Ariel, « Le Freudisme et la littérature », *ibid.*, 28 juillet 1928 ; A. Flamm, « Le Malaise dans la culture », *ibid.*, 20 septembre 1930) — voir M.-Ch. Bellosta, *Le Système de références de L.-F. Céline [...]*, p. 72-73. Ces coïncidences peuvent être le signe d'une convergence de vues, mais elles peuvent aussi signifier que *Monde* a joué un rôle important dans l'évolution intellectuelle de ce semi-autodidacte qu'était Céline.

s'entortillent autour des gens du monde, gens du vide, fantômes de désirs, partouzards indécis attendant leur Watteau toujours, chercheurs sans entrain d'improbables Cythères. Mais Mme Herote, populaire et substantielle d'origine, tenait solidement à la terre par de rudes appétits, bêtes et précis (*V*, p. 74).

La faute majeure de Proust serait d'avoir décrit les classes dominantes (« gens du monde »), qui appartiennent à une époque morte et enterrée : les mots « mi-revenant » et « fantômes » expriment cette idée, que module l'allusion à *L'Embarquement pour Cythère* de Watteau, allusion qu'on jugera d'autant plus sarcastique qu'on prêtera à Céline une plus grande connaissance de la *Recherche*[30]. Les grâces de Watteau sont en effet le modèle des rêveries esthétiques de Swann, et ce que le narrateur trouve charmant[31]. L'allusion de Céline au Watteau de Proust pourrait être lue comme une réponse du berger à la bergère si l'on se souvient de la célèbre page polémique du *Temps retrouvé* : « L'idée d'un art populaire [...] me semblait ridicule [etc.] », page où Proust écrivait : « N'imitons pas les révolutionnaires qui par « civisme » méprisaient, s'ils ne les détruisaient pas, les œuvres de Watteau et de La Tour, peintres qui honorent davantage la France que tous ceux de la Révolution »[32]. Si le prix Goncourt 1919 se prend pour l'irremplaçable Watteau d'une société qui menace ruine, il est de bonne guerre qu'un écrivain « prolétarien » tire à boulets rouges sur cette effigie. Céline reproche également à Proust d'avoir décrit l'amour dans sa dimension mondaine ; ses personnages sont « gens du vide », agissant selon des codes affectés (« futilité des rites et démarches »), sans éprouver de désirs physiques véritables. La narration proustienne est critiquée pour sa longueur

---

30. Et il semble l'avoir bien connue, puisque le jeu de mots « bateau-Watteau » est de Proust lui-même ; voir Marcel Proust, *La Prisonnière*, t. III, p. 99, *in A la recherche du temps perdu*, Paris, Gallimard, 1954, « Bibliothèque de la Pléiade », en trois volumes.
31. Voir *Du côté de chez Swann*, t. I, p. 240 ; *Le côté de Guermantes*, t. II, p. 177.
32. *Le Temps retrouvé*, t. III, p. 888.

(« s'est perdu avec une extraordinaire ténacité ») et le style est exécuté d'un mot (« s'entortillent »).

La reprise du terme proustien « du côté de » structure le décor du chapitre VII en un diptyque qui oppose ce qu'on peut voir « quand on passe du côté de chez les riches » (*V*, p. 75) à ce que le narrateur voit d'ordinaire « de ce côté-là » (p. 95), et elle mène à la conclusion : « Je ne recevais plus du tout de nouvelles de Lola, ni de Musyne non plus. Elles demeuraient décidément les garces du bon côté de la situation [...] » (p. 97). Ainsi, contre les nuances qui font aller et venir le narrateur du « côté de Guermantes » au « côté de chez Swann », contre ses hésitations subjectives entre les deux « côtés » de l'intellectualité aristocratique, contre le monument proustien de « psychologie dans l'espace », Bardamu affirme la collusion des « riches » que Proust illustre par sa plume, et clame sa propre appartenance au bord ennemi ; il pose sa voix comme une certitude objective et sociale : son dire n'a rien à voir avec les aléas psychologiques d'une âme intermittente, il est tout entier enraciné dans la misère (« de ce côté-là ») et mobilisé pour la proférer.

Il faut souligner que Céline fut toute sa vie fidèle à cette exécration de Proust, ce point ne semblant pas aller de soi pour la critique, qui rapproche souvent les deux romanciers. On a affirmé qu'il admirait Proust, en s'appuyant sur quelques citations où il commente avec éloges deux passages de la *Recherche*, les pages consacrées à la grand-mère du narrateur et celles qui montrent le délabrement final des personnages[33], c'est-à-dire deux moments où la thématique de Proust rencontre la sienne. Le narrateur du *Côté de Guermantes* et celui de *Mort à crédit* ont en effet en commun d'aimer leurs grand-mères, et la décomposition après-guerre des personnages et des valeurs d'avant-guerre, dans *Le Temps retrouvé*, rencontre une obsession que Céline exprime à par-

---

33. La « maladie de ma grand-mère », dans *Le côté de Guermantes*, t. II, p. 298-345, et « la matinée chez la princesse de Guermantes », dans *Le Temps retrouvé*, t. III, p. 859-864 et p. 920-969.

tir de *Mort à crédit*, puis, fréquemment, dans les romans postérieurs à la Libération. Encore s'efforce-t-il toujours de diminuer le mérite de ces pages en expliquant leur réussite par un narcissisme de malade ou par un réflexe raciste pour la description de la grand-mère[34], ou par un emprunt à George Sand pour la matinée chez la princesse de Guermantes[35]. Quant aux quelques mentions élogieuses ou neutres qu'il fit de l'œuvre de Proust, elles font partie du mouvement de persuasion qu'il entama en 1957, quand il assurait la promotion de *D'un château l'autre*. Il esquisse alors un parallèle entre Proust et lui-même devant Madeleine Chapsal, Albert Zbinden, Georges Conchon[36]... En 1961, il se déclare « flatté » qu'un interviewer le rapproche de Proust et convient que celui-ci possède « une sorte de génie »[37]. Le vieux Céline a fréquenté le Pr. Hindus, il est trop persuadé que la réhabilitation et la gloire lui viendront des lettrés et des universitaires, et que les juifs ont une position dominante, pour ne pas encourager un tel rapprochement et s'entêter stupidement dans le dénigrement de Proust. Mais sa complaisance a des limites; témoin cet échange de répliques : « [Céline :] "Proust est un grand écrivain de notre génération, quoi... / — Avec vous ? / — Ah, non, non, c'est un tort... Y faisait autrement, lui... / — Bien sûr... / — Il avait pas beaucoup de style d'ailleurs..." »[38].

En vérité, Céline n'a jamais renoncé aux griefs qu'il exprimait dans *Voyage*. Sa lettre à Paraz du 4 février 1951 nous apprend que Proust continue à représenter pour lui le type

34. Voir lettre du 11 juin 1947 à Milton Hindus, *in* Milton Hindus, *op. cit.*, p. 144, et lettre à Lucien Combelle publiée dans *Révolution nationale* du 20 février 1943 (*CC7*, p. 181).
35. Voir « Entretiens avec Jean Guénot et Jacques Darribehaude », janvier-février 1960, *in CC2*, p. 155.
36. Voir Madeleine Chapsal, *op. cit.*, *in CC2*, p. 21 ; « Entretien avec Albert Zbinden », 1957, *II*, p. 937 ; interview avec Georges Conchon, « Le Temps que nous vivons », Disque Pretoria, 1958, *in CC2*, p. 100.
37. Pierre Audinet, « Dernières rencontres avec Céline », *Les Nouvelles littéraires*, 6 juillet 1961, repris dans *CC2*, p. 198.
38. « Entretiens avec Jean Guénot et Jacques Darribehaude », *CC2*, p. 156.

de l'écrivain qui a « des rentes » (*CC6*, p. 294). Sa réponse
à une enquête lancée en 1957 par *Arts* sur Françoise Sagan
(*CC2*, p. 80) ou ses confidences à Jean Guénot en 1960 (*ibid.*,
p. 155) attestent qu'il n'a pas changé d'avis sur les « improbables Cythères » de Proust. Il ne supportera jamais ses lon-
gueurs (« HORREUR de ce qui *explique*... Proust explique
beaucoup pour mon goût — 300 pages pour nous faire comprendre que Tutur encule Tatave c'est trop »[39]) et retient
contre le style proustien trois chefs d'accusation : sa longueur,
son classicisme correct et besogneux, et son absence d'émotivité. Un de ses exposés fiables, « L.-F. Céline vous parle »,
comprend un développement qui récapitule toutes ces récri-
minations :

> Je crois que le rôle documentaire, et même psychologique, du
> roman est terminé [...]. Et alors, qu'est-ce qui lui reste ? Eh bien, il
> ne lui reste pas grand-chose, il lui reste le style, et puis les circonstances
> où le bonhomme se trouve. Proust évidemment se trouvait dans le
> monde, eh bien il raconte le monde, n'est-ce pas, ce qu'il voit, et puis
> enfin les petits drames de la pédérastie. Bon. Très bien. Mais enfin,
> il s'agit de se placer dans la ligne où vous place la vie, et puis de ne
> pas en sortir, de façon à recueillir tout ce qu'il y a, et puis de trans-
> poser en style. Alors, question de style... Le style de tous ces trucs-là,
> je le trouve dans le même ton que le bachot, [...] le journal habituel,
> [...] les plaidoiries, [...] les déclarations à la Chambre, c'est-à-dire un
> style verbal, éloquent peut-être, mais en tout cas certainement pas émo-
> tif (*II*, p. 932).

On voit qu'aux yeux de Céline, si la gloire de Proust est
d'avoir observé les gens du « monde » et les « petits drames
de la pédérastie », et si « le rôle documentaire, et même
psychologique, du roman est terminé », cette gloire est fumée ;
si son travail est d'avoir « transposé en style » et que « le style
de tous ces trucs-là » est « dans le même ton que le bachot »,
ce travail ne vaut rien.
    Le discours anti-proustien de *Bagatelles pour un massacre*
n'est que l'expression détaillée et violente de ces attaques qui

---

39. Lettre à Milton Hindus du 11 juin 1947, *in* Milton Hindus, *op. cit.*,
p. 142.

se sont renouvelées de *Voyage* au dernier interview, et il nous intéresse dans la mesure où il déborde la profession de foi antisémite : les besoins de la cause raciste ne demandaient pas une haine aussi circonstanciée de motifs esthétiques[40] ! Même si elle nous choque par sa fixation raciste, nous pouvons reconnaître à cette attaque la pertinence d'une cohérence, et nous comprenons alors clairement que c'est contre le modèle proustien que s'est constitué, solide et complet, l'art poétique célinien.

Celui-ci est surtout défini de façon négative. Il s'agit de rompre avec le roman d'analyse psychologique tel que l'ont pratiqué Paul Bourget et Marcel Proust :

> [...] nous basculons définitivement dans la merde, nous voici tombés, déchus au sous-rang des sous-prousteries, dans l'invertébré, l'insensible à force de bourgètes analyses, de discipleries, d'objectivisme désinvolte, de « plus près des faits et des causes », de scientificologie émasculante, de jacasseries effrontées, de scénarios super-branleurs, à l'immense débâcle spirituelle, organique, aux grandes averses de mufflerie, à l'écroulement confusionniste, au déluge juif, communisard, prédicant, à l'arche juive, la prison juive, c'est-à-dire tout prêts à flotter sur l'océan des meurtres juifs (*BM*, p. 187).

Ce rejet du roman d'analyse induit le refus du thème de l'amour, l'« amôur encore plus d'amôur », « cette redondance de vide, leur grand écouteur d'âme creuse » (p. 169) — refus qui sera renouvelé dans les *Entretiens avec le Professeur Y* (*EY*, p. 35-36) — ainsi que l'abomination de l'hypertrophie de la nuance, de « la très minusculisante analyse d'enculage à la Prout-Proust, "montée-nuance" en demi-dard de quart de mouche » (*BM*, p. 169). Contre le roman d'analyse, Céline prône donc l'écriture de « l'émotion directe » (p. 168) qui est elle-même définie par le rejet des perfections stylistiques

---

40. La preuve en est que Brasillach célébrera Proust en 1943 — ce qui mettra Céline en fureur : « Il est beaucoup ergoté autour de Proust. Ce style ?... Cette bizarre construction ?... D'où ? qui ? que ? quoi ? Oh ! c'est très simple ! *Talmudique* — Le Talmud est à peu près bâti, conçu, comme les romans de Proust, tortueux, arabescoïde, mosaïque désordonnée — Le genre sans queue ni tête » (lettre à Lucien Combelle publiée dans *Révolution nationale* du 20 février 1943, *CC7*, p. 180).

reconnues dans l'entre-deux-guerres. Il vitupère le plaisir du texte quand celui-ci est l'effet d'un travail du style tradition-nel : « Ah ! quel virtuose miraculant... Ah ! malheur à qui ne soupire ! Et la violence ! imaginez ! de cette simple virgule ! [etc.] » (p. 163). Il juge morte cette langue conventionnelle et interprète le travail de ceux qui la « fignolisent » comme une incapacité à s'émouvoir, une inhibition de l'instinct, et, en dernière instance une « impuissance » à créer, qu'il moque par des images récurrentes de sexe et de mort. « Ces grands écri-vains » bourgeois lui semblent « voués depuis l'enfance, depuis le berceau à vrai dire, à l'imposture, aux prétentions, aux ratiocinages, aux copies... Depuis les bancs de l'école, ils ont commencé à mentir, à prétendre que ce qu'ils lisaient ils l'avaient en personne vécu... [...] Tous les écrivains bourgeois sont à la base des imposteurs !... escrocs d'expérience et d'émotions.. [...] Ils ont débuté dans l'existence par une imposture... l'originale planque, "Le lycée"... » (p. 164).

Quant à définir positivement son esthétique de l'« émo-tion directe », Céline ne s'y essaie pas encore (et les *Entre-tiens avec le Professeur Y*, quoique plus explicites, ne sortiront pas du discours analogique ou métaphorique) : il prouve le mouvement en marchant. La notion centrale en est l'« authen-tique »[41]. Ce mot est de toutes les antithèses : c'est l'émotion (le spontané, l'irrationnel) par rapport à la réflexion ; le sim-ple (le péremptoire, l'univoque) par rapport au complexe (au dialectique, à l'ambigu) ; l'ordre et l'organicité par rapport au « sans queue ni tête » et à l'émiettement ; le créatif et l'ori-ginal par rapport au plagiat et au standard ; la « viande » par rapport à l'intellectualisme ; la sexualité par rapport aux bil-levesées sentimentales ; le populaire par rapport au bourgeois ; l'expérience des épreuves sociales par rapport à la gratuité niaise des privilégiés ; le courageux par rapport au lâche ; l'engagé par rapport au complice ; l'« autochtone » par rap-port au « juif » ; l'agressif (le mâle) par rapport au masochiste

41. Sur cette notion, voir Annie Montaut, « Poétique et idéologie dans les ballets », *in BLFC3*, p. 235-248.

(à la femelle) ; le dynamique par rapport au statique, etc. Bref, l'authentique c'est « moi », Céline : moi qui suis du peuple, qui ai travaillé quand les autres étaient au lycée, qui suis ému alors que les autres sont insensibles, etc.

Un regard sur les réflexions critiques qui, au moment de la rédaction de *Voyage*, confluaient vers l'élaboration d'une littérature prolétarienne nous persuade que ces réflexions ont influencé l'écriture de ce roman, et, au-delà, l'art poétique célinien, tel qu'il est exposé dans *Bagatelles pour un massacre*. Nous savons d'ailleurs que *Voyage* ne fut pas le produit d'une démarche purement instinctive ; si l'« instinct » y eut sa place, Céline lisait alors « énormément », « tout ce qui [lui] tombait sous la main » et il menait des « analyses » et des « réflexions sur les livres d'autrui », ainsi qu'il le confia plus tard à Robert Poulet[42].

A l'heure où il publiait *Voyage*, son attaque de Proust constituait un signe de connivence avec les deux courants qui voulaient renouveler le roman : populisme et littérature prolétarienne. Le manifeste de 1929 de Lemonnier et Thérive s'en prenait à Proust, aux « personnages chics » et à la « littérature snob », et ce coup d'éclat frappa l'opinion, comme en témoignent les enquêtes littéraires qui suivirent[43]. Mais sur ce point aussi, Céline semble plutôt adopter les positions de *Monde*, où Proust sert de repoussoir au projet de littérature prolétarienne. Pierre Hubermont et Albert Ayguesparse le considèrent comme le « chroniqueur de la bourgeoisie décadente », « manifestation de déliquescence de la culture et de l'art bourgeois »[44]. Jacques Baron juge son œuvre représentative du « thème de l'amour » qui est « à la base de la littérature bourgeoise » :

> Proust est le plus représentatif d'entre leurs démiurges. Son œuvre est pleine de cette irréalité des sentiments bourgeois. Ses personnages s'agitent dans un monde particulier, enfermés dans une serre chaude.

42. Robert Poulet, *op. cit.*, p. 74-76.
43. Elles ont été étudiées par Jean-Pierre A. Bernard, *op. cit.*, p. 29-30.
44. Pierre Hubermont et Albert Ayguesparse, « Notre enquête sur la littérature prolétarienne », *Monde*, 15 septembre 1928.

Entre leurs vices et leurs amours ils restent froidement intellectuels. [...] Chez les bourgeois, l'amour a toujours besoin de se justifier, car leur amour créé de toutes pièces, fabriqué avec de vieilles formules traditionnelles, n'existe que dans leurs tristes cervelles. [...] Le thème de l'amour est à la base de la littérature bourgeoise ! [...] Le bourgeois joue de ses sentiments comme de la vie des ouvriers qu'il exploite. Le prolétaire n'a pas à s'intéresser à ce jeu. [...] Il appartient [...] aux éléments les meilleurs d'entre les jeunes intellectuels de rompre définitivement avec cette vieille culture littéraire en décomposition[45].

Emmanuel Berl s'attaque à sa langue et à ses complexités psychologiques :

La littérature ne devient pas prolétarienne du fait qu'elle choisit pour les peindre des personnages tirés du peuple. C'est la manière dont on s'exprime, non pas l'objet qu'on exprime qui crée, ici, les véritables démarcations. [...] Un héros de Tolstoï, qu'il soit ou non prince, est toujours représenté par lui comme un moujik. Au contraire Marcel Proust fait de sa bonne Françoise une psychologie tellement compliquée qu'elle devient inaccessible à un homme du peuple et d'ailleurs à un homme qui n'est pas du peuple[46].

On lit aussi dans *Monde* ce que sera le point de vue de Céline sur le style. Telle page polémique de Berl sur Giraudoux annonce ses diatribes contre les « fignolages » de la littérature-« bachotage » et le « lycée » :

L'*Amphitryon* de M. Giraudoux [...] correspond au goût qu'a le bourgeois français de paraître cultivé. M. Giraudoux, comme jadis Anatole France, lui sort des discours de Saint-Charlemagne. [...] Qu'on est content de savoir qui est Mercure, qui Jupiter, qui Alcmène. Bonheur d'avoir passé son baccalauréat. Et que de finesse ! « Vous plaisez, Jupiter ? Si plaire ne vient pas de plaisir mais de... » Je ne me rappelle plus. Le Jupiter est grammairien d'abord. Comme les autres. Et voilà pourquoi on applaudit M. Giraudoux. Dernier produit du thème grec de M. Léon Bérard, du conciones et de l'anthologie. Mais il ne faudrait pas croire que cette flatterie perpétuelle au notariat berrichon soit de la littérature avancée, ni que M. Giraudoux soit un grand poète, parce qu'il place en rejet le verbe « retomber »[47].

45. Jacques Baron, « Pour ou contre », *Monde*, 25 janvier 1930.
46. Emmanuel Berl, « Dépréciations. Littérature et prolétariat », *Monde*, 29 mars 1930.
47. Emmanuel Berl, « Pamphlet », *Monde*, 25 janvier 1930.

La louange de Ramuz prononcée par Poulaille et la publication en bonnes feuilles de sa « Lettre à un éditeur » devaient inciter le lecteur de *Monde* à égaler « le style direct de cet écrivain que Barbusse reconnaît comme "l'un des plus importants parleurs de l'époque" »[48]. Ainsi lorsque Céline vieillissant répètera à satiété que les auteurs dont il se sent proche sont Barbusse, Dabit, Morand et Ramuz, il résumera pour la postérité l'enseignement que dispensaient à leurs lecteurs, entre 1928 et 1930, les écrivains et critiques de *Monde* : Barbusse y arbitrait la recherche d'une littérature prolétarienne, Dabit y servait de jeune modèle, Altman s'y montrait attentif à la « cadence syncopée » (« jazzée », dira Céline[49]) de Paul Morand, et Ramuz semblait à Poulaille l'exemple à suivre.

La dédicace de *Bagatelles pour un massacre* à Eugène Dabit et l'ordre de ses développements littéraires montrent d'ailleurs à quel mouvement Céline rattache son propre discours esthétique. Le premier chapitre de ce pamphlet qui ait la littérature pour objet (chapitre XII) se passe en affirmations aptes à donner l'auteur pour le réalisateur des promesses de la littérature prolétarienne : c'est d'abord une biographie-modèle pour écrivain prolétarien (*BM*, p. 80), puis une déclaration d'amour pour le « vrai communisme » (celui qui ne serait pas manipulé par les juifs... — p. 81). Quant au chapitre L où l'auteur fait le bilan de ses goûts, dégoûts et modèles, son palmarès s'achève par « Pour mon petit personnel je dois beaucoup à Barbusse » (p. 216). Sa fidélité à la réflexion prolétarienne se lit aussi dans de nombreux détails, par exemple dans son admiration pour *Les Conquérants* de Malraux (p. 215) qu'Augustin Habaru louait dans *Monde* comme un espoir de la littérature nouvelle[50], auquel Berl dédiait *Mort de la pensée bourgeoise* et qui collabora à *Nouvel âge*.

48. Henry Poulaille, « C. F. Ramuz », *Monde*, 22 septembre 1928, et entrefilet de présentation de « Lettre à un éditeur » de Charles Ferdinand Ramuz, *ibid.*, 1ᵉʳ décembre 1928.

49. Georges Altman, « *New York* par Paul Morand », *Monde*, 22 février 1930, et Céline, lettre à Milton Hindus du 11 juin 1947, *in* Milton Hindus, *op. cit.*, p. 143.

50. Augustin Habaru, « Littérature populiste », *Monde*, 22 mars 1930 ; « André Malraux nous parle de son œuvre », *ibid.*, 18 octobre 1930.

Monde ne fut pas le seul tremplin esthétique de Céline. Sa réflexion semble s'être également développée à partir de *Mort de la pensée bourgeoise. Premier pamphlet. La littérature* (1929) d'Emmanuel Berl et *Nouvel âge littéraire* (1930) d'Henry Poulaille; ces deux auteurs appartiennent alors au courant de la littérature prolétarienne mais ne sont ni l'un ni l'autre engagés dans le Parti communiste français.

Poulaille exprime en effet le même refus du « proustianisme » que tous les prolétariens, et comme eux, il renvoie dos à dos « proustianisme » et « populisme » : c'est l'origine prolétarienne de l'écrivain qui seule peut garantir la révolution littéraire. Mais il développe aussi des idées plus personnelles que Céline a fait siennes. Du point de vue de la narration, il prône la concision, à laquelle tendra l'auteur de *Voyage*, préférant que le même drame soit présenté « dans un raccourci saisissant » par Dabit qu'en « deux cents pages d'exposition » de Proust[51]. Toutes ses « Conclusions » renvoient à une réflexion nécessaire sur le « rythme » et les « sensations » de la vie moderne, et sur les modifications qu'ils imposent au romancier : « La littérature est à la veille d'une transformation au contact de la TSF, du film et du disque, secouée par les possibilités offertes par eux, elle est bien près de mourir. Elle a fait son temps »[52]. Céline fait le même constat, lui qui écrit le 5 octobre 1933 à Eugène Dabit : « La vie ne passe plus par là. La TSF, le cinéma, détiennent ces friperies. C'est fini mon vieux » (*BLFC6*, p. 53). Pour Poulaille, la vie moderne, la vitesse des avions et des automobiles, ont multiplié les images captées, et l'esprit du lecteur s'impatiente à présent du moindre délai ; le cinéma nous a donné le goût du « contact direct avec les objets »[53], et il faudra que la littérature remplisse ce nouveau besoin d'immédiateté. Voilà qui annonce le goût de Céline pour le « rythme

51. Henry Poulaille, *Nouvel âge littéraire*, Paris, Librairie Valois, 1930, p. 381.
52. *Ibid.*, p. 433.
53. *Ibid.*, p. 437.

américain », la célèbre métaphore d'un style lancé comme un
« métro » à toute allure, et la volonté, exprimée dans *Entre-tiens avec le Professeur Y*, de relever le défi du cinéma. Outre
cette conception moderniste de l'art, Poulaille préfigure les
options céliniennes en ce que la littérature de l'avenir lui semble devoir être « authentique », « a-intellectuelle »[54] et
consommer la fin du « bien dire » ; il emploie aussi souvent
que Céline le mot d'« authentique », et comme chez lui ce
mot désigne l'adéquation à l'état actuel de la civilisation : est
authentique la littérature qui dit la façon dont le monde est
subjectivement perçu par l'écrivain prolétaire, c'est-à-dire par
le plus grand nombre, par ceux qui ont affronté avec courage
les réalités de la société. Cette littérature est « a-intellectuelle »
à un double titre : écrite par des non-intellectuels pour d'autres
lecteurs que les intellectuels, elle ne se préoccupe pas de satisfaire les canons de l'« intellectualisme ». Le dernier mot,
Poulaille le donne donc, contre Proust-Mauriac-Benoît-
Maurois-Dekobra, à la révolution dans le style :

> Quelle place ont dans nos lettres actuelles un Ramuz, un Cendrars ?
> [...] Ils sont de leur époque, aussi les boycotte-t-on. Ils se préoccupent
> du dire plus que du bien dire [...]. C'est pourtant eux qui ont raison,
> eux et avec quelque dix autres, les artistes venus du peuple. Le style
> pétrifié qui est le « style » ne leur suffit pas. Ils recréent leur style, car
> ils savent qu'il doit être dans le rythme de la vie, et non dans celui
> des livres [...] Ils vont dans le sens de leur temps, [...] ils jouent leur
> carte, et sans doute que confusément on a deviné qu'ils avaient les meil-
> leurs atouts puisque faisant un succès démesuré au populisme, on a
> tenté de brouiller le jeu. Brouiller les cartes, permettait qu'on ne vît
> pas la montée de cette littérature neuve. Mais, c'est une politique
> d'autruche et l'on sera, bon gré, ou mal gré, obligé de regarder les cho-
> ses de près, avant peu[55].

Rétrospectivement, ces derniers mots de *Nouvel âge litté-raire* nous semblent prophétiques : au bruit causé par *Voyage au bout de la nuit*, l'autruche a sorti sa tête du sable, et comme elle n'avait rien vu venir, elle a dit que c'était un aérolithe.

54. *Ibid.*, p. 436.
55. *Ibid.*, p. 438.

L'influence de Poulaille sur l'expression que Céline donnera à son esthétique dans *Bagatelles pour un massacre* et plus encore dans *Entretiens avec le Professeur Y* (cette seconde formulation de l'art poétique étant débarrassée des développements politiques qui grèvent la première) ne semble pas faire de doute. Mais c'est une influence globale, plus perceptible dans l'ensemble des options céliniennes que dans le détail de l'écriture de *Voyage*. Par contre, l'influence de *Mort de la pensée bourgeoise* se déduit aussi bien de la lecture de *Voyage* que de celle de *Bagatelles*.

On peut en effet lire ce roman comme une réponse à l'attente que Berl exprimait dans son pamphlet de 1929. Le projet de « créer une image très fidèle de l'homme des villes » (« Prière d'insérer » de *Voyage*) remplit en effet la lacune dont Berl fait avant tout grief à l'esthétisme de son temps : « l'homme moderne vous épouvante » (p. 13)[56]. Pour Berl comme pour Céline, l'exemple de Proust a poussé la littérature dans une impasse ; on n'y trouve plus que des « héroïnes improbables » (p. 87), et le psychologisme engendre l'infinitude vague, le « jésuitisme » et le « scepticisme total » du propos (p. 60-61). Tant qu'à faire de la psychologie, Berl propose qu'on se serve des résultats de la psychanalyse (p. 89-90) et qu'on abandonne « la théorie de Dupré des constitutions », qui est devenue un « poids mort pour l'esprit » (p. 48) — nous montrerons bientôt que, non content d'appliquer les thèses freudiennes, Céline s'en prend dans *Voyage* à l'école de Dupré. Si l'on parle de sexe, Berl demande qu'on cesse de nous rebattre les oreilles de l'inversion ; la littérature récente a pour mérite d'avoir « combattu en faveur de l'inversion » ; certes il est nécessaire de « surmonter ce tabou sexuel » (p. 75 — et nous voyons que Bardamu le surmonte), mais l'inversion n'est pas cet « archange de la liberté » qu'on tâche depuis Proust de nous faire apercevoir voletant autour de nous (p. 82 — le refus tolérant que Bardamu oppose à l'« harmo-

56. Cette pagination renvoie à Emmanuel Berl, *Mort de la pensée bourgeoise. Premier pamphlet. La Littérature*, Paris, Bernard Grasset, 1929, « Les écrits ».

nieux inverti » du chapitre VII part du même point de vue). Et s'il faut bien un espace romanesque pour faire un roman, Berl veut qu'on en finisse avec ce goût des écrivains pour les « petits cours de géographie à l'usage des dames » (p. 68), petits cours dont Mauriac donne avec son Sud-Ouest les échantillons les plus ridicules (p. 68, 87 — la pratique céli-nienne de la géographie romanesque que nous avons exami-née *supra* répond à cette injonction). On observe donc entre *Voyage* et *Mort de la pensée bourgeoise* des coïncidences de détail, qui sont les signes pratiques d'un accord profond.

Le roman de Céline et le pamphlet de Berl se rencontrent en effet sur la question du rapport de l'écrivain au combat politique. Pour Céline, comme pour Berl, on ne saurait se désolidariser d'avec les idées bourgeoises sans rompre avec la tendance contemporaine à perfectionner le style : « Quand on ne veut pas révoquer en doute les idées, on lime et relime ses phrases. [...] Nous devons à M. Poincaré sans doute ce regain de rhétorique antonine » (*Mort de la pensée bourgeoise*, p. 93-94). Pour sortir du poincarisme, il faut sortir du style-Giraudoux. Ce n'est certainement pas un hasard si le pamph-let de Berl se donne pour l'attaque des conformismes litté-raires de la France poincariste, si *Voyage* s'offre d'entrée comme la peinture de la faillite du règne de Poincaré , et si Trotski épingle justement cette référence dans son article où il présente Céline comme un « révolutionnaire du roman » : « Le "célinisme" est un antipoincarisme moral et artisti-que »[57]. Dès le deuxième paragraphe de *Voyage*, par la réfé-rence sarcastique à Poincaré et au *Temps*, le lecteur de 1932 pouvait comprendre à quel camp appartient le narrateur. « Poincaré-la-guerre », qui est revenu au pouvoir en 1922 le temps de s'entêter à faire payer les réparations à l'Allemagne et qui, chassé en 1924, est revenu de 1926 à 1929 pour mener

57. Léon Trotski, « Céline et Poincaré », repris dans *Littérature et révolu-tion*, Paris, Julliard, 1974, « 10/18 », p. 431. Il est plus intéressant de se reporter à cette édition qu'à l'extrait publié dans *HER*, où la pensée de Trotski est défi-gurée par le découpage.

une politique censée redresser la situation financière, Poincaré est la bête noire de la gauche, et *Le Temps* est un de ses supports, *Le Temps* dont le critique littéraire, Paul Souday, indigne les prolétariens[58].

Mais sortir du « poincarisme » pour aller où ? Les premières lignes de *Mort de la pensée bourgeoise* prévenaient clairement : « qu'on ne me demande pas : où voulez-vous en venir ? Je n'entends jamais cette phrase sans répugnance » (p. 9). Céline semble avoir partagé l'option violente de Berl selon laquelle « on ne comprend que ce qu'on refuse » (p. 125) — « comprendre une personne c'est l'imaginer morte. Comprendre une société c'est l'imaginer détruite » (p. 100-101). Penser par la négative, c'est à quoi l'auteur de *Voyage* s'applique, et de la même manière que Berl : par un passage par le marxisme, et dans l'inquiétude. Après avoir expliqué que « le capitalisme ne peut être pensé que par le communisme » (p. 99-100), Berl expose les raisons pour lesquelles, selon lui, « la collaboration de l'intellectuel et du communiste ne peut [...] reposer que sur un malentendu » (p. 141) : « l'ouvrier ne nous demande pas la disqualification du capitalisme : il nous demande la qualification du communisme [...] Il ne se contente pas d'une critique : il exige une espérance. Une espérance que nous ne pouvons partager [...] un optimisme sur la valeur des machines qu'aucun esprit consciencieux ne peut actuellement garder » (p. 139). Nous avons vu, de même, que *Voyage* empruntait sa description de la société à une vision marxiste (et particulièrement à Barbusse), mais qu'il se refusait à adhérer à une espérance[59].

---

58. Voir Emmanuel Berl, *Mort de la pensée bourgeoise*, p. 108.

59. En juin 1932, Emmanuel Berl et André Malraux soutinrent *Voyage au bout de la nuit* devant le comité de lecture de la maison Gallimard, qui y voyait un « roman communiste » — voir *BLFC9*, p. 53. Sans avoir de « vrais rapports d'amitié », Céline et Berl se rencontrèrent plusieurs fois, au siège de *Marianne*, à la NRF ou chez Berl. Céline estimait Berl, et il n'écrivit pas un mot sur lui dans *Bagatelles pour un massacre*, où il aurait pu le clouer au pilori, en tant que critique de gauche et en tant que juif. Il lui écrivit même « Tu ne seras pas pendu. Tu seras Führer à Jérusalem. Je t'en donne ma parole » — voir Emmanuel Berl, *Interrogatoire*, Gallimard, 1976, p. 126-128.

7. UN PROLÉTARIEN ANTICOMMUNISTE

Nous comprenons à présent que Céline ait pu écrire dans *D'un château l'autre* : « c'est moi l'auteur du premier roman communiste qu'a jamais été écrit... » (*CA*, p. 277). *Voyage* n'est pas un roman « communiste », mais une œuvre écrite dans la postérité de Barbusse et conçue conformément à l'attente exprimée dans les projets de littérature prolétarienne, projets qui ont marqué de leur sceau tout le discours esthétique célinien. Ce qui empêche *Voyage* d'être une œuvre prolétarienne de gauche, c'est évidemment qu'en tant que roman philosophique, il s'oppose à tout espoir progressiste : Céline dénonce les maux contemporains, mais en les imputant, comme n'importe quel moraliste traditionnel, au mal interne à la nature humaine. L'éclat incontestable de *Voyage* vient peut-être de cette contradiction que Trotski appelait « dissonance »[60], de cette tension interne qui le tiraille entre l'esthétique prolétarienne qui lui permet de s'écrire et le moralisme réactionnaire qui l'oriente. Sans doute pourrait-on en dire autant de nombreux écrits de Céline, mais la position initiale et l'intensité idéologique de *Voyage* rendent singulièrement violent ce jeu interne des forces : le point d'optique révolutionnaire du narrateur, la révolution du style, le remploi d'un matériau narratif et symbolique appartenant à la tradition révolutionnaire, la remise en cause de la société bourgeoise et de ses discours mensongers, le saccage systématique de toute espérance et l'appel final au suicide, tout cela compose un mélange instable, et beau de ne tenir sa cohésion que de la force du style.

A l'heure de *Voyage*, Céline est conscient du désaccord qui le sépare du courant prolétarien auquel il puise : les communistes « qui prétendent rénover par leur philtre notre époque

---

60. « Céline n'écrira plus d'autre livre où éclatent une telle aversion du mensonge et une telle méfiance de la vérité. Cette dissonance doit se résoudre. Ou l'artiste s'accommodera des ténèbres, ou il verra l'aurore » (Léon Trotski, *op. cit.*, p. 433).

irrémédiablement close, [le] dégoûtent et [le] fatiguent » (cité *supra*, p. 88). Plus tard il justifiera cette option politique *déjà prise* par un discours accusant les écrivains de gauche d'imposture ; ainsi dans sa lettre du 1er septembre 1935 à Eugène Dabit, il oppose son travail « concret » (donc louable) aux réflexions « abstraites » (donc répréhensibles) des « baveux révolutionnaires » du Congrès international des écrivains pour la défense de la culture qui s'est tenu en juin (*BLFC6*, p. 76). En 1937, dans *Bagatelles pour un massacre*, il se donne pour le seul champion de la littérature prolétarienne contre la littérature bourgeoise, les « communistes » ayant été incapables d'appliquer leur propre projet :

> Qu'il me soit permis de noter [...] qu'avant, depuis, pendant le « Voyage » les écrivains de gauche, en titre, en cour, au balcon, se sont énormément grattés, ici, là-bas, et puis ailleurs, pour nous donner dans le sens « communiste intime » quelque chose d'encore beaucoup mieux... L'intention était fort louable, parfaitement honnête... Mais où sont les chefs-d'œuvre promis ?... On s'est pourtant bien réunis, ici, là-bas et puis ailleurs. Et comme on a bien déclamé ! Énormément pontifié ! comme on a tranché ! jugé ! pourfendu ! navré les impies... Sur le plan idéologique. [...] L'âme n'a pas suivi, mais pas du tout ! la doctrine, la tartuferie générale. A cet égard tout au moins la faillite est totale... L'âme communiste ne s'exprime nulle part... dans aucun de ces livres claironnés à tels fracas... pour une excellente raison, c'est qu'ils émanent d'individus, dits créateurs, tous absolument bourgeois, de cœur et d'intention, frénétiques intimes de l'idéal des bourgeois. Ils ne possèdent que le « plaqué doctrinal » communiste, le charabia, le tout venant des bobards... Ah ! ce n'est pas facile à faire naître une musique au commandement ! la preuve ! (*BM*, p. 82-83)

Du point de vue de l'histoire littéraire, nous pouvons remarquer que la réflexion qui fut menée entre 1928 et 1932 sur la littérature prolétarienne fut un passage important pour l'évolution de la littérature française de notre siècle. On savait déjà qu'Aragon et Malraux y avaient trouvé pâture ; maintenant Céline. Est-ce à dire que cette réflexion ouvrait dans toutes les directions ? Dans une certaine mesure, oui. D'une part, elle était le fait d'hommes qui nourrissaient à l'égard du socialisme des sentiments divers, et cela en une période complexe et mobile où s'opéraient des glissements et des jonctions dont la connaissance de l'épreuve historique ultérieure nous permet aujourd'hui de juger qu'ils étaient contre nature : par exemple, Poulaille, lui-même « anarchiste », ne publiait-il pas sa revue *Nouvel âge* et son *Nouvel âge littéraire* (dédié à Lucien Descaves et Marcel Martinet...) chez Georges Valois, qui venait alors de fonder le Faisceau (mais qui mourra à Bergen-Belsen après être retourné au socialisme...), et Valois ne jugeait-il pas que le livre de Poulaille « dit presque tout ce qu'il y a à dire aujourd'hui »[61] ? D'autre part, chaque créateur fit subir au projet prolétarien les inflexions qui lui semblèrent propices. Ainsi Céline le détourna de sa voie originelle en privilégiant une de ses composantes, en l'orientant presque exclusivement vers une apologie de l'irrationnel qui aboutit à l'affirmation du primat de « l'émotion » et des vertus de « l'attentat » (*EY*, p. 105). N'ayant fait qu'*utiliser* la dynamique prolétarienne, il pouvait proclamer de bonne foi en 1937 qu'il ne trahissait pas ses positions premières (« Mais j'ai jamais renié rien du tout ! Mais j'ai jamais adoré rien !... » — *BM*, p. 45).

Resterait à se demander si, écrivant *Voyage* selon l'attente du courant prolétarien et choisissant d'y implanter sa réussite jusque par une fausse garantie biographique, il n'entrait pas dans un processus qui allait faire de lui, peu d'années plus tard, l'un des propagandistes du fascisme. Le roman suivant, *Mort à crédit*, fut l'immense travail mythographique dans lequel il s'appropria l'identité prolétarienne, tout en gardant, en grand secret, sa lucidité : « Mes parents n'ont rien à voir là-dedans. Vous êtes quelques-uns qui connaissez la réalité »[62]. Ce mythe de l'origine prolétarienne lui a fait assumer, dans une création littéraire perpétuellement médiumnique, une identité qui n'était pas la sienne et qu'il répudiait à bien des égards. La fascination de l'irrationnel et

---

61. Lettre du 8 septembre 1930 de Georges Valois à Henry Poulaille, *in Entretiens*, n° 33, Editions Subervie, 1975, p. 153.
62. Lettre à Joseph Garcin du 28 juin 1936, *in* Pierre Lainé, *op. cit.*, p. 639.

le besoin de l'ordre, une aversion profonde pour la lutte des classes, une vieille haine antidémocratique et antilibérale, l'attachement à la nation et aux valeurs de la petite bourgeoisie, un antisémitisme qui date de l'Affaire, tout cela investi dans une identité fantasmatique et porté par une forme puisée à la source populaire : voilà qui pourrait expliquer, par l'interférence de l'idéologie et de l'aventure artistique, comment l'auteur de *Voyage* choisit son camp à la première heure, en 1936 avec *Mea culpa*.

CHAPITRE III

Voyage au bout de la nuit
et l'instrument freudien

Nous avons vu que Barbusse et Freud sont les deux maîtres dont Céline se réclamait pour l'écriture de *Voyage au bout
de la nuit*. Parmi ses premiers lecteurs, certains critiques déce-
lèrent effectivement une influence de la psychanalyse[1], et
Marie Bonaparte jugea le roman assez intéressant pour en
conseiller la lecture à Sigmund Freud[2]. Le texte du roman
contient deux allusions aux théories de Freud, comme si le

1. Voir Henri Godard (*I*, p. 1270). Nous nous avançons ici sur la voie qu'il
a ouverte (voir *I*, p. 1218-1224, et « Céline devant Freud », *in BLFC3*,
p. 19-30). Contrairement à lui, nous posons pour principe que Céline a pu lire
dans le texte allemand, seul ou avec l'assistance amicale de quelqu'un, les ouvrages de l'école freudienne. En effet, il avait fait dans son enfance quinze mois
de séjour linguistique en Allemagne, il se vantait à vingt-deux ans de « parler
2 ou 3 langues », de les « posséder » et de les écrire (lettre à Simone Saintu
du 28 octobre 1916, *in CC4*, p. 139). Nous savons aussi qu'en 1933 il était
assez familier de la littérature psychanalytique pour juger « très faible la psychanalyste » son vulgarisateur français (lettre à Evelyne Pollet de juillet 1933, *in
CC5*, p. 175) et qu'à cette date il demandait à une amie de l'aider à lire un article de Freud qu'il s'était procuré (lettre à N*** du 8 mai 1933, *in CC5*, p. 101).
2. Nous ne connaissons pas le sentiment exact de Marie Bonaparte, mais
nous lisons sous la plume de Freud : « J'ai entrepris de lire le livre de Céline
et en suis à la moitié. Je n'ai pas de goût pour cette peinture de la misère, pour
la description de l'absurdité et du vide de notre vie actuelle, qui ne s'appuie-
rait pas sur un arrière-plan artistique ou philosophique. Je demande autre chose
à l'art que du réalisme. Je le lis parce que vous désiriez que je le fasse » (lettre de Freud à Marie Bonaparte du 26 mars 1933, citée par Ernest Jones, *La
vie et l'œuvre de Sigmund Freud*, Paris, PUF, 1969, t. III, p. 201-202).

narrateur lui-même tâchait de nous persuader que son dire avait à voir avec l'existence de la psychanalyse. D'une part le narrateur s'exclame, à propos du « caractère » de Robinson : « De nos jours, faire le "La Bruyère" c'est pas commode. Tout l'inconscient se débine devant vous dès qu'on s'approche » (*V*, p. 397). D'autre part, lorsque Baryton prononce une diatribe contre la « psychiatrie récente » (p. 423-426) — « on s'ennuyait paraît-il dans le conscient ! » —, Bardamu est pris à partie comme un adepte de la nouvelle école. Pour savoir en quoi l'auteur de *Voyage* a « freudisé » (néologisme de son invention — *BM*, p. 172), quel profit il a tiré de ce qu'il appelait « l'énorme école freudienne », il faut d'abord procéder à une comparaison précise des textes.

1. LE « PROTISTE » ET LA PULSION DE MORT

Ainsi que bien des lecteurs l'ont remarqué[3], et comme Bardamu le laisse à penser en s'écriant « La vérité c'est la mort », la question de la mort est au centre de l'œuvre. Si *Voyage* est un roman « freudien », c'est en premier lieu parce que Céline fait sienne l'hypothèse de la pulsion de mort telle que Freud l'a avancée. On le voit dans ce paragraphe, qui est la clef de voûte de son discours philosophique :

> Décidément nous n'adorons rien de plus divin que notre odeur. Tout notre malheur vient de qu'il nous faut demeurer Jean, Pierre ou Gaston coûte que coûte pendant toutes sortes d'années. Ce corps à nous, travesti de molécules agitées et banales, tout le temps se révolte contre cette farce atroce de durer. Elles veulent aller se perdre au plus vite, parmi l'univers ces mignonnes ! Elles souffrent d'être seulement « nous », cocus d'infini. On éclaterait si on avait du courage, on faille seulement d'un jour à l'autre. Notre torture chérie est enfermée là, atomique, dans notre peau même, avec notre orgueil (*V*, p. 337).

---

3. Bernanos s'exclama par exemple : « La mort, sujet de votre livre, seul sujet ! » (« Propos recueillis par Robert de Saint-Jean », *in CC1*, p. 51).

Cette explication « biologique » (p. 337) reprend en termes peu scientifiques, mais avec précision, l'hypothèse des instincts de mort formulée dans *Au-delà du principe du plaisir*, première partie des *Essais de psychanalyse*. Pour Freud, « si nous admettons, comme un fait expérimental ne souffrant aucune exception, que tout ce qui vit retourne à l'état inorganique, meurt pour des raisons *internes*, nous pouvons dire : *la fin vers laquelle tend toute vie est la mort* » — l'ensemble des « instincts du moi » ayant pour mission de seconder « la vie dans sa course à la mort »[4]. La première phrase de la réflexion de Bardamu (« Décidément [...] ») associe cette pulsion de mort avec ce que Freud nomme, un peu plus loin dans son exposé, la « libido narcissique ».

On ne saurait douter que cette définition de la mort soit empruntée à Freud, car Bardamu tire cette réflexion de la contemplation de l'abbé Protiste, ce qui constitue une référence humoristique lorsqu'on sait la place qu'eurent les « protistes » dans les travaux de Weismann et de Freud. Rappelons-la. Ernst Haeckel proposa en 1870 de nommer « protiste » tout organisme unicellulaire ; August Weismann observa qu'à l'opposé des êtres vivants supérieurs (qui sont constitués d'un corps individuel, ou soma, mortel, et de cellules germinales, ou plasma germinatif, immortel) les protistes ont un corps immortel, puisqu'il y a identité chez eux entre individu et cellule germinale. Pour appuyer son hypothèse de la pulsion de mort, au chapitre VI d'*Au-delà du principe du plaisir*, Freud recourt aux « protistes », en faisant observer la « frappante analogie qui existe entre la distinction weismannienne "soma-plasma germinatif" et notre distinction "instincts de vie-instincts de mort" » ; il reconnaît d'ailleurs lui-même que cette démonstration par analogie n'est guère solide, se demande s'il est « bien indiqué de rechercher la

4. « Au-delà du principe du plaisir », *in Essais de psychanalyse*, Paris, Payot, 1977, « Petite Bibliothèque Payot », p. 48 et 49. Cet essai, publié fin 1920 dans *Internationale Zeitschrift für Psychoanalyse*, a été traduit en français en 1927 avec l'ensemble des *Essais de psychanalyse*.

solution de la question relative à la mort naturelle dans l'étude des protozoaires » et conclut : « ce qui augmente dans une mesure considérable l'incertitude de nos spéculations, ce sont les emprunts que nous sommes obligés de faire à la science biologique »[5]. Le nom de « Protiste » donné dans *Voyage* au témoin de la thèse philosophico-biologique de l'instinct de mort apparaît donc comme un clin d'œil au contexte freudien dont elle est tirée.

2. L'APPLICATION « DÉLIRANTE » DES *CONSIDÉRATIONS ACTUELLES SUR LA GUERRE ET SUR LA MORT* AUX ÉLÉMENTS DE LA NARRATION

Les *Considérations actuelles sur la guerre et sur la mort,* dernière partie des *Essais de psychanalyse,* avaient de quoi arrêter l'attention de Céline ; Freud y propose en effet de « s'incliner devant la *vérité* » en sorte d'assimiler enfin le scandale de la guerre — ce scandale qui devait obnubiler presque toute l'œuvre du romancier. La thèse de Freud (aujourd'hui tombée dans le domaine public, mais choquante en son temps) est que la barbarie dans laquelle sont tombées, avec la guerre, « les grandes nations dominatrices de race blanche » ne doit pas nous étonner, car la guerre est le moment où les hommes croient « pouvoir se soustraire momentanément aux obligations découlant de la vie civilisée et donner libre cours à leurs penchants refoulés, avides de satisfaction » ; elle « emporte les couches d'alluvions déposées par la civilisation et ne laisse subsister en nous que l'homme primitif »[6]. Pour Céline aussi, elle est l'expérience éclairante qui révèle le barbare dans le civilisé, la « véritable réalisation de nos profonds

5. *Ibid.,* p. 62-63 et p. 76. On peut aussi remarquer que c'est une plaisanterie pour biologistes que de nommer « protiste » un abbé : un homme qui professe la résurrection de la chair, autrement dit l'immortalité du soma.
6. « Considérations actuelles sur la guerre et sur la mort », *in Essais de psychanalyse,* p. 267, 236, 248, 266. « Zeitgemäßes über Krieg und Tod » a été publié en février 1915 dans *Imago.*

tempéraments » (*V*, p. 418): « Ça venait des profondeurs et c'était arrivé » (p. 14); et on retrouve sous sa plume la métaphore du reflux que Freud employait: « on peut apercevoir des Blancs, ce qu'on découvre du gai rivage, une fois que la mer s'en retire: la vérité, mares lourdement puantes, les crabes, la charogne et l'étron » (p. 113). Quant à la songerie de Bardamu sur la cruauté sanglante des Aztèques (p. 37), elle reproduit la réflexion de Freud comparant la barbarie moderne à celle des temps reculés: « l'homme primitif n'éprouvait pas le moindre scrupule ni la moindre hésitation à causer la mort »[7].

Par le biais de la narration ou des commentaires du narrateur *Voyage* fait la plus grande place à ce que Freud considérait comme les trois principales vérités que l'observation des primitifs nous apprend sur l'inconscient: « impénétrabilité à la représentation de notre propre mort, souhait de mort à l'adresse de l'étranger et de l'ennemi, ambivalence à l'égard de la personne aimée »[8].

Premièrement donc, « il nous est absolument impossible de nous représenter notre propre mort », « dans son inconscient chacun est persuadé de sa propre immortalité »[9], ce qui amène Freud à expliquer l'héroïsme d'une façon qui devait offusquer nombre de ses contemporains, non par un sacrifice à « des biens abstraits et universels plus précieux que la vie », mais par une occultation de la mort par l'inconscient, par un mouvement « instinctif et impulsif », où l'on « affronte le danger sans penser à ce qui peut en résulter »[10]. Telle est bien l'interprétation que Bardamu donne de la « bravoure stupéfiante » de son colonel: « il n'imaginait pas son trépas » (*V*, p. 13). Ce qui l'oppose aux autres combattants et l'autorise à la lâcheté, c'est précisément qu'il est peut-être « le seul à avoir l'imagination de la mort dans ce régiment ? » (p. 19).

7. *Ibid.*, p. 257.
8. *Ibid.*, p. 266.
9. *Ibid.*, p. 253-254.
10. *Ibid.*, p. 263.

Imaginer sa mort et faire imaginer la sienne à son lecteur devient dans la suite du texte un des enjeux essentiels, comme si le roman tendait à nous rendre « bon[s] à penser la mort qu'on est » (p. 332).

Deuxièmement, la guerre ne fait qu'autoriser la virulence des souhaits de mort que nous refoulons d'ordinaire :

Dans nos désirs inconscients, nous supprimons journellement, et à toute heure du jour, tous ceux qui se trouvent sur notre chemin, qui nous ont offensés ou lésés. « Que le diable l'emporte ! » disons-nous couramment [...] Mais ce que nous voulons dire réellement, sans l'oser, c'est : « que la mort l'emporte ! » [...]. Notre inconscient tue même pour des détails ; [...] C'est ainsi qu'à en juger par nos désirs et souhaits inconscients, nous ne sommes nous-mêmes qu'une bande d'assassins.[11]

La transformation des passagers de l'*Amiral-Bragueton* en une bande d'assassins projetant la mort de Bardamu semble une réalisation romanesque de ces affirmations de Freud, et le commentaire du narrateur sur cet épisode les paraphrase :

dans la vie courante, réfléchissons que cent individus au moins dans le cours d'une seule journée bien ordinaire désirent votre pauvre mort, par exemple tous ceux que vous gênez, pressés dans la queue derrière vous au métro, tous ceux encore qui passent devant votre appartement et qui n'en ont pas, tous ceux qui voudraient que vous ayez achevé de faire pipi pour en faire autant, enfin, vos enfants et bien d'autres. C'est incessant (*V*, p. 116-117).

Troisièmement, l'expérience de la guerre nous amène à comprendre qu'il n'y a chez l'homme « ni bons, ni mauvais » penchants, seulement des « penchants primitifs » remodelés par la société, mais dont certains restent ambivalents. Freud en donne pour exemple la « coexistence très fréquente chez la même personne d'un amour intense et d'une haine violente », si bien qu'il existe, au sein même de l'amour, une « hostilité qui peut comporter un souhait de mort inconscient »[12]. Bardamu découvre cette ambivalence à l'ombre de

11. *Ibid.*, p. 264.
12. *Ibid.*, p. 243, 265.

la guerre (« On passe son temps à tuer ou à adorer en ce monde et cela tout ensemble. "Je te hais! Je t'adore!" » — *V*, p. 72), et elle se trouve décrite à travers les sentiments qu'inspire et qu'éprouve Madelon; ainsi Bardamu la désire (p. 394) et la déteste au point de l'agresser (p. 470), elle couche avec lui mais il lui est antipathique (p. 409-411); Robinson l'« adore » (p. 411) mais ne peut la supporter (p. 451-458), elle aime Robinson tant et si bien qu'elle le tue.

Voyage semble donc être une réalisation romanesque des *Considérations actuelles sur la guerre et sur la mort*. La totalité du roman n'est évidemment pas programmée par l'essai de Freud, mais les points capitaux de cet essai sont essentiels pour son économie, les affirmations du psychanalyste étant, pour certaines, reprises presque mot pour mot, et, pour toutes, illustrées narrativement[13]; ce mode d'utilisation des savoirs est celui qu'induit la notion de « roman philosophique ». Céline ne représente pas les hommes tels qu'ils sont, mais tels qu'ils seraient si l'inconscient (tel que Freud le décrit) se donnait libre carrière; c'est cette méthode créatrice qu'il nomme « délire » (« Le délire, il n'y a que cela et notre grand maître actuellement à tous, c'est Freud » — cité *supra* p. 74). Les passagers du *Bragueton* ne correspondent pas à la réalité de la veille, mais à la vérité qu'expriment les rêves. L'ambivalence des sentiments de Robinson pour Madelon est explicitée plus clairement que dans l'expérience commune : comme sur un divan de psychanalyste, etc. Il n'est donc pas tout à fait vrai de dire, comme Gide à propos de *Mort à crédit* : « Ce n'est pas la réalité que peint Céline; c'est l'hallucination que la réalité provoque. »[14] Car la vérité de

13. On ne peut dater la lecture de cet essai par Céline. Il semble qu'il ait eu très tôt connaissance de son contenu, car on en trouve la trace dans ses lettres du 31 juillet, 27 septembre et 15 octobre 1916 à Simone Saintu *(in CC4)*; les lettres des 30 octobre, 7 novembre et 20 décembre 1916 à la même montrent d'ailleurs que Céline avait alors des lectures de médecine et de psychologie. Pour l'examen de ce point, voir M.-Ch. Bellosta, *Le Système de références de L.-F. Céline [...], p. 87-90.

14. André Gide, « Les juifs, Céline et Maritain », *in Nouvelle Revue française*, avril 1938, repris dans *HER*, p. 469.

l'inconscient n'est pas procurée ici (comme chez tel ou tel sur-réaliste) par une expérimentation sauvage des profondeurs du moi, mais livrée à travers la grille qu'en a donnée Freud. Ce qui n'exclut pas que l'inconscient de l'auteur y travaille aussi, mais pour l'essentiel canalisé, contrôlé par le savoir : « le génie est une combinaison de folie et de roublardise »[15].

La description de l'inconscient n'entre d'ailleurs pas de plain-pied dans le texte ; l'auteur prend soin de figurer par des circonstances narratives particulières l'effraction qu'il commet : les passagers du *Bragueton* sont mis dans des conditions insoutenables d'« étuve tropicale » (*V*, p. 113), Robinson sup-pose qu'il était « malade » (p. 452) au moment où il ne contrô-lait pas ses étranges impulsions, la conduite de Madelon est celle d'une femme rendue « folle » par l'amour (p. 452). Le « délire » célinien conserve donc un reste de prudence ; les thèses freudiennes sont données pour des vérités fondamen-tales, mais que seuls peuvent révéler des événements roma-nesques d'exception (même si l'auteur ne cesse de placer ses personnages dans des situations exceptionnelles). Il en est de la narration dans son entier comme des épisodes « délirants » qui viennent d'être pris pour exemples, dans la mesure où Céline se donne pour narrateur un individu dont la vision du monde est marquée par la névrose.

3. *ZUR PSYCHOANALYSE DER KRIEGSNEUROSEN* ET LA MISE AU POINT D'UN NARRATEUR NÉVROSÉ

Bardamu est en effet atteint par une maladie mentale qui n'est autre qu'une névrose de guerre, que Céline repré-sente, dans sa définition, son déroulement et ses symptômes, selon la description fournie dans *Au-delà du principe du plai-sir* et dans *Zur Psychoanalyse der Kriegsneurosen*, ouvrage col-lectif de Ferenczi, Abraham, Simmel et Jones, préfacé par

---

15. Lettre du 4 novembre 1932 à Erika Irrgang (*in CC5*, p. 43).

Freud, et auquel *Au-delà du principe du plaisir* renvoie en note[16].

Freud considérait que « l'explosion » des névroses de guerre (comme, plus généralement, des névroses traumatiques) était « facilitée par un conflit du *moi* » installé préalablement au traumatisme [17] :

> Les névroses de guerres [...] sont à concevoir comme des névroses traumatiques qui ont été rendues possibles ou ont été favorisées par un conflit du moi. [...] [Celui-ci] se joue entre l'ancien moi pacifique et le nouveau moi guerrier du soldat, et devient aigu dès que le moi de paix découvre à quel point il court le risque que la vie lui soit retirée à cause des entreprises aventureuses de son double parasite nouvellement formé. On peut tout aussi bien dire que l'ancien moi se protège par la fuite dans la névrose traumatique du danger menaçant sa vie, ou qu'il se défend du nouveau moi reconnu comme mettant sa vie en péril.[18]

Il concluait : « dans les névroses de guerre, ce qui fait peur, c'est bel et bien un ennemi intérieur »[19]. Pour Ernest Jones, le conflit entre « l'ancien moi du temps de paix » et le « nouveau moi du temps de guerre » concerne particulièrement les tendances à la cruauté : « [Le combattant] doit mettre en place de nouvelles lignes de conduite, élaborer de nouvelles attitudes psychiques, et s'habituer à l'idée que des pulsions qu'il avait autrefois condamnées avec toute la sévérité de son moi idéal

---

16. L'hypothèse de la pulsion de mort est en effet précédée chez Freud d'une réflexion sur les névroses de guerre, car elle s'appuie sur une autre hypothèse, celle de la « tendance à reproduire ce qui a déjà existé », nommée « contrainte de répétition », qui se déduit elle-même de l'observation des névroses de guerre, et plus largement des névroses traumatiques, dont les rêves ramènent le malade « toujours et régulièrement à la situation dans laquelle s'était produit le traumatisme » (« Au-delà du principe du plaisir », *in Essais de psychanalyse*, p. 39).

17. *Ibid.*, p. 41.

18. Sigmund Freud, « Einleitung », *in Zur Psychoanalyse der Kriegsneurosen*, ouvrage collectif de Ferenczi, Abraham, Simmel et Jones, Leipzig und Wien, Internationaler Psychoanalytischer Verlag, 1919. Repris sous le titre « Introduction à *La Psychanalyse des névroses de guerre* », dans Freud, *Résultats, idées, problèmes, I,* Paris, PUF, 1984, p. 245.

19. *Ibid.*, p. 247.

sont dans certaines conditions autorisées et même dignes d'éloges. »[20]

Céline suit avec soin cette description du conflit du moi qui constitue la névrose. Il préexiste en effet, chez Bardamu, au traumatisme physique. Le narrateur signale d'entrée qu'il « n'avait plus la tête très solide » (*V*, p. 9), et Céline fait ressortir sa dualité intérieure à travers la construction dialoguée du chapitre I, où les deux interlocuteurs, semblables mais d'opinions opposées, échangent bizarrement leurs rôles, si bien que le comportement de Bardamu est contradictoire : il dénigre la notion de patrie, mais saisi d'un incompréhensible « enthousiasme », le « voici parti à [s']engager, et au pas de course encore » (p. 10)[21]. Le conflit est ensuite clairement énoncé au chapitre II, où Bardamu est divisé entre un ancien moi du temps de paix qui jouait jadis avec de petits Allemands (p. 11) et croyait qu'il est « défendu » de tuer, et un nouveau moi du temps guerre qui est « encouragé » à tuer ; et le résumé que le narrateur en fait constitue une traduction libre des lignes de Jones qui viennent d'être citées : « Donc pas d'erreur ? Ce qu'on faisait à se tirer dessus, comme ça, [...] n'était pas défendu ! Cela faisait partie des choses qu'on peut faire sans mériter une bonne engueulade. C'était même reconnu, encouragé sans doute par les gens sérieux [...] » (p. 14). L'épisode du « Stand des Nations » du chapitre V est bien imaginé, dans une logique freudienne, pour déclencher la crise névrotique dans la mesure où il restitue ce partage conflictuel dans son moment paroxystique ; Bardamu voit sa propre silhouette parmi les cibles du stand de tir, et c'est lui-même qui est invité à tirer pour *se* massacrer, assassin *alter ego* de sa victime (p. 58). Ce dédoublement se prolonge en se

---

20. Ernest Jones, « Die Kriegsneurosen und die Freudsche Theorie », *in Zur Psychoanalyse der Kriegsneurosen*, p. 70, traduction personnelle.
21. J.-P. Dauphin a observé sur le manuscrit que l'interversion des rôles de Ganate et Bardamu avait eu lieu en cours de rédaction (*Etude d'une illusion romanesque*, p. 328), ce qui peut être interprété comme un signe du tâtonnement du romancier à la recherche de l'expression la plus perceptible de ce conflit du moi.

modifiant dans le récit des jours qui suivent la crise : le narrateur perçoit alors en lui la dualité d'un moi agressé et d'un moi agressif (« On est deux », p. 63). Conformément aux descriptions freudiennes, son hallucination répète la scène du traumatisme, que Céline avait eu l'habileté de ne pas inscrire dans la narration : le traumatisme physique et psychique, par quoi s'opère la catalyse de la névrose, a été subi ici pendant un blanc du texte, celui qui sépare la fin du chapitre IV, où Bardamu est valide, et le début du chapitre V, où il *a été* blessé. Le récit de la crise d'hallucination (p. 58-59) laisse à deviner au lecteur ce que put être ce traumatisme ; sans doute les soldats étaient-ils alignés comme les cibles du jeu de massacre, attendant le feu de l'ennemi, et Bardamu n'a-t-il pas pu s'y dérober malgré sa peur. Le souvenir traumatisant reste ainsi de l'ordre de l'innommable (représenté par le « ça » de « Ça me tenait », p. 59), ce qui dote le narrateur célinien d'une épaisseur psychique moderne, post-freudienne : le « je » excède ici ce que « je » peut dire, il délivre une expérience conjointement capitale et incommunicable (puisque, dans un livre où tout s'avoue jusqu'à l'impudeur, elle reste, quant à elle, incommuniquée).

La chronologie de la maladie de Bardamu coïncide également avec les remarques de l'école freudienne sur la névrose de guerre. Freud rappelle que la névrose traumatique « paraît incompatible avec l'existence d'une lésion ou d'une blessure » et qu'en règle générale les affections organiques retardent ou font disparaître les troubles névrotiques[22]. Sandor Ferenczi observe que la gravité des névroses de guerre n'est pas liée à l'importance des lésions subies, et que « chez certains, l'apparition des symptômes coïncide avec l'ordre de marche qui les renvoie au front après leur temps de convalescence »[23]. Céline n'établit pas non plus de rapports entre la

22. « Au-delà du principe du plaisir », *in Essais de psychanalyse*, p. 14 et 42.
23. Sandor Ferenczi, « Die Psychoanalyse der Kriegsneurosen », *in Zur Psychoanalyse der Kriegsneurosen*, repris dans Ferenczi, *Œuvres complètes*, Paris, Payot, 1974, t. III, p. 32.

blessure organique subie par Bardamu, dont il est peu question (*V*, p. 49) et son trouble mental; celui-ci n'apparaît précisément que lorsque Bardamu s'attend à repartir pour le Front (p. 50), et il régresse de lui-même, sans guérir tout à fait, à partir du moment où il est réformé (« Les huiles ont fini par me laisser tomber [...], mais j'étais marqué à la tête et pour toujours » — p. 111), ce qui est conforme aux descriptions médicales de ces troubles de guerre[24].

Dans la suite du roman, Bardamu reste sujet à des malaises que J.-P. Dauphin relevait à juste titre comme « les signes cliniques d'une pathologie »[25]. Il subit en effet trois grandes crises: la fièvre qui le saisit à Bikomimbo et pendant laquelle il traverse l'océan (*V*, p. 172-183), le scandale qu'il cause au chevet d'un enfant malade (p. 273-274) et la « crise du 4 mai » à Vigny-sur-Seine (p. 428-429). Qu'il s'agisse de la crise initiale, celle du « Stand des Nations », de ces trois-là, ou de toutes celles que le narrateur évoque sans les décrire (p. 429), Céline les présente en leur prêtant tour à tour un ou plusieurs des nombreux symptômes qui composent le tableau clinique de la névrose de guerre[26]: tachycardie et rêves d'angoisse (p. 429), troubles de l'équilibre et de la marche (p. 102, 172, 181, 428), hallucinations visuelles (p. 58-60, 177-182, 428), tendance aux accès de colère (p. 273-274)... Le texte est soigneusement rédigé en sorte que les trois crises postérieures à la guerre soient reliées à son souvenir. Dans les deux premières (p. 172-173, 273-274), ce lien est la rencontre du narrateur avec Robinson, qui demeure « son ami de la guerre » (« On me retirera difficilement de l'idée que si ça m'a repris ça n'est pas surtout à cause de Robinson » — p. 270); la série de malaises évoquée p. 429 est rattachée, quant à elle, à

24. Voir Freud, « Introduction à *La Psychanalyse des névroses de guerre* », p. 244.
25. Jean-Pierre Dauphin, *Etude d'une illusion romanesque*, p. 360.
26. A quelque école qu'appartienne le psychiatre qui dresse ce tableau : voir Ferenczi, *op. cit.*, et, en psychiatrie classique, Ernest Dupré, *Pathologie de l'imagination et de l'émotivité*, Paris, Payot, 1925, « La psychonévrose émotive », p. 283-287.

l'image de l'assassinat de la vieille Henrouille dans la « fosse à momies » de Toulouse, scène de meurtre parmi des silhouettes de « fusillés » (p. 387) bien faite pour entrer dans la logique d'une névrose de guerre ; quant à la dernière crise précisément racontée par le narrateur, sa date, seule date à figurer dans tout le roman, est une référence : « nous parvînmes à la date du 4 mai. Date fameuse ce 4 mai » (p. 428). « Fameuse » dans la tradition pacifiste, car le 4 mai 1917, une compagnie de l'armée française refusa d'obéir à un ordre de marche, donnant ainsi le signal de la mutinerie. Le rappel des mutineries ferme la boucle des troubles névrotiques de Bardamu ; il suggère que le refus qui dressa les mutins de 1917 contre leur inacceptable devoir est le même qui a dressé Bardamu face à lui-même, « devant la glace » (p. 428) : dans la névrose.

Le choix que Céline fit en se donnant pour narrateur un personnage marqué par une névrose de guerre est important pour définir la démarche célinienne. Tout d'abord, pourquoi en passer pour un narrateur *névrosé*, et névrosé *de guerre* ?

A un premier niveau, les symptômes névrotiques du narrateur font partie des prétextes narratifs que l'auteur se donne pour se défaire du « réalisme » ; lorsqu'un narrateur a si souvent « la berlue » et la fièvre, le lecteur est averti que la vision transcrite doit être prise pour une représentation qui laisse une place non négligeable au « délire ». Le romancier Céline, non le pamphlétaire, procèdera presque toujours de même ; sauf *Casse-pipe* (inachevé) et *Rigodon*, tous les romans seront munis de prologues qui signaleront l'état de confusion où se trouve le narrateur à l'heure où l'assaillent les souvenirs qu'il va raconter. Ainsi, dans *Mort à crédit*, le récit de l'enfance est le fait d'une mémoire délirante : une crise d'hallucination (*MC*, p. 534-535) est suivie d'une « grosse fièvre » qui force le narrateur à s'aliter (p. 536-544). Le récit rétrospectif de *Guignol's band* naît du traumatisme du bombardement d'Orléans, l'excitation du narrateur étant stylistiquement marquée par l'écriture en vers du deuxième chapitre (*GB1*, p. 94-97). Le récit de *Normance* est donné pour le rêve agité d'un narrateur qui s'est « sonné le grelot » dans une grave chute (*F2*, p. 13) et n'apprend qu'il rêvait qu'à la dernière page en se réveillant auprès de sa femme (*F2*, p. 374). Tous les récits de la trilogie finale sont présentés au départ comme ceux d'un narrateur victime d'un accès de fièvre paludéenne (*CA*, p. 89-97), dont l'esprit « bat la campagne », « neurones livrés à eux-mêmes ! » (p. 114).

Le choix d'un narrateur névrosé est résolument moderne. S'il fallait le situer par rapport à un précédent français, on serait tenté de le placer dans le voisinage de Proust, car la méthode consiste à fonder l'unicité du monde décrit sur le caractère particulier d'une organisation mentale et des sédimentations affectives qui la composent ; par rapport à l'entreprise de Proust, le travail opéré dans *Voyage* représenterait un passage à une intensité supérieure, car le trouble psychique cliniquement avéré du narrateur est le signe d'une subjectivité plus grande, irréconciliable cette fois, du dire. Mais bien que ce parallèle ait plusieurs fois été proposé par la critique, la technique de Céline diffère profondément de celle de Proust, pour deux raisons. D'abord parce que l'objet perçu est ici du domaine public et politique, au lieu d'être, comme chez Proust, du domaine privé ; il ne s'agit plus d'une sensibilité qui s'approfondit à la découverte de *son* univers à travers les cercles du souvenir, mais d'une irrationalité qui fait main basse sur *le* monde, celui qui nous concerne tous. De ce point de vue, la nouveauté de l'œuvre célinien consiste en ce que Céline fait passer sous le regard du névrosé ce qui n'est pas d'habitude sa tasse de thé ni sa madeleine : l'histoire et le fonctionnement de la société. Une deuxième différence entre Céline et Proust réside en ce que la spécificité psychique du narrateur percevant est ici le produit de l'histoire collective au lieu de relever de l'histoire personnelle.

Qu'il s'agisse d'une névrose *de guerre* est, de fait, capital. Bardamu est ainsi malade, dans son corps et son psychisme, de cela dont il parle et qui le fait parler : une société fondée sur la guerre.

Du point de vue idéologique, le pacifisme est ainsi proclamé de la façon la plus radicale, car transporté dans un espace imperméable au raisonnement : le corps. Le Simon Paulin de *Clarté* aurait pu dire « je suis pacifiste car j'ai compris qu'on s'est fait avoir ; plus jamais ça » ; le narrateur célinien ne raisonne pas, il n'a simplement plus de corps pour. faire la guerre, sa névrose ne lui ayant pas permis de démobiliser. Face à une telle objection, aucune lâcheté, aucun Munich, ne sauraient être déshonorants, aucun argument ne vaut : un corps hanté n'a pas d'oreille.

Du point de vue subjectif de la posture créatrice, la névrose du narrateur correspond au parti pris, dont Céline ne démordra pas, d'aligner le narrateur sur les désordres du monde dont son dire rend compte. L'Europe est visiblement malade de la guerre, en cette fin des années 20 : son narrateur est malade de la guerre. « Il importe beaucoup que cet homme soit malade et sa maladie est la nôtre à des degrés divers, écrivait René Trintzius. Que l'auteur l'ait voulu ou non [...], son livre est le roman de l'homme malade de civilisation, [...] le roman de tous les pauvres types que la guerre a broyés [...] »[27]. « Que l'auteur l'ait voulu », cela ne fait pas de doute lorsqu'on observe qu'il a prêté à Bardamu le tableau clinique d'une névrose de guerre. Bardamu est malade de la guerre, mais sa névrose n'est pas la maladie d'un certain Ferdinand, c'est la maladie du « barda-mu », celle de tous les anciens-combattants et de tous les mobilisables, de toute l'Europe, c'est la maladie du monde. Le choix d'un narrateur névrosé enferme ainsi le texte et son lecteur dans le cercle de la tautologie : si le « barda-mu » délire, la société ne peut s'en prendre qu'à elle-même, le narrateur ne peut rien dire, du monde qu'il accuse, que ce qu'il en dit, puisqu'il est prisonnier, dans la folie, de la violence qu'il a subie. Ainsi, il n'y a pas à en sortir : ce que dit Bardamu est *vrai* de la seule vérité qui vaille aux yeux de Céline, l'accord cruel avec l'objet décrit. Ce n'est pas la vérité *sur* le monde, c'est la vérité *du*

27. René Trintzius, *op. cit.*, in Jean-Pierre Dauphin, *Les critiques de notre temps et Céline*, p. 19-20.

monde qu'il énonce ; il n'est pas témoin, il est médium, transparence ou miroir absolu, ou, si l'on préfère, prophète.

Ce principe du « je ne dis que ce que vous me faites dire », qu'on observe dans *Voyage* avec le choix d'un narrateur névrosé de guerre, est un des actes fondateurs de la spécificité célinienne. Il installe le locuteur dans le rôle de l'irresponsable, de celui qui « n'y est pour rien », écrit-il dans la postface du roman, « Qu'on s'explique... » (*I*, p. 1111). On l'observe à nouveau à propos de l'écriture de fiction, quand Céline plaide la cause de *Mort à crédit* (« On me reproche la cruauté systématique. Que le monde change d'âme, je changerai de forme. »[28]), ou quand il explique l'issue violente qu'il donne à *L'Église*, dans sa deuxième version, en 1933 : « Trois lignes, tout à fait à la fin... Vous verrez... Elle va brutaliser notre comédie... Pourquoi ? Est-ce là tout ce que nous avons appris en dix ans ?... Mais vous-même ? » (*É*, p. 7). On l'observe aussi quand il donne *Bagatelles pour un massacre* pour une réponse à des sévices subis : « Ah ! tu vas voir l'antisémitisme ! Ah ! tu vas voir si je tolère qu'on vienne me tâter pour de rien !... Ah ! tu vas voir la révolte !... le réveil des indigènes !... » (*BM*, p. 41). Locuteur-reflet de *Voyage* ou de *Mort à crédit*, locuteur-riposte de *Bagatelles pour un massacre*, c'est la même posture créatrice qui poursuit sa logique. Du martyr médium qui porte des stigmates ignobles (dans *Voyage*) à la victime écumante et vengeresse (dans *Bagatelles*), il n'y a qu'un pas, un dérapage : sans doute a-t-il suffi que l'auteur se prenne pour son personnage, entrant dans l'engagement politique en conservant le point d'optique du narrateur romanesque. Céline associait d'ailleurs *Voyage* et les pamphlets dans le même « don » dans sa préface de 1949 au roman : « J'ai fait un hommage aux chacals !... Je veux !... Aimable !... Le don d'avance... "Denier à Dieu" !... » (*I*, p. 1114). Envisagé dans ces sombres conséquences, ce principe mystique peut faire l'effet d'un sophisme : correspondait-il vraiment à un fantasme de l'auteur ? représentait-il un choix technique ?

28. Lettre à Léon Daudet sur *Mort à crédit, in I*, p. 1121.

recouvrait-il une visée idéologique ? Ces questions ne paraissent guère pertinentes, car même si l'on peut dire que ce principe médiumnique s'enracine, biographiquement parlant, dans une organisation pathologique paranoïaque de Destouches-Céline[29], il ne s'en réalise pas moins à travers un tel travail d'écrivain qu'il est en même temps un choix tactique, où la technique littéraire est chevillée sur l'idéologie.

Du point de vue de la technique littéraire, on peut observer qu'en prenant les travaux des psychanalystes pour instance de contrôle et source d'inspiration, l'écrivain Céline donne à son roman la caution de la scientificité ; c'est qu'il croit à la supériorité des savoirs du docteur Destouches : « La littérature actuelle ? Les trois quarts ne valent pas une note d'observation clinique, plus sûre », dit-il à Merry Bromberger[30]. Cette démarche, à laquelle il restera fidèle pour la rédaction de *Mort à crédit*, rappelle celle des écrivains réalistes : il a lu *Zur Psychoanalyse der Kriegsneurosen* pour *Voyage au bout de la nuit* un peu comme Flaubert ou Zola prenaient des notes sur l'empoisonnement à l'arsenic pour *Madame Bovary*, ou sur la toux de la silicose pour *Germinal*, ou comme Paul Bourget s'informait auprès d'Ernest Dupré. Cependant l'utilisation de l'information scientifique est ici tout autre, en ce qu'elle vise moins à la pertinence des détails qu'à une cohérence systématique ; voilà un narrateur qui, parce qu'il subit dans son expérience physique et psychique la poussée de son inconscient, se trouve apparemment bien placé pour énoncer face à l'abbé Protiste la thèse d'une pulsion de mort inscrite dans l'inconscient de tous, et pour percevoir de façon aiguë les « désirs inconscients » des autres personnages. Mais c'est justement en cela que le texte cesse d'être « réaliste » ; on voit mal comment un névrosé serait plus lucide qu'un autre sur la part qu'a l'inconscient dans les com-

29. François Gibault, dans sa biographie *Céline, II. Délires et persécutions* (Paris, Mercure de France, 1985), rapporte à plusieurs reprises à la paranoïa des comportements de Céline.
30. Merry Bromberger, *op. cit., in CC1*, p. 32.

portements d'autrui et les siens propres. Céline se donne ainsi
un narrateur ambigu, névrosé par certains aspects, apprenti
psychanalyste par d'autres.

Cette ambiguïté reflète le jeu que pratique l'auteur vis-à-
vis de son narrateur. D'une part, le narrateur ne nous dit pas
tout ce qu'il sait sur ses troubles psychiques. Par exemple,
dans le récit de la crise du 4 mai (*V*, p. 428), on voit comment l'auteur joue des silences du narrateur : pas un mot sur
les images qu'il revoit ou les pulsions qu'il refoule, cinq lignes
d'observations cliniques extérieures, et une date, qui ne parle
de la guerre que de manière symbolique. Une description
explicitement psychanalytique de cette crise eût nécessité de
longs développements introspectifs dignes d'un de ces
« romans psychologiques » que Céline honnissait, alors que
Voyage reste un roman d'aventures extraverti et mené tam-
bour battant. De même les épisodes du « Stand des Nations »,
du « poulet » de Robinson, des « fusillés » du caveau de Toulouse, etc., signifient la maladie par le biais du symbole, ils
ne l'analysent pas. D'autre part, le narrateur ne nous dit pas
sur lui-même tout ce que son inventeur en sait. Céline a lu
Freud, pas Bardamu. « Une autobiographie mon livre ? C'est
un récit à la troisième puissance. Céline fait délirer Bardamu
qui dit ce qu'il sait de Robinson » déclarait-il[31]. C'est dans
le « faire » du « Céline *fait* délirer Bardamu » qu'interviennent les savoirs psychanalytiques, mais jamais le texte romanesque ne les énonce clairement. Ce jeu d'ellipse et de
distance, ou si l'on préfère ce double jeu, constitue un espace
de polysémie pour le lecteur, qui reste maître d'interpréter
à sa guise ou de s'identifier autant qu'il lui plaira — et il est
aussi un des moyens du comique léger chez Céline, de ce sourire qu'il tire fréquemment de la supériorité de « l'affranchi »
sur le « cave ». Quand Bardamu se fait le récitant des thèses
freudiennes, ses affirmations sont formulées en des termes tri-
viaux qu'on jugerait résolument parodiques si le narrateur
savait de quoi il parle ; or il fait de la psychanalyse sans le

31. *Ibid.*, p. 30-31.

savoir, « à la petite semaine ». L'effet n'en est pas moins comique : Bardamu parle sérieusement, et, pour l'auteur, ces thèses
sont sérieuses, ce qui n'est pas sérieux, ce qui est parodique,
c'est le rapport qu'entretient le narrateur avec l'auteur, Bardamu singeant, dans l'orde de la spontanéité, du tragique et
de la bouffonnerie, les savoirs de Céline.

4. LA SATIRE SAVANTE DE LA PSYCHIATRIE FRANÇAISE

L'adhésion de Céline à la psychologie freudienne est en
quelque sorte militante : à l'occasion de la névrose de guerre
de Bardamu, il se livre à une description satirique du milieu
psychiatrique français. Dans les chapitres VI, VII, VIII où
le narrateur est soigné pour troubles mentaux, il s'attaque,
à travers le personnage du Pr. Bestombes, à Gustave Roussy
(1874-1948) et à Ernest Dupré (1862-1921).

Le personnage de Bestombes constitue un portrait à clef,
dans l'ordre de la satire et de la diffamation, de Gustave
Roussy — dont le souvenir reste aujourd'hui attaché à l'histoire de la cancérologie. Comme Bestombes, le Dr Roussy était
agrégé, il avait les yeux clairs et convaincants, « les plus beaux
du monde » (V, p. 86), et dirigeait un hôpital (Paul-Brousse
à Villejuif dans la réalité, Bicêtre dans le roman). Bestombes
est « heureux » de servir, il vient « d'être nommé à quatre
galons » (p. 86) et présente ses travaux devant la « Société de
Psychologie militaire » (p. 93) ; Roussy fut nommé médecin-
chef du Centre neuropsychiatrique de la Xe armée à sa création en avril 1915, et présentait naturellement ses résultats
devant sa Réunion médico-chirurgicale. Ses travaux furent
publiés en manuels dans l'officielle « Collection Horizon. Précis de médecine et de chirurgie de guerre » : Les Psychonévroses
de guerre en 1917, et Traitement des psychonévroses de guerre
en 1918. Ces ouvrages étant les seuls publiés sur ce sujet pendant la guerre, l'identification du Pr Bestombes et de son
« mémoire de qualité » (p. 93) pouvait se faire sans hésitation.

Le Traitement des psychonévroses de guerre de Roussy est

donc le pendant, en médecine traditionnelle, de *Zur Psychoanalyse der Kriegsneurosen*, et Céline l'attaque en en faisant une transposition parodique principalement fondée sur une compréhension volontairement erronée du concept de « traitement moral des psychonévroses ». Ces termes classiques désignaient « la psychothérapie raisonnée et persuasive telle qu'elle a été préconisée et pratiquée [...] par Dejerine, Babinski, Dubois, etc. »[32]. Ayant surtout affaire à des troubles hystériques, le « traitement moral » du Dr Roussy consistait à montrer au patient que sa maladie « n'est due à aucune lésion organique mais [...] à une conviction erronée [...], qu'il ne dépend que de lui de corriger cette erreur dont la disparition lui permettra de mobiliser son bras [...] qu'il croit paralysé »[33]. A l'issue de ces « conversations persuasives », le malade était censé demander spontanément au médecin de l'aider à guérir ; celui-ci lui jouait alors une sorte de comédie à l'électricité, faisant subir au membre paralysé une faradisation intense qui n'avait d'autre fonction que celle d'un « adjuvant de la persuasion ». Cette méthode thérapeutique obtenait au demeurant d'assez bons résultats[34]. Céline la parodie lorsqu'il fait dire au Pr Bestombes : « J'entends traiter mes malades, Bardamu, par l'électricité pour le corps et pour l'esprit, par de vigoureuses doses d'éthique patriotique, par les véritables injections de la morale reconstituante ! » (*V*, p. 94). Ce travestissement du « traitement moral » en traitement « par la morale » est l'abus satirique sur lequel l'auteur bâtit des scènes grotesques de déclamation patriotique (p. 86, 90-91, 94, 98-101).

La parodie est d'autant plus efficace qu'elle est minutieuse, la narration suivant de près l'exposé du Dr Roussy. Si Bes-

32. Gustave Roussy, *Traitement des psychonévroses de guerre*, Paris, Masson, 1918, p. 57.
33. *Ibid.*, p. 59.
34. Au prix peut-être de souffrances considérables, ce que l'ouvrage de G. Roussy ne précise pas. En Allemagne du moins, ce traitement à l'électricité fit l'objet d'un procès après la guerre, car il y fut mené jusqu'à la torture — voir Freud, « Rapport d'expert sur le traitement électrique des névrosés de guerre », *in Résultats, idées, problèmes, I*, p. 249-253 (texte rendu public en 1956).

tombes explique scientifiquement à Bardamu la nature de sa maladie (p. 92-93), c'est que Roussy persuadait le malade par un « raisonnement exact, plus ou moins scientifique selon les sujets »[35], et que Bardamu a été étudiant en médecine. S'il se réfère alors à la marche de la maladie selon Dupré, c'est que le Dr Roussy exposait le « cycle que M. Dupré a résumé si exactement en ces quelques mots [...]: commotion, émotion, suggestion, exagération, simulation, revendication »[36]. Roussy voulait que le malade soit heureusement influencé par la propreté des locaux, qu'il se sente pris dans une ambiance collective tonique, et qu'il soit impressionné par le modernisme des installations électriques prétendument curatives[37] ? C'est ce dont Bardamu fait l'expérience (V, p. 85-89). Quant à l'attitude du médecin, Roussy soulignait que sa première rencontre avec le malade était déterminante, qu'il devait dès l'abord « entrer en communion, en contact physique avec lui pour lui imposer sa façon de penser »[38] ? « Dès le premier contact, il se saisit de notre moral, comme il nous en prévint. Sans façon, empoignant familièrement l'épaule de l'un de nous, le secouant paternellement, la voix réconfortante, il nous traça les règles et le plus court chemin pour aller gaillardement et au plus tôt encore nous refaire casser la gueule » (V, p. 86). Il devait parler « avec conviction et avec cœur », sans cesser de « faire preuve de grande patience », ménageant ainsi une « incubation morale » qui amènera le patient à solliciter lui-même un entretien[39] ? Bardamu est effectivement insensiblement amené à s'en remettre pour finir à son médecin : « Je résolus certain jour de faire part au professeur Bestombes des difficultés que j'éprouvais » (V, p. 91). Ce démarquage est évidemment frappé au coin de la bouffonnerie : le « contact physique » préconisé dans le manuel ne consistait pas à empoigner familièrement l'épaule du patient, pas plus que

35. Gustave Roussy, op. cit., p. 59.
36. ibid., p. 43.
37. Ibid., p. 67-68, 80, 84.
38. Ibid., p. 80.
39. Ibid., p. 65, 67.

l'explication « raisonnée » ne consistait à mettre le malade au courant de recherches en cours, etc.

Le Pʳ Bestombes ne se trompe pas lorsqu'il diagnostique chez Bardamu un cas de « maladie de Dupré », ou « psycho-névrose émotive de Dupré ». Cette maladie dont Dupré dressa le tableau clinique en 1917 et où « l'état morbide paraît avoir été créé, presque de toutes pièces, sur un fond de prédisposition antérieure peu marquée, par la sommation de chocs émotifs » subis au front[40], correspond à ce que l'école freudienne décrit au même moment sous le nom de « Kriegsneurose ». En mettant en cause Ernest Dupré, Céline s'en prenait à l'un des derniers novateurs de la médecine mentale française, respecté des « universitaires » (il avait été médecin-chef de Sainte-Anne, puis, en 1918, titulaire de la chaire de psychiatrie de Paris), des « lettrés » (par le relais de Paul Bourget), des « médecins » (étant l'un des auteurs du *Traité de pathologie mentale* en usage à la Faculté depuis 1903), et même du grand public (pour ses expertises dans des procès célèbres). Au moment où se situe l'action du roman, il « collaborait au Val-de-Grâce [...] au triage des psychopathes »[41], étant le grand spécialiste de psychiatrie médico-légale, discipline qui étudie, entre autres, les cas de folie alléguée ou simulée, comme sont dans *Voyage* les cas « très douteux » (*V*, p. 61) de Bardamu ou du kleptomane Princhard.

Céline se moque de Dupré à travers l'éloge que Bestombes en fait (*V*, p. 92), en s'appuyant surtout sur ce qu'on lisait dans *Pathologie de l'imagination et de l'émotivité* et ses préfaces. Dupré séduisait par son génie pour établir « l'inventaire détaillé d'un syndrome psychopathique »[42] ? Céline établit un inventaire grotesque qui s'achève en « fringale érotique » et en jeu de mots douteux. On louait sa langue, ses néologismes bienvenus, « immédiatement adoptés dans la science et

---

40. Ernest Dupré, *op. cit.*, « La psychonévrose émotive », p. 222.
41. Dʳ Camille Streletski, « Ernest Dupré », *in Les Biographies médicales*, décembre 1935, p. 225-226.
42. *Ibid.*, p. 222.

[dont] certains, comme les mots « mythomanie », « émotif »,
n'attendirent pas le lent travail du dictionnaire pour passer
dans la langue courante », voire, avec Paul Bourget, « l'élé-
gance précise et fine » de son style[43] ? Céline ridiculise la
« terminologie si imagée et dont il avait l'apanage » en lui prêtant la notion de « diarrhée cogitive de libération ». On
s'émerveillait de son exaltation scientifique ? C'est un enthousiasme déplacé qui caractérise les répliques de Bestombes dans
le dialogue qui suit (p. 93). En effet, ayant trouvé dans la
guerre une occasion de développer sa doctrine des « constitutions émotives » ou de l'« émotivité », Dupré s'écriait dans
sa leçon inaugurale de 1918 :

> Ainsi s'affirme, Messieurs, l'existence d'une *pathologie autonome de*
> *l'émotivité*, dont l'histoire médico-légale des grandes catastrophes et des
> accidents du travail avait déjà démontré la légitimité et l'importance,
> et que la guerre actuelle a enrichie d'une documentation expérimen-
> tale si abondante, si variée et si décisive[44].

Le Pr Bestombes se félicite lui aussi de ce que la guerre,
« éprouvant les systèmes nerveux », ait révélé les « richesses
émotives » de l'homme, d'une manière « décisive ». La parodie à laquelle Céline procède à travers l'exposé de Bestombes vise d'ailleurs, plus largement encore, la pratique
universitaire du diagnostic : après la description des symptômes, vient le rappel historique des théories établies par les
maîtres, puis le diagnostic lui-même, « je vous considère
donc... ». La référence fantaisiste à « Vaudesquin », dont
l'ouvrage « classique » publié en 1802 est « injustement
négligé par nos étudiants actuels », parodie le pieux rappel
qu'on faisait traditionnellement du *Traité de la manie* de Pinel.
   La satire antipsychiatrique de *Voyage* apparaît donc
comme une prouesse en matière de condensation ; Céline

43. Dr Achalme, « Ernest Dupré », *in* Ernest Dupré, *op. cit.*, p. XIX ; Paul
Bourget, « Préface », *ibid.*, p. X.
44. *Les déséquilibres constitutionnels du système nerveux*, Paris, Baillère, 1919,
repris *in* Ernest Dupré, *op. cit.*, p. 493.

trouve moyen de mettre en cause l'image de toute la psychiatrie française, en ridiculisant, à travers un personnage, le spécialiste officiel de la maladie décrite (Gustave Roussy), en moquant, grâce au dialogue, le théoricien le plus moderne des maladies mentales non organiques (Ernest Dupré) et même le fondateur de la discipline (Pinel).

L'écart qui sépare *Voyage* d'un roman autobiographique apparaît de nouveau ici. Il est vrai que Destouches a été soigné en 1915 dans les services du Dr Roussy. Blessé par balle au bras droit le 27 octobre 1914, il fut soigné à Hazebrouck, où les balles furent extraites, puis transféré le 1er décembre au Val-de-Grâce, puis placé à l'hôpital auxiliaire n° 47 le 27 décembre. Là, on voulut l'opérer pour remédier à la paralysie partielle de son bras ; devant son refus, on le renvoya le 30 décembre au Val-de-Grâce, d'où il fut immédiatement orienté sur l'hospice Paul-Brousse de Villejuif, dirigé par Gustave Roussy. Il y subit une intervention chirurgicale le 19 janvier 1915 (suturation du nerf radial complètement sectionné) et en sortit pour convalescence le 22 janvier[45]. Les patients de Villejuif étaient principalement de deux sortes : blessés du système nerveux périphérique ou central, et psychopathes avérés, préalablement triés par les psychiatres du Val-de-Grâce (dont le Dr Dupré). Donc non seulement Destouches a rencontré le Dr Roussy, mais encore il n'est pas impossible qu'il ait eu affaire au Dr Dupré au Val-de-Grâce, et il fut soigné à Villejuif en compagnie de malades mentaux qui étaient souvent déjà passés par le service de Dupré. Le roman s'appuie donc sur les souvenirs de l'auteur : si la description d'un Bardamu atteint de troubles psychiques n'est pas une transposition du propre cas de Destouches ou d'un de ses voisins de salle[46] — elle correspond du moins au

45. François Gibault, *Le Temps des espérances*, p. 153-158.
46. Cette hypothèse peut être envisagée dans la mesure où, dans l'état actuel de l'enquête biographique, rien n'explique de manière totalement satisfaisante l'ensemble de malaises dont Céline se plaignait, céphalées, hallucinations auditives, vertiges, insomnies, névralgies et tachycardie. Ses bourdonnements

cas d'un homme soigné dans le même hôpital[47], et c'est sans doute de Villejuif qu'on peut dater la rencontre de Destouches avec la psychiatrie et son intérêt pour elle.

Pour décrire la genèse de cet épisode de *Voyage*, il ne suffit cependant pas de dire que l'auteur de *Voyage* « se souvient » du Dr Roussy. Destouches ignorait tout de la psychiatrie en 1915, et, qu'il ait été examiné lui-même par Gustave Roussy, ou qu'il ait reçu les confidences d'un camarade psychopathe, ses souvenirs ne pouvaient pas présenter le degré de cohérence théorique que nous trouvons dans ces pages. Ainsi la transposition de l'expérience vécue par Destouches à Villejuif est conforme au modèle dégagé *supra* pour la transposition des souvenirs de guerre : entre l'expérience de Destouches et l'écriture de Céline, il y a la lecture. Ce qui produit le *texte* de cet épisode, ce n'est pas que Destouches ait vu Roussy à son chevet, mais que Céline ait recomposé ses souvenirs, en s'emparant, à des fins parodiques, de *Pathologie de l'imagination et de l'émotivité* et de *Traitement des névroses de guerre*. Ce modèle vaudrait pour la représentation comique de bien des personnages de l'œuvre ultérieure, pour Courtial dans

d'oreille furent diagnostiqués inutilement plusieurs fois, diagnostics allant du bouchon de cérumen à la maladie de Ménière. Dans un document destiné en 1946 à son avocat, il rapportait ses souffrances à une « commotion cérébrale » subie « lors de ma première blessure lorsque je fus projeté par un éclatement d'obus contre un arbre » (voir François Gibault, *Le Temps des espérances*, p. 161-162). Selon le témoignage de Mme Destouches concernant cette « première blessure », « Louis a pensé par la suite qu'il avait subi une fracture du rocher et que peut-être un nerf était resté coincé après la recalcification des os » (Frédéric Vitoux, *La vie de Céline*, Paris, Grasset, 1987, p. 88). Devant ses amis, il parlait d'une trépanation. Ses biographes ont mis fin au mythe de la trépanation ; pour que l'hypothèse de la « première blessure » soit recevable, il faut supposer que Destouches ne se plaignit d'aucun trouble auditif lors de son passage à Villejuif, car on ne le trouve pas parmi les cas répertoriés, étudiés et exposés par Gustave Roussy, où des problèmes de perception avaient été causés par une commotion cérébrale lors d'un éclatement d'obus (voir *Revue neurologique*, mars 1915 et mai-juin 1915, et *La Presse médicale*, 8 avril 1915).

47. Par exemple, deux articles scientifiques (l'un de Dupré, *in Revue neurologique*, mars 1915, l'autre de Roussy, *in La Presse médicale*, 8 avril 1915) exposent le cas d'un autre jeune maréchal des logis de cuirassiers, atteint d'hémiplégie hystérique, qui était soigné à Villejuif au même moment que Destouches.

Mort à crédit comme pour les personnages historiques de la trilogie finale.

Cette satire savante trouve naturellement sa place dans un roman philosophique et les modalités techniques n'en sont évidemment pas nouvelles. La comparaison avec Rabelais vient immédiatement à l'esprit ; Céline lui-même y conviait, quand il rapprochait Bardamu de Pantagruel (voir *supra* p. 60) — Pantagruel qui menait l'enquête philosophique dans les trois derniers livres de Rabelais. Comme Céline, Maistre Alcofribas produisait des textes à deux visages. Pour le lecteur profane, ce sont des écrits « parlés », fantaisistes, qui trouvent dans l'obscénité, la scatologie, la bouffonnerie et les jeux de langage des ressources d'énergie et de gaieté (et c'est ce qu'on juge assez facilement « rabelaisien » chez Céline[48]). Mais ce furent aussi des textes destinés aux « gens sçavans et studieux de nostre Royaulme » et qui leur proposaient de goûter les joies d'une complicité élective. Avec l'éloignement temporel, cette ambivalence de destination, qui faisait l'engagement de l'œuvre, cesse d'être perceptible, mais apprendre qu'Homenaz, dans *Le Quart Livre*, parle comme les *Décrétales*, ou que Bestombes, dans *Voyage*, sert à ridiculiser le *Traitement des psychonévroses de guerre* renseigne sur la visée intellectuelle de ces ouvrages : ainsi Rabelais s'engageait dans le débat contemporain sur le pouvoir temporel du pape, et les mésaventures de Bardamu soulèvent une des questions importantes de l'entre-deux-guerres : pour ou contre la psychanalyse ?

La manière de Céline rappelle peut-être plus encore Voltaire que Rabelais, dans la mesure où son rire ne s'embarrasse pas de scrupule ; il ne discute ni ne détruit la doctrine adverse, il travaille surtout à mettre les rieurs de son côté. La satire du Dr Roussy passe par le travestissement du « traitement moral », en « traitement par la morale patriotique » ; ainsi Vol-

---

48. Léon Daudet fit une étude plus creusée des rapports de Céline et Rabelais (« L.-F. Céline : *Voyage au bout de la nuit* », in *Candide*, 22 décembre 1932, repris *in* J.-P. Dauphin, *Les critiques de notre temps et Céline*, p. 21-26).

taire faisait l'âne, dans *Candide*, autour de la notion du « meilleur des mondes possibles » cueillie dans Leibniz. Faire semblant de ne pas comprendre la thèse de l'adversaire, faire dire aux mots qu'il emploie autre chose que ce qu'ils disent, montrer l'absurdité ou la bêtise de la thèse adverse ainsi défigurée, telle est la technique de la mauvaise foi que Voltaire a portée à son point de perfection et que les grands journalistes satiriques n'ont jamais manqué d'exploiter. Elle sert la satire dans un contexte romanesque, mais appartient aussi aux procédés violents qui distinguent le pamphlet, le pamphlet et non la polémique, car celle-ci suppose un minimum de « sérieux », qui laisse à l'adversaire attaqué une marge de manœuvre pour ses arguments ; mais que répondre à un détracteur de mauvaise foi qui a le don de faire rire ? La satire célinienne n'est pas « sérieuse », et Céline a compris dès son premier roman que le rire permet tout. L'usage comique des citations sera plus tard un des moyens de la persuasion dans *Bagatelles pour un massacre*, *L'École des cadavres* et les *Beaux draps*. Céline « invente » alors des citations fantaisistes, fausse des statistiques jusqu'à l'invraisemblance[49], ou interprète des citations exactes d'une manière abusive et comique, en sorte de prendre son adversaire au piège d'un discours qu'il n'a jamais tenu ou d'une « documentation » si résolument absurde qu'elle décourage l'objection. Cette falsification systématique est un des aspects de *Bagatelles pour un massacre* qui induisit en erreur André Gide, lorsqu'il fit son possible pour n'avoir pas à le prendre au sérieux : « il va de soi que c'est une plaisanterie. Et si ce n'était pas une plaisanterie, alors il serait, lui Céline, complètement maboul. De même lorsqu'il fait entrer parmi les Juifs de son massacre, pêle-mêle, Cézanne, Picasso, Maupassant, Racine, Stendhal et Zola. Qu'est-ce qu'il vous faut de plus ? Comment marquer mieux que l'on rigole ? »[50]

---

49. Voir Alice Yaeger Kaplan, *Relevé des sources et citations dans « Bagatelles pour un massacre »*, Tusson, Editions du Lérot, 1987.
50. André Gide, *op. cit.*, *HER*, p. 468.

5. LE « SADISME UNANIME ACTUEL » ET LE TRAVAIL
   SUR LE SYMBOLE DE *LA MADELON*

Revenons aux emprunts de Céline à Freud. On sait que
l'hypothèse de la pulsion de mort a amené Freud à réexami-
ner son analyse des « aberrations sexuelles » et à formuler une
nouvelle interprétation du sadisme et du masochisme dès *Au-
delà du principe du plaisir*, et plus longuement dans *Das öko-
nomische Problem des Masochismus* en 1924 :

> La libido rencontre dans les êtres vivants (pluricellulaires) la pul-
> sion de mort ou de destruction qui y règne et qui voudrait mettre en
> pièces cet être cellulaire [...]. La libido a pour tâche de rendre inof-
> fensive cette pulsion destructrice et elle s'en acquitte en dérivant cette
> pulsion en grande partie vers l'extérieur [...]. Elle se nommerait alors
> pulsion de destruction [...] Une partie de cette pulsion est placée direc-
> tement au service de la fonction sexuelle où elle a un rôle important.
> C'est là le sadisme proprement dit. Une autre partie ne participe pas
> à ce déplacement vers l'extérieur, elle demeure dans l'organisme et là
> elle se trouve liée libidinalement à l'aide de la coexcitation sexuelle [...] ;
> c'est en elle que nous devons reconnaître le masochisme originaire ,
> érogène.[51]

Adhérant à toutes les implications de son affirmation d'une
pulsion de mort, Céline fait une place très importante au sadomasochisme. Celui-ci est présent dans *Voyage au bout de la
nuit* sur un plan strictement narratif avec des scènes ou des
personnages sadiques ou masochistes, et sur un plan à la fois
narratif et symbolique avec le personnage de Madelon.
   Le sadomasochisme n'est pourtant à première vue qu'une
perversion parmi d'autres, dans un roman qui dresse le catalogue des perversions ordinaires. Le narrateur propose en effet
une description appuyée sur la prédominance du « principe
du plaisir ». Les maximes qui mettent l'accent sur le besoin
de « jouir » abondent, souvent dans des contextes pénibles qui
leur donnent un aspect provocateur (par exemple : « elle s'est

---

51. « Le problème économique du masochisme », *in* Freud, *Névrose,
psychose et perversion*, Paris, PUF, 1973, « Bibliothèque de psychanalyse »,
p. 291.

masturbée sa mère tout le temps des trois semaines d'agonie
[...]. Ça prouve qu'on ne peut pas exister sans plaisir même
une seconde » — *V*, p. 351), et elles trouvent leur illustration
narrative dans les nombreuses amours du narrateur ainsi que
dans les épisodes situés dans le milieu de la prostitution,
autour de Mme Herote et de Pomone. A l'arrière-plan, Céline
dessine une humanité où la déviation sexuelle est banale, ce
qui le fit traiter de « pornographe » par des critiques de 1932
et choquait sans doute dans la même mesure que les *Trois
essais sur la théorie de la sexualité*, qu'il avait vraisemblablement lus, et qui venaient, dans les années 20, d'affirmer au
grand scandale du plus grand nombre que la perversion
sexuelle avait sa place dans toute vie et dans le développement
sexuel de tout enfant. Ainsi Bardamu est entouré d'homo-
sexuels : il refuse « sottement vexé » les avances d'un poète
inverti (p. 101), il a pour ami un Robinson qui s'entoure en
Afrique d'une domesticité de garçonnets complaisants
(p. 167), il soigne le petit Bébert qui semble bien échanger
des caresses avec « le môme Gagat » (p. 244). Il n'éprouve
d'ailleurs pas de répulsion pour l'homosexualité ; il ne refuse
son boy que parce qu'il ne se sent « pas en train » (p. 132),
et tout le monde le soupçonne un peu d'homosexualité
(p. 114, 128, 465). La masturbation est également une habitude bien partagée dans ce roman ; masturbation de Bébert
(p. 243), des soldats de l'armée coloniale alités (p. 144), de
l'entremetteur Pomone (p. 361), et de tous ceux qui ne parviennent pas à trouver le sommeil : Bardamu seul en Amérique (p. 199, 202), la mère d'une petite fille à l'agonie (p. 351),
les aliénés de Vigny (p. 432). Le personnage de Parapine
prend quant à lui son plaisir à suivre les petites filles dans
la rue (p. 286).

Tous ces comportements sexuels sont décrits avec moins
de relief que deux scènes de sadisme qu'ont soigneusement
annoncées une maxime du narrateur (« Rien ne stimule les
femmes éméchées comme la douleur des bêtes » — *V*, p. 266)
et l'insolence du petit Bébert accusant sa tante de prendre
plaisir à lui administrer le martinet (p. 245). D'une part, au

niveau collectif, une foule « s'amuse » à voir souffrir un cochon (p. 290), d'autre part, au niveau individuel, un couple tire son excitation sexuelle des tortures qu'il inflige à son enfant (p. 266-267). Si la scène du sacrifice du cochon peut être considérée comme la reprise en perspective psychanalytique de l'hallali décrit dans *Clarté*, la scène de l'enfant torturée ressemble à une réécriture « freudisée » de la scène homologue des *Frères Karamazov*; elle suppose par certains détails (« Ah ! je t'aime Julien, tellement, que je te boufferais ta merde », p. 267) que Céline adopte le rapport établi par Freud entre sadisme et analité. Quant au masochisme, moins présent dans *Voyage*, sa description importe pour les œuvres à venir de Céline. Les « flagellants » que Bardamu rencontre dans les registes de l'entremetteur Pomone (p. 362) annoncent tous les personnages de premier plan qui partageront leur perversion, à commencer par Courtial dans *Mort à crédit* dont c'est l'élément caractériel capital (*MC*, p. 895) et en finissant par le Rittmeister Comte von Leiden, curieux objet romanesque autour duquel s'organise la narration de *Nord* et qui se fait fustiger par de petites Ukrainiennes (*N*, p. 404-405). Si l'on excepte les pamphlets, où le prétendu masochisme des « aryens » dégénérés est surtout une occasion de vitupération, le masochisme devait amuser Céline, car il est le plus souvent prétexte à des scènes burlesques; déjà dans *Voyage* l'auteur tire un effet comique d'un personnage de Noir qui tient à se faire fouetter (*V*, p. 155).

Ces cas particuliers de sadomasochisme sont les signes mineurs d'une préoccupation centrale qui concerne les rapports de cette perversion et de la guerre. Déjà, en 1924, dans *Semmelweis*, Destouches émettait le soupçon que le malade aime peut-être sa propre destruction par la maladie (*S*, p. 56), et il laissait entendre que le meurtre collectif et le désir individuel procédaient de la même passion, quand il décrivait en ces termes les guerres révolutionnaires : « La foule voulait détruire et cela suffisait. Comme l'amoureux caresse d'abord la chair qu'il convoite et pense à demeurer longtemps à ces aveux, puis malgré lui, se hâte... ainsi l'Europe voulait noyer

dans une horrible débauche les siècles qui l'avaient élevée »
(p. 20). En 1933, son *Hommage à Zola* s'organise autour de
l'idée d'un « immense narcissisme sadico-masochiste », d'un
« sadisme unanime actuel » procédant « d'un désir de néant
profondément installé dans l'homme et surtout dans la masse
des hommes, une sorte d'impatience amoureuse [...] pour la
mort » (*CC1*, p. 79, 80). Entre ces deux textes, *Voyage* décrit
le rapport essentiel qui unit, aux yeux de Céline, l'instinct
sexuel et la guerre.

D'entrée, la formule « On est puceau de l'Horreur comme
on l'est de la volupté » (*V*, p. 14) établit une équivalence entre
la guerre et le désir. Mais la description d'une gent féminine
avide d'étreintes militaires suggère bientôt que cette équivalence est une complicité, que le désir est de mèche avec le
carnage. Dès son retour à l'arrière, Bardamu remarque en effet
que les femmes des civils ont « le feu au derrière » (p. 48),
puis il observe l'enthousiasme de Lola, qui trouve « très exci-
tante » la France « dangereusement blessée » (p. 52) ; dans les
hôpitaux, le constat est le même : ici, une concierge qui est
à la fois une « superbe affaire » au lit et une pourvoyeuse du
poteau d'exécution (p. 62), là, de jolies infirmières excitées,
« biologie automatique », par la perspective d'épouser un offi-
cier revenant du combat (p. 88). La maxime initiale s'affine
donc en accusation de l'instinct sexuel et de la féminité : « La
guerre, sans conteste, porte aux ovaires » (p. 91). L'épisode
suivant, la traversée sur l'*Amiral-Bragueton*, implique également les hommes dans cette collusion du meurtre et du sexe
— le nom même du navire l'indique. Lorsque l'exécution de
Bardamu sert d'excitant sadique à une « concentration d'alcoo-
liques et de vagins impatients » (p. 117), les « ovaires fripés »
de la vieille demoiselle institutrice ne sont pas seuls en cause,
les militaires sont aussi accusés d'y investir une charge
sexuelle : « c'est comme les cochonneries, les histoires de bravoure, elles plaisent toujours à tous les militaires de tous les
pays » (p. 122).

Dans les romans suivants ce sont surtout les femmes qui
seront accusées d'entretenir avec la guerre une sexuelle

connivence. Dans *Féerie pour une autre fois*, Céline verra dans le sadisme des foules, et principalement des femmes, la principale cause de l'Épuration :

> [...] Ils ont l'âme bouchère... Je les fascine d'angle. Les hommes chevrotent, tremblotent, cafouillent, les femmes bandent, elles ! franchement !... les jeunes pire ! Elles me voient déjà au crochet, écartelé, émasculé. Vite ! vite ! qu'elles se disent ! Sa langue ! Ses yeux ! Elles ondulent, elles me viennent sur les genoux, elles m'embrassent avec une tendresse !... (*F1*, p. 20-21).

Introduit dès le début de *Féerie*, le thème est développé de façon répétitive, fournissant son amorce au récit ; les Parisiens rêvant d'exécutions spectaculairement excitantes (« — Programme, chérie ? », p. 55), Céline va leur donner un petit spectacle, une « féerie » à sa manière, *Normance*. Le retour et le triomphe du thème dans la trilogie finale montrent qu'il ne s'agit pas seulement, dans *Féerie*, d'un moyen de déconsidérer l'Épuration[52]. Les trois derniers romans fourmillent de personnages féminins qui se précipitent sur les hommes à mesure que s'approchent d'eux le combat et la mort. Dans *D'un château l'autre*, par exemple, les scènes décrivant la frénésie collective dans la gare de Siegmaringen (*CA*, p. 152-171) ou la « ménopause ardente » de Frau Frucht (p. 252-257) donnent à ce thème une dimension fantastique. Dans *Nord*, Céline ferme la boucle en évoquant, à propos des appétits d'Isis von Leiden, des souvenirs de 1914 :

> Terrible le dada des beautés ! plus les villes brûlent, plus on massacre, pend, écartèle plus elles sont folles d'intimités... [...] je me souviens très bien qu'en octobre 14, le régiment pied à terre, sur la rive droite de la Lys, attendant l'aube sous le feu continu des batteries d'en face, plein de demoiselles et de dames, bourgeoises, ouvrières, profitaient du noir pour venir nous tâter, relevaient leurs jupes, pas une parole dite, pas un mot de perdu, pas un visage vu, d'un cavalier pied à terre l'autre... (*N*, p. 482).

La réémergence dans *Nord* du thème sadique et misogyne

---

52. C'en est aussi un, évidemment, comme dans *Uranus* de Marcel Aymé publié en 1948 (voir son chapitre XIV).

de *Voyage*, sa métamorphose et sa transposition dans un ordre emblématique et délirant, montreraient, s'il en était besoin, qu'il devait correspondre à quelque obsession de l'auteur.

Quoi qu'il en soit, ce thème est condensé, dans *Voyage*, dans le personnage symbolique de Madelon, en sorte de répondre au problème philosophique dont Céline a voulu faire le « fond de l'histoire » de son roman : « l'amour dont nous osons parler encore dans cet enfer, comme si l'on pouvait composer des quatrains dans un abattoir. L'amour impossible aujourd'hui » (déjà cité *supra*, p. 35). Madelon est en effet un symbole que l'auteur construit en référence à la célèbre chanson de soldats que chacun savait par cœur depuis mai 1914. Céline insiste par plusieurs détails pour qu'on n'omette pas de remarquer cette référence ; ainsi, il signale que *La Madelon* fait partie du mince bagage francophone de Lola (*V*, p. 54) ; il fait observer que ce nom est « facile à se souvenir » (p. 387) ; il répète qu'« elle était née pendant la guerre » (p. 387, 388), alors même que cette date de naissance en fait un personnage beaucoup trop jeune pour la psychologie et les actions qu'il lui prête ; il fait dire par Robinson que le métier de serveuse de restaurant lui conviendrait tout à fait (p. 394).

En faisant de « la Madelon » un personnage de son roman, Céline prend au patrimoine un de ses symboles les plus connus pour le défaire et le reconstruire en en déplaçant la signification. La chanson célébrait la reconnaissance du Poilu envers la femme qui glisse une touche de tendresse et de gentillesse érotique dans la quotidienneté de la guerre, en le « frôlant », de son « jupon », en se laissant prendre « la taille ou le menton », la femme qui n'agrée l'homme que dans sa peau de soldat, puisqu'elle n'a que faire « d'un seul homme, Quand [elle] aime tout le régiment » — et peu de gens s'avisaient sans doute que ce symbole pouvait être douteux. Céline nous fait voir, dans l'attitude féminine ingénument vantée, l'alliage dangereux de l'instinct sexuel et de l'instinct de mort, le sadisme. La narration montre la naïveté du « Elle rit, c'est tout l'mal qu'elle' sait faire » de la chanson ; l'amante de *Voyage* est bien une Madelon, mais parce qu'elle est capable du pire mal, incarnant le sadomasochisme; c'est la même qui s'apitoie sur le soldat, qui « s'excite » et veut « expier » lorsque Robinson invente en vain, pour la dégoûter, la fable d'une blessure de guerre (*V*, p. 456-457), et qui le tue lorsqu'il se refuse à elle. En tuant son amant, la Madelon du roman réalise l'acte que rêve et délègue celle de la chanson. Au fond de l'amour gît le meurtre, dit Céline, et c'est la guerre qui a fait faire cette découverte. Le rapport du roman à la chanson est donc complexe; il démythifie et récupère le symbole dans le même mouvement; le roman fait dire à la chanson ce qu'elle avouait sans y prendre garde, ce qu'elle ne croyait pas si bien dire: qu'« adorer » et « tuer » sont synonymes.

Le destin de ce personnage symbolique peut être lu comme une parabole, qui véhicule deux messages désespérants, l'un d'ordre individuel, l'autre d'ordre collectif et historique. Du point de vue individuel, cette parabole fait apparaître que l'amour est un mythe, un « mensonge ». C'est encore une chanson populaire que Céline utilise pour souligner cette affirmation, lorsqu'il fait écouter à ses personnages le refrain d'une valse sentimentale de 1913: « *Ferme tes jolis yeux, car la vie n'est qu'un songe... / L'amour n'est qu'un menson-on-on-ge... / Ferme tes jolis yeuuuuuuux!* » (*V*, p. 401). La citation est inexacte, car cette chanson invite à se laisser aller, les yeux fermés, aux douceurs de l'ivresse amoureuse « car tout n'est que mensonge / Le bonheur est un songe », et cette falsification est pertinente au message du roman. Formant couple avec *Ferme tes jolis yeux*, la « Madelon » de Céline nous apprend que « l'amour *n'*est *qu'*un mensonge » est une vérité terrible: le désir d'amour *n'*est *qu'*un désir de tuer.

Du point de vue historique, cette métamorphose du symbole de *La Madelon* a les implications les plus fatalistes. En donnant ce nom à son personnage d'amante meurtrière, Céline fait passer du particulier au général le drame qu'il nous raconte; il transforme un fait divers quelconque, une histoire d'amour qui tourne mal, en symbole ou en symptôme d'une histoire qui n'en finira jamais de mal tourner. Cette jeune femme qui tue, la guerre en fait, dans la chanson chère aux Poilus, le symbole de toutes les femmes; à travers elle, ce sont toutes les femmes qui confondent obscurément le désir et le meurtre. Par l'entremise du symbole, l'inconscient d'*une* femme dont l'histoire nous est racontée est donné pour le modèle de l'inconscient collectif. Ainsi la guerre se trouve inscrite dans la chair des hommes, elle détermine leur destin en habitant la source même de la vie, le désir. Ainsi, tout est dit, il n'y a pas à en sortir : « On regrettera les guerres Élie... l'Homme est Maudit. Il inventera des supplices mille fois plus effarants encore pour les remplacer... Dès l'ovule il n'est que le jouet de la mort »[53].

Nous observions plus haut qu'en faisant de Bardamu un névrosé de guerre, Céline installait son discours pacifiste dans une position inexpugnable, dans le *corps* du locuteur. Nous voyons à présent qu'à ses yeux, tout pacifisme est voué à l'échec de par la nature sexuée et sadique de l'homme. Le locuteur célinien s'enferme ainsi dans la contradiction interne d'un pacifisme vital mais impossible, il se condamne à tenir deux discours en un, dont le premier est un cri irrépressible contre la guerre, et dont le second fait de la guerre l'expression incoercible de nos désirs. La littérature du mal avait déjà donné quelques exemples d'un dire qui se consacre ainsi à formuler la contradiction ; Baudelaire écrivait dans « L'Héautontimorouménos » :

> Je suis la plaie et le couteau !
> Je suis le soufflet et la joue !
> Je suis les membres et la roue,
> Et la victime et le bourreau !
>
> Je suis de mon cœur le vampire,
> — Un de ces grands abandonnés
> Au rire éternel condamnés,
> Et qui ne peuvent plus sourire !

Et son diagnostic vaudrait pour l'auteur de *Voyage* : « je suis le vrai représentant de l'ironie, et ma maladie est d'un

---

53. Lettre à Elie Faure du 22 juillet 1935, *in BLFC6*, p. 71.

genre absolument incurable »[54]. Une telle posture morale et littéraire aurait dû logiquement s'accompagner d'un silence face au champ politique. L'erreur de Céline fut d'avoir essayé, avec ses pamphlets, de s'évader de cette contradiction, de proposer un remède à la situation irrémédiable où l'avait placé son interprétation de la guerre, d'inventer une cause historique, les Juifs, pour expliquer une malédiction auparavant considérée comme « biologique ». De ce point de vue on pourrait dire que le passage de *Voyage* à *Bagatelles pour un massacre* représente, en même temps qu'une fuite en avant (« S'il faut des veaux dans l'Aventure, qu'on saigne les Juifs ! c'est mon avis ! » — *BM*, p. 319), et même si la formule peut paraître étonnante, un malencontreux sursaut d'optimisme.

Le travail d'écrivain que Céline opère en utilisant le symbole de *La Madelon* est original. Non pas dans son principe, car la littérature est pleine de symboles réécrits, de Don Juan et d'Electre, mais dans son application, car les écrivains n'ont pas coutume de faire intervenir la chansonnette dans le roman philosophique, et seuls quelques grands poètes (Hugo, Verlaine, Apollinaire, Aragon...) ont su faire entrer la chanson populaire dans leur alchimie. Refusant les classifications ordinaires, Céline affirme dans *Qu'on s'explique...*, que « les petits airs en train d'oubli, le tout petit peu de vie qu'ils cachent encore » se trouvent parmi le matériau qu'il « retient, entre ses deux mains » lorsqu'il travaille (*I*, p. 1111). A ses yeux, la vérité est partout écrite, il suffit d'apprendre à lire, et si un texte donne du plaisir, c'est qu'il fait partie de la littérature ; il montre, dans les *Entretiens avec le Professeur Y* une sympathie amusée pour le « lyrisme populaire » et les « chansonniers de l'amour » (*EY*, p. 75-76), et lui-même a composé des chansons, qui furent enregistrées ; il en a également écrit pour les glisser dans ses textes, par exemple « L'Hymne à l'Abattoir » inventé pour *Mea Culpa* (*Mea*, p. 31) et poursuivi sur un autre ton dans *Féérie pour une autre fois* où il encadre la narration (*F1*, p. 70-71 et 311-327).

54. Charles Baudelaire, lettre du 7 avril 1855 à Victor de Mars.

Mais c'est surtout au second degré que Céline a utilisé la chanson populaire, en en inscrivant des citations dans ses récits et ses pamphlets, citations plus ou moins déformées ou parodiques, qui prennent sens par rapport à l'intention du locuteur ou à l'action[55]. On ne s'étonne donc pas qu'il ait pris pour personnage romanesque, dans *Voyage*, un personnage de chanson ; après la seconde guerre, il reprendra ce procédé en le généralisant dans *Féerie pour une autre fois* et surtout dans *Normance* qui met en scène sept personnages d'opérette ou d'opéras célèbres[56]. Le poème populaire, si connu qu'on le croirait anonyme, est en effet un partenaire naturel pour un écrivain qui s'essaie à « transposer le parler en écrit ». Donner la parole, en « libérant » la langue, à ce que cette langue convoie d'idées toutes faites, de préjugés et de sagesses, de fantasmes idéologiques, de violence, etc., ou s'emparer d'une chanson populaire pour faire bien écouter ce qu'elle dit, cela découle de la même conviction que les images parlées par le plus grand nombre contiennent la vérité — une vérité aussi vieille que cette langue, mais toute neuve dans la littérature, qui l'avait exclue jusque-là. Céline a voulu voir dans *La Madelon* la vérité de l'inconscient, traitant cette chanson comme un psychanalyste réfléchirait sur un tel ou tel mythe, ce qui constitue un usage personnel de la méthode psychanalytique, car *La Madelon*, n'étant pas née de la nuit des peuples et des temps, mais sous la plume de Louis Bousquet et Camille Robert en 1914, semblerait plutôt justiciable de l'analyse idéologique ou de l'étude de marché.

Céline résout donc par le recours à la psychanalyse le problème des rapports de la guerre et de l'amour que Barbusse avait déjà posé dans *Clarté* lorsqu'il montrait que l'expérience

55. C'est le cas des trois couplets réécrits dans *Mea culpa* (*Mea*, p. 32, 33, 35), et des huit chansons ou airs d'opérettes qui apparaissent dans *Normance* (*F2*, p. 37, 129, 130-135, 138, 144, 159, 162-164, 167, 169, 242, 261, 267-268, 270, 374).
56. Voir M.-Ch. Bellosta, « *Féerie pour une autre fois I* et *II*, un spectacle et son prologue », dans *La Revue des Lettres modernes. L.-F. Céline*, n° 3, Paris, Lettres modernes, 1978.

de la guerre nous obligeait à modifier notre conception de l'amour. Par rapport à Barbusse, la réponse de Céline est que ce propos est inversable : si la guerre mène à changer radicalement notre compréhension de l'amour, cette nouvelle conception de l'amour modifie en retour la compréhension de la guerre. L'histoire est un cercle vicieux. Mais Céline ne s'appuie pas que sur Freud, sa création intègre aussi un discours qui était déjà formé dans un texte poétique et populaire (donc symbolique), *La Madelon*. On voit que l'art célinien est le contraire de la naïveté, mais aussi que la réflexion célinienne n'est pas une analyse, c'est une consommation de symboles, une consommation de langages, qui tire son profit des discours préexistants et des idées toutes faites.

6. OTTO RANK ET LA PRATIQUE LITTÉRAIRE DU DÉDOUBLEMENT AU SECOND DEGRÉ

Extérieurement à ce propos cohérent centré sur l'hypothèse de la pulsion de mort et utilisant, en amont, la psychanalyse des névroses de guerre, et, en aval, l'étude du sadomasochisme, il semble qu'un autre texte de « l'énorme école freudienne » ait inspiré Céline : *Der Doppelgänger* d'Otto Rank. Cet essai est un modèle d'orthodoxie en matière de psychanalyse appliquée à la littérature et au mythe. L'auteur de *Voyage* ne paraît pas avoir puisé son inspiration dans la partie proprement interprétative de cette étude, mais dans ses pages descriptives où Rank relève les principaux éléments qui composent le thème littéraire du double. Encore serait-il difficile de savoir s'il s'en est remis à cette description ou s'il en est repassé par la lecture de certains des textes dont Rank rend compte, particulièrement la *Nuit de décembre* de Musset, *Le Horla* de Maupassant, *Le Double* de Dostoïevski, *La merveilleuse Histoire de Peter Schlemihl* de Chamisso et *Le Cas étrange du Dr Jekyll et de Mr Hyde* de Stevenson[57].

57. Toutes ces œuvres étaient vraisemblablement connues de Céline. Pour sa connaissance de Musset, voir les lettres à Simone Saintu ; pour son admi-

Robinson est bien un « double » selon les traditions littéraires dont le psychanalyste dresse le bilan. Il réapparaît « partout où j'ai voulu dormir, / Partout où j'ai voulu mourir, /
Partout où j'ai touché la terre », comme écrivait Musset. Bardamu le retrouve partout où le porte son errance, dans la nuit
de la guerre, sur le trottoir de l'avenue Henri-Martin, dans
la nuit d'une case africaine, dans la pénombre de New York,
puis au grand jour à Rancy, à Toulouse, à Vigny. Partout il
précède ou suit le narrateur ; ils se partagent même les faveurs
d'une femme, conformément au schéma remarqué par Rank.
Il obsède Bardamu, qui se sent persécuté par son existence
(« J'en finirais pas », *V*, p. 270), et qui, pour se débarrasser
de sa pression, n'hésite pas à commettre, comme le narrateur
du *Horla*, un coup d'éclat susceptible d'être taxé de folie :
« toujours à propos de Robinson dont j'avais espéré me délivrer par un état de franchise, trouver dans le scandale volontaire la résolution de ne plus le recevoir celui-là, en me faisant
une espèce de scène brutale à moi-même » (p. 274). Le narrateur vend son double, pour mille francs, à l'abbé Protiste,
comme Peter Schlemihl vendait son ombre (p. 339-344). Sa
mort ne le débarrasse pas, bien au contraire, elle a pour lui
fonction d'initiation, le faisant déboucher sur la claire conscience de la logique du suicide : « qu'on n'en parle plus ».
Ce « Robinson de tous les malheurs » (p. 176) rappelle aussi
les observations de Rank dans la mesure où il est l'expression
radicale des mauvais penchants de celui qu'il « double ». Il
réalise tout ce que Bardamu n'ose faire : au front, il déserte ;
en Afrique, il part avec la caisse de la factorerie ; à Rancy,
il se fait payer pour assassiner ; à Toulouse il assassine ; à
Vigny il refuse l'amour et se fait mettre à mort. C'est une
sorte d'hyperbole de la figure du crime, à la fois déserteur,
voleur, assassin, suborneur, et il n'est rien qu'il respecte, ni
son pays, ni son employeur, ni la vieille dame qui lui fait
confiance, ni la jeune fille qui l'a soigné ; il se trouve être ainsi

ration pour Maupassant, *Bagatelles pour un massacre*, p. 215 ; pour l'« histoire
de Chamisso », une lettre à Maurice Lemaître (*BLFC2*, p. 24).

la version hyperbolique de Bardamu, qui ne se fait pas payer pour assassiner, mais pour abandonner son ami blessé, et qui n'assassine pas la vieille Henrouille, mais qui s'enfuit au lieu de lui porter secours (p. 412-413). Par rapport à lui, Bardamu est un être de discours et de demi-mesure.

Nous remarquions plus haut, à propos du passage de *Semmelweis* à *Voyage* et de la reprise inversée des thèmes de l'un dans l'autre que, de la thèse au roman, Destouches-Céline opérait une métamorphose du « Dr Jekyll » en « Mr Hyde », selon une métaphore qu'il employait lui-même. Bardamu est le double satanique du bon Dr Destouches qui soigne et soignera toujours les malheureux. Robinson est le double, plus satanique encore, car actif, de ce double satanique discursif. Transitivement, c'est encore le double de Céline, qui le disait lui-même quand il parlait de *Voyage* comme d'un récit « à la troisième puissance » (cité *supra* p. 132), et lorsqu'il confiait : « Bardamu ? — Ce n'est pas moi, c'est mon double. Mais Robinson aussi »[58]. Ce dédoublement dédoublé représente la distance que l'auteur mesure entre lui et les pulsions dangereuses du moi qu'il décrit : il prête sa plume à un double qui parle mais garde prudemment les mains pures, pour qu'il nous parle d'un qui se tait mais qui tue.

Il ne s'agit pourtant pas de l'auto-analyse d'un écrivain atteint d'un dédoublement de la personnalité, le dédoublement Bardamu-Robinson ne pouvant pas être lu comme celui de Goliadkine dans *Le Double* ou celui du Dr Jekyll. Ici, point de « bon » moi et de « méchant » moi, point de véritable partage des rôles entre les bons et les mauvais penchants du moi, entre l'innocent et le coupable, l'hétérosexuel et l'homosexuel, le courageux et le lâche, le sincère et le traître, etc., comme on l'observe dans une structure véritablement paranoïaque. Bardamu sait qu'il a l'âme aussi noire que Robinson, il ne s'indigne jamais de ses crimes, la seule différence est que l'autre ose faire ce que l'un dit ; le double est la version

---

58. J. C., « Le docteur écrit un roman », *in HER*, p. 211.

« héroïque » du narrateur[59], le héros étant celui qui met en accord ses actes et son système de valeurs.

L'étude d'Otto Rank semble donc mise à contribution en vue d'une plus grande habileté dans la production du texte, pour servir à une mise en abîme toute littéraire. Entre Céline et Bardamu, il y a *Zur Psychoanalyse der Kriegsneurosen* qui « fait délirer Bardamu » dans la logique approximative d'une névrose traumatique ; entre Bardamu et Robinson, il y a *Der Doppelgänger* qui fait raconter à Bardamu « ce qu'il sait de Robinson », mais en sorte que sur ce témoignage pèse un peu de suspicion et d'inquiétude : en l'assortissant d'une mise en scène où sont repris quelques-uns des éléments traditionnellement observés dans les troubles du dédoublement. La folie générale du texte n'est pas fondée sur une paranoïa de Bardamu (non attestée sauf, si l'on veut, dans l'épisode de l'*Amiral-Bragueton*), mais sur le traumatisme de la guerre ; le « qu'on n'en parle plus » n'est pas l'annonce d'un suicide (comme à la fin du *Horla* ou du *Portrait de Dorian Gray*) ni d'un abandon à l'aliénation mentale (comme dans *Le Double*), c'est une proposition lucide, d'ordre philosophique. Le recours à *Der Doppelgänger* peut ainsi s'expliquer par le parti pris d'harmoniser tous les éléments de la narration en leur faisant subir à tous une « freudisation » : tandis que *Zur Psychoanalyse der Kriegsneurosen* pourvoit au comportement psychique du narrateur, et que les analyses freudiennes du sadisme modèlent le personnage de Madelon, *Der Doppelgänger* informe de manière littéraire (et non psychanalytique) le schéma général, dédoublé, de la narration.

Ce schéma dédoublé semble être l'effet, comme dans *Candide*, de l'interrogation philosophique que Céline mène dans son roman. Alors que Candide, à force d'agir et de subir, perdait sa candeur, Pangloss restait fidèle jusqu'au bout à son optimisme. Alors que Bardamu, à force d'hypocrisie, peut passer pour un brave homme aux yeux des autres personnages, Robinson est fidèle dans ses actes à la noirceur du pessimisme.

---

59. Voir citation *supra* p. 20, note 4.

Robinson n'a pas plus de réalité romanesque que Pangloss, pas plus de corps, de visage ni d'intériorité; c'est un cas d'école destiné au traitement d'une question philosophique. Que se passe-t-il, demandait Voltaire, lorsqu'on adopte la position radicale de l'acceptation de ce qui existe et advient? — On finit ses jours entouré d'amis, après avoir été « pendu, disséqué, roué de coups » et avoir « ramé aux galères », mais en étant satisfait de ce passé. Que se passe-t-il, demande Céline, quand on affiche la position radicale du refus de ce qui existe et advient? — On en meurt, mécontent de tout et tué par une femme, preuve qu'on ne peut badiner ni avec l'amour qu'exigent les ovules, ni avec la guerre qu'imposent les généraux de l'inconscient, ni avec le pouvoir qu'exercent les patrons et que convoitent les pauvres, ni avec la vie infecte à laquelle s'accrochent les vieillards : tout cela ne fait qu'un avec la vie infecte du monde et du moi ; à prendre ou à laisser. *Voyage* fait soutenir par Bardamu toute une philosophie du refus, tandis qu'il en montre par Robinson l'impossibilité ; cette contradiction interne sur l'opportunité de la solitude est un des points sur lesquels, nous allons le voir, le problème moral selon Céline ressemble au paradoxe auquel se heurtait deux cent cinquante ans auparavant le moralisme janséniste, et dont Schopenhauer avait lui aussi traité.

7. PENSER L'IMPOSSIBLE

Les emprunts à la psychanalyse sont donc essentiels pour l'écriture de *Voyage au bout de la nuit* et affermissent sa signification philosophique. Ils ne doivent pas surprendre. Au point de vue personnel, les thèses freudiennes devaient rencontrer les curiosités intellectuelles de Céline, qui s'exclamait dans sa vieillesse « J'aurais mieux fait d'être psychiatre ! »[60], et elles l'assistaient peut-être dans ses interrogations sur son

---

60. Claude Bonnefoy, « Dernier adieu à sa jeunesse [...] », *in Arts*, août 1961, repris dans *CC2*, p. 214.

propre fonctionnement mental : rien d'étonnant à ce que la
psychanalyse des névroses de guerre ait intéressé l'ancien
malade de Villejuif, à ce que l'essai de Rank sur le « double »
ait attiré quelqu'un qui se sentait si souvent persécuté, et à
ce que l'hypothèse de la pulsion de mort ait été adoptée par
un homme qui disait « qu'au suicide, il est bien naturel d'y
penser tous les jours », et même : « Je voudrais bien me constituer assez de courage pour me tuer un jour sans hésiter »[61].
Au point de vue littéraire, la psychanalyse offrait les moyens
d'un enrichissement thématique et d'un renouvellement dans
le rapport au monde du narrateur romanesque. C'était l'occasion de faire un coup d'essai qui fût un coup de maître, et
le scandale soulevé quelques années plus tôt par d'autres
manipulateurs de la psychanalyse, les surréalistes, pouvait servir d'encouragement : Céline n'a-t-il pas déclaré que *Voyage*
est le roman que les surréalistes « auraient dû écrire »[62] ? Du
point de vue collectif, la thèse freudienne de l'instinct de mort
et, plus généralement, les révolutions psychologiques que la
psychanalyse apportait répondaient à l'inquiétude de toute sa
génération, revenue du front avec la conviction qu'il fallait
comprendre et reconstruire autrement l'humanité. Car la pulsion de mort permet alors de penser l'insupportable et
l'impossible, cette guerre si atroce qu'elle fut, comme disait
Rodin, « plus qu'une guerre », cette mort que la génération
du feu et du deuil avait regardée en face pendant quatre ans
et voyait revenir.

Un épisode du roman signifie peut-être, de manière
symbolique, l'avantage majeur que Céline a tiré de la psychanalyse. Il met face à face Bardamu et le Dr Baryton, qui se
ressemblent en ce qu'ils sont tous deux fascinés par l'échec
et le vide. La manie que Baryton a de l'impossible (« *How do
you say* « impossible » en *english*, Ferdinand ?... » — *V*, p. 435)

61. J. C., *op. cit.*, HER, p. 211, et lettre à N*** du printemps 1935 (*in*
CC5, p. 126).
62. Lettre sans date, destinataire inconnu, citée par Henri Godard, *in I*,
p. 1285.

est celle qu'exprimait Céline lui-même écrivant à une amie : « hélas seul l'impossible est admirable ! »[63]. Leur fascination s'exprime par le jeu de deux références historiques ; tandis que Bardamu passe le roman à faire des cercles autour de la statue du Maréchal Moncey (voir *infra*, p. 212), héroïque vaincu de 1814, le délire de Baryton se fixe sur l'héroïque vaincu de 1685, Monmouth le Prétendant, dont l'historien anglais Macaulay raconte la défaite (p. 437). Le récit d'aube catastrophique que le narrateur donne pour celui de Macaulay[64] a été réécrit par Céline de manière à constituer un écho de la voix de Bardamu ; c'est Bardamu qui traduit le texte de Macaulay pour Baryton, qu'il compte ainsi « faire disparaître » (p. 431), et le récit de Macaulay est rédigé en sorte qu'il annonce les dernières pages du roman : la rêverie de Monmouth devant la débâcle (« Quand la défaite monte devant lui... Dans la pâleur du matin... Quand la mer emporte ses derniers navires... [...] quand tout le ridicule piteux de notre puérile et tragique nature se déboutonne pour ainsi dire devant l'Éternité [...] » — p. 437) est en quelque sorte la première version de la méditation finale de Bardamu devant le cadavre de Robinson et devant les péniches de l'aube. Ce qui oppose Bardamu et Baryton, ce sont surtout leurs opinions sur la psychanalyse. Baryton est un aliéniste anti-freudien qui « se croit raisonnable » (p. 427) et met en garde le narrateur, en qui il voit un adepte de la psychologie nouvelle, contre le danger de « passer [...] de l'autre côté de l'intelligence » (p. 424). Celui-ci ne répond rien ou « rigole » (p. 421), et il a raison : rira bien qui rira le dernier. Quel que soit son vertige « au bord dangereux des fous » (p. 427), Bardamu résistera à l'appel du gouffre, tiendra bon jusqu'à la dernière ligne, tandis que l'aliéniste anti-freudien, lui, finit par céder à son délire, part très loin et tombe dans le silence, incapable d'écrire plus de « quelques lignes insignifiantes » sur des car-

---

63. Lettre à N*** du 22 octobre 1932, *in CC5*, p. 80.
64. Henri Godard, dans *I*, p. 1248-1249, cite le texte de *L'Histoire d'Angleterre depuis l'avènement de Jacques II* de Macaulay que Céline reprend.

tes postales (p. 436-441, 444). La débâcle du personnage anti-freudien fait ressortir la réussite du personnage pro-freudien, car c'est lui qui survit, qui est censé écrire le livre que nous lisons, il maîtrise (contrôle psychiquement, peut traduire, sait écrire) cet « impossible » devant quoi le personnage anti-freudien se décontenance. Si cet épisode fait commentaire sur la démarche de l'auteur lui-même, il pourrait signifier que la supériorité du « freudisme », c'est que Destouches n'ait pas sombré, et qu'il ait écrit.

CHAPITRE IV

Composantes et implications
du moralisme célinien

Les thèses et savoirs freudiens sont surtout des instruments pour l'auteur de *Voyage au bout de la nuit*; « pour moi tout ce qui se lit n'est que matériel où je prends mon bien », écrivait-il en mars 1933 à Abel Gance (*BLFC9*, p. 61). En 1937, oubliant qu'il avait reconnu en Freud « notre maître à tous », il s'en prendra aux « youtres super-mentaux-menteurs » (*BM*, p. 306) et accusera la gloire de Freud d'être indûment grossie par des médias « enjuivés » : « si Einstein n'était pas youtre, si Bergson n'était pas coupé, si Proust n'était que Breton, si Freud n'avait pas la marque... on en parlerait pas beaucoup ni des uns ni des autres... ça serait pas du tout ces génies qui font lever le soleil !... » (p. 66). Même si cette attaque peut correspondre à un alignement sur la thématique antisémite d'importation allemande, comme *Bagatelles pour un massacre* fait quelques exceptions aux impératifs de la propagande, elle laisse à penser que Céline n'a jamais vraiment adhéré au « génie » de Freud. Dans *Voyage*, il a seulement mis l'acquis freudien au service de sa propre représentation morale du monde, édifiant un des moralismes les plus noirs qui aient jamais existé. Nous allons voir comment ce moralisme mène, littérairement parlant, au choix de l'abjection, et en situation politique, à la prise de position contre-révolutionnaire, quelles pratiques littéraires il induit, et sur quelle sagesse il débouche.

1. CÉLINE, FREUD ET LA BRUYÈRE : UN MORALISME NOIR.

La petite phrase par laquelle le narrateur se réclame de Freud désigne en même temps ce qui l'en sépare ; concluant une conversation où il s'est « lancé dans une définition de son caractère à Robinson », il s'écrie : « De nos jours, faire le "La Bruyère" c'est pas commode. Tout l'inconscient se débine devant vous dès qu'on s'approche » (*V*, p. 397). A un premier niveau, cette réflexion est une allusion amusée à l'opposition entre le « caractère » tel qu'il intéresse le psychiatre et le « caractère » que met au point l'écrivain. Psychanalyse et psychiatrie traditionnelle s'intéressent en effet au « caractère » ; d'un côté Freud publie *Quelques types de caractère dégagés par la psychanalyse* en 1915, texte où il parle de la « résistance caractérielle » — concept sur lequel Reich travaille à partir de 1927, et sa réflexion se totalise en 1933 dans *Charakteranalyse* ; de l'autre côté, Dupré élabore la notion de « constitution morbide », préférant ne pas utiliser le mot « caractère », car la « constitution morbide » ne se confond pas « avec le tour singulier ou les travers dominants de certains esprits, qui ont fourni aux moralistes [...] les modèles de leurs portraits, à la manière de Théophraste ou La Bruyère »[1]. A un second niveau cette allusion plaisante sert à définir la pratique du narrateur célinien : même si « faire le "La Bruyère" c'est pas commode » du fait des progrès de la médecine mentale, c'est à quoi il s'essaie et réussit tout au long de *Voyage au bout de la nuit*.

En premier lieu, Céline « fait le "La Bruyère" » dans le style, et conséquemment dans le ton, de son premier roman. Le recours au « parler populaire » a pu empêcher des lettrés, dépaysés par cette langue, de s'en apercevoir ; mais si on passe outre ce dépaysement, on note des similitudes entre le style de *Voyage* et l'écriture moraliste du XVIIᵉ siècle, d'obédience janséniste, que pratiquèrent à vingt ans de distance La

---

1. *Les déséquilibres constitutionnels du système nerveux* repris *in* E. Dupré, *Pathologie de l'imagination et de l'émotivité*, p. 501.

Bruyère et La Rochefoucauld. L'admiration que Céline vieillissant a affichée pour ces écrivains aide à remarquer leurs
points communs. Il les considère alors comme des « stylistes
formidables » qui « vous enchantent par leur brièveté, leur
concision rapide »[2], et il les confond d'ailleurs au point
d'attribuer indifféremment à l'un ou à l'autre la paternité de
la réflexion « De l'Homme » n° 48 des *Caractères* qu'il se plaît
à citer[3]; il nomme La Bruyère entre Voltaire et Saint-Simon
parmi ceux qui ont « un *goût qui reste — une couleur abso-*
lue »[4] et semble lui envier l'exactitude cruelle de ses traits[5];
de façon plus générale, il s'incline devant les modèles du genre
aphoristique : « Ah que les Chamfort sont rares. Il n'est que
de se relire... »[6].

Ce n'est pas le lieu de décrire l'évolution du style de
Céline, qui engagea le lexique, la syntaxe et la ponctuation,
et dont les paliers majeurs furent sans doute *Mort à crédit*,
Bagatelles pour un massacre, et *Guignol's band*. Observons simplement que le style de *Voyage* représente une première
manière, dont *Mort à crédit* s'écarte sensiblement, une des différences entre ces deux œuvres étant que la seconde fait beaucoup moins de place à ce que l'esthétique classique nommait
le « style coupé ». Innovation technique des écrivains de la
seconde moitié du XVIIᵉ siècle, La Bruyère, La Rochefoucauld, ou certain Pascal, le « style coupé » est fondé sur le
refus de l'éloquence, c'est-à-dire de la période et de ce qui la
caractérise (complexité et amplitude de la coordination ou de
la subordination, richesse de l'appareil rhétorique...), en une
sorte de pari sur l'efficacité de l'économie des moyens. A cet
égard, il y a le même écart entre La Bruyère et Guez de Bal-

---

2. « Entretiens avec J. Guénot et J. Darribehaude », *in CC2*, p. 149.
3. Cette réflexion est la suivante : « Il n'y a pour l'homme que trois événements : naître, vivre et mourir. Il ne se sent pas naître, il souffre à mourir,
et il oublie de vivre. » Céline la cite dans sa réponse à une enquête d'*Arts* en
septembre 1957 (*in CC2*, p. 80) et dans son « Dialogue avec Marc Hanrez »
en mars 1959 (*in CC2*, p. 116-117).
4. Lettre à Albert Paraz du 27 mars 1949, *in CC6*, p. 143.
5. Lettre au même du 15 octobre 1948, *in CC6*, p. 83.
6. Lettre au même du 22 septembre 1947, *in CC6*, p. 33.

zac qu'entre la première manière de Céline et Proust, ou entre
la phrase de *Voyage* et l'ample période de *Nord*, dont le début
continue à être marqué par une majuscule et qui s'étire et
rébondit de « !... » en « ... ». Le style coupé tend à la formulation par fragments insulaires et à l'aphorisme ; la mise à plat
de l'idée, cette exactitude circonscrite à laquelle aboutit la
nudité logique de la phrase, transforme les énoncés en formules lapidaires, si bien que le « style coupé » pourrait aussi
bien être nommé, dans l'ordre affectif, « style coupant » ou
« style cruel », comme le proposait Julien Benda en relevant
chez La Bruyère « l'usage quasi constant du trait, exactement
du trait final et exécutoire »[7]. Illustré par La Bruyère, ce
style triompha au siècle suivant sous la plume de Voltaire et
l'on peut y rattacher celui de *Voyage* comme Benda en rapprochait celui d'Anatole France ou d'Abel Hermant ; admirable support pour les jugements moraux, excluant l'émotion,
ce style est consubstantiel à toute une tradition française où
le moralisme s'exprime avec un ironique détachement.

La pratique du « trait final et exécutoire » est systématique dans *Voyage*. Presque à chaque page, il vient clore une
description, une analyse psychologique, un discours moral,
ou un segment narratif :

> Les gens riches à Paris demeurent ensemble, leurs quartiers, en
> bloc, forment une tranche de gâteau urbain [etc.]. Voilà. C'est le bon
> morceau de la ville. Tout le reste n'est que peine et fumier. (*V*, p. 75)
> [...] Elle en demeurait pensive, éberluée pendant dix minutes environ,
> mais elle se reconstituait tout aussitôt son équilibre [etc.] car il n'y avait
> dans sa vie intérieure aucune place pour le doute et encore moins pour
> la vérité (p. 76).

> J'ai cru longtemps qu'elle était sotte la petite Musyne, mais ce
> n'était qu'une opinion de vaniteux éconduit. [etc.] L'amour c'est
> comme l'alcool, plus on est impuissant et soûl et plus on se croit fort
> et malin, et sûr de ses droits (p. 78).

Souvent, comme dans ce dernier exemple, le paragraphe

---

7. Julien Benda, « Introduction » à La Bruyère, *Œuvres complètes*, Paris,
Gallimard, 1967, « Bibliothèque de la Pléiade », p. XXII.

est construit par rapport à une sentence, soit qu'elle le conclue, soit, plus rarement, qu'elle l'introduise :

> Si les gens sont méchants, c'est peut-être seulement parce qu'ils souffrent, mais le temps est long qui sépare le moment où ils ont cessé de souffrir de celui où ils deviennent un peu meilleurs. La belle réussite matérielle et passionnelle de Mme Herote n'avait pas encore eu le temps d'adoucir ses dispositions conquérantes. [etc.] (p. 74).

La narration est ainsi fractionnée en segments clos, comme si des fragments ressortissant à l'écriture morcelée des moralistes classiques s'enchâssaient dans la matière molle d'un roman-fleuve, avec un va-et-vient constant de l'aphoristique à l'anecdotique. Dans *Mort à crédit*, on observera encore cette technique ; la célèbre formule qui conclut le récit d'un viol, « Elle jugeait bas, elle jugeait juste » (*MC*, p. 526), en est un exemple mémorable ; mais l'aphorisme y sera moins fréquent, et le « trait final » y paraîtra moins dans le cours de la narration pour servir davantage à la clôture des chapitres (une quarantaine de chapitres, soit 25 %, s'achèveront ainsi). L'aphorisme disparaît ensuite de l'œuvre romanesque, du moins dans sa fonction structurante ou de clausule.

Ce style cruel est au service d'une description de l'homme aussi ambiguë chez Céline que chez La Bruyère. S'agit-il bien chez l'un de « créer une image très fidèle de l'homme des villes » et chez l'autre de portraiturer les « mœurs de ce siècle » ? L'universel émerge du singulier, et une nature humaine éternelle s'exhibe à travers toutes les contingences. Céline intègre la métapsychologie freudienne à la description de son siècle comme La Bruyère et La Rochefoucauld intégraient la métaphysique janséniste à la peinture du leur ; il « fait le "La Bruyère" » d'un Freud traité en Grand Arnauld du XXe siècle. Il s'agit pour lui comme pour ces moralistes de jadis d'humilier l'Homme dans l'image qu'il a de soi — « c'est surtout de cela que nous avons besoin, d'humiliations, d'humilité spirituelle, je veux dire », écrit-il le 4 mars 1935 à Eugène Dabit (*BLFC6*, p. 69). Pour ce faire, il réduit toutes les actions des hommes à quelque principe fondamental qui mon-

tre leur misère, cette réduction morale étant marquée dans
le style par les chutes, les sentences, et des dizaines de
« Voilà », « et voilà tout », « en somme » et « somme toute ».
Car le narrateur célinien affiche la certitude d'avoir atteint
le fond des choses, de n'avoir plus rien à discuter, semblable en cela à son créateur qui finira par dire dans *Bagatelles
pour un massacre* que « tout ce qui est compliqué est faux et
pourri » (*BM*, p. 308), et qui écrit le 22 juillet 1935 à Elie
Faure : « Vous ne savez pas tout ce que je sais. [...] Quand
vous serez à l'agonie, vous me comprendrez entièrement et
là seulement. [...] J'ai tout jaugé. Rien de ce que je dis n'est
gratuit. Je sais » (*BLFC6*, p. 71).

Freud, qui n'en peut mais, est ainsi transformé en pour-
voyeur de vérités péremptoires. Trois de ses découvertes révolutionnaires sont moralisées : celle de l'instinct de mort, celle
que ses adversaires appelaient son « pansexualisme », enfin
celle selon laquelle la libido est tout d'abord entièrement
concentrée dans le moi (thèse exposée en 1914 dans l'« Introduction à l'étude du narcissisme »). Sur la moralisation de la
première, il est inutile de s'attarder ; comme Georges Bataille
le remarquait, le leitmotiv célinien de la mort « ne diffère pas
fondamentalement de la méditation monacale devant un
crâne »[8].

Concernant l'observation freudienne de la libido, qui
devrait mener tout écrivain qui parle de sexe avec quelque
teinture de psychanalyse à n'en parler ni en bien, ni en mal,
comme d'une force, nous avons vu que le principe de plaisir est omniprésent dans le roman, mais il l'est toujours de
manière péjorative — si bien qu'un lecteur d'aujourd'hui
s'étonne de ce que des critiques de 1932 aient évoqué Rabelais ou Shakespeare pour rendre compte de la présence du sexe
dans son roman. Lorsque le vocabulaire de la sexualité est
employé dans *Voyage*, à travers un certain nombre de compa-

---

8. Georges Bataille, « L.-F. Céline, *Voyage au bout de la nuit* », in *La Critique sociale*, janvier 1933, repris dans J.-P. Dauphin, *Les critiques de notre temps
et Céline*, p. 29-30.

raisons ou de métaphores, il vise à la disqualification ; par exemple : « j'avais l'âme débraillée comme une braguette » (*V*, p. 233). L'onomastique obscène a toujours une fonction dégradante, qu'il s'agisse des noms d'hommes (Puta, Birouette...), ou des noms de lieux (*Papaoutah*, Fort-Gono, San Tapeta...). Les mots de la sexualité étant ainsi sans cesse dégradés ou dégradants, on ne saurait considérer la pornographie de *Voyage* comme une fraîche et joyeux transgression de l'interdit ; les besoins sexuels demeurent « les parties honteuses de l'âme » (p. 359) ; l'obscénité a pour l'auteur lui-même valeur d'obscénité, elle « a le sens d'un rejet de la dignité humaine », pour reprendre les termes de Bataille sur le langage ordurier[9]. Nous sommes loin d'un propos moderne, et tout près de la culpabilité qui s'exprimait dans la condamnation chrétienne de la chair.

Le sort que Céline fait au concept freudien de « narcissisme » est tout aussi moralisateur. On le voit dès la première page : « Rien n'est changé en vérité. Ils continuent à s'admirer et c'est tout ». Il n'est pas de sentiment humain où ne gise, selon lui, cet amour que l'homme a de lui-même ; son chagrin pendant l'enterrement d'un ami ne résiste pas aux réflexions intéressées qui lui viennent sur son héritage ou sa veuve (*V*, p. 48), il n'y a pas de conversation, seulement des monologues complaisants, pas de couple, seulement l'association de solitudes mal supportées (cf. p. 292), etc. Ce qui mène les hommes, c'est l'égoïsme, l'intérêt, l'amour de soi, physique (« nous n'adorons rien de plus divin que notre odeur », p. 337) et moral : « Il n'y a pas de vanité intelligente. C'est un instinct. Il n'y a pas d'homme non plus qui ne soit pas avant tout vaniteux » (p. 122). Cette étrange notion célinienne d'« instinct de vanité » représente l'amalgame que Céline fait subir à l'héritage freudien. Décrivant le « narcissisme » avec un vocabulaire de la « vanité » et donnant à toute action le mobile jadis nommé « amour-propre », il fait basculer la

9. Georges Bataille, *L'Érotisme*, Paris, UGE, 1965, « 10/18 », p. 152. Le sens que Bataille donne au « langage ordurier » (« L'érotisme, le Mal et la déchéance sociale », p. 151-153) semble convenir au cas de Céline.

réflexion dans le propos chrétien sur la *natura lapsa* ; le jansénisme montrait de la même manière que, quelles que soient les vertus humaines, ce ne sont jamais que de fausses vertus, parce qu'elles procèdent de « l'amour-propre ». Le texte autorise ce rapprochement dans la mesure où le mot « amour-propre » y est employé une fois dans le sens que lui donnait l'âge classique (p. 299), et où la perte de l'amour-propre (au sens banal d'estime de soi) est donnée pour essentielle à la posture du narrateur : la perte de l'amour-propre le distingue du reste de l'humanité et fonde l'unicité de sa parole. L'épisode de l'*Amiral-Bragueton* a pour centre ce paragraphe :

> Graduellement, pendant que durait cette épreuve d'humiliation, je sentais mon amour-propre déjà prêt à me quitter, [...] et puis [...] m'abandonner tout à fait, pour ainsi dire officiellement. On a beau dire, c'est un moment bien agréable. Depuis cet incident, je suis devenu pour toujours infiniment libre et léger, moralement s'entend. C'est peut-être de la peur qu'on a le plus souvent besoin pour se tirer d'affaire dans la vie. Je n'ai jamais voulu quant à moi d'autres armes depuis ce jour, ou d'autres vertus (p. 121).

On peut le lire comme la parabole de la division que Céline a fait subir à « l'amour-propre » de son narrateur : sommé par les circonstances de choisir entre ses deux composantes, la conservation physique du moi et l'estime de soi, Bardamu a sacrifié la seconde aux besoins de la première. Dans cette optique, il est le martyr de la situation que la société lui a faite, et la moitié d'un saint : ayant renoncé à l'estime de soi, il peut dire la vérité sur les fausses vertus de l'Homme. Sa lettre à Paraz du 24 février 1951 reflète la même compréhension du narcissisme : « C'est drôle la vanité quelle fabricante de monstres ! plus que l'intérêt je crois, plus que le sexe — plus que tout — La Rochefoucauld avait raison mais le narcissisme c'est l'instinct de conservation alors ? Pas surprenant » (*CC6*, p. 302). Ce « Pas surprenant » contient tout le fatalisme classique du moralisme célinien : le mal est consubstantiel à la vie.

Cela fait de *Voyage* un édifice paradoxal comme *Les Caractères* de La Bruyère ou les *Maximes* de La Rochefoucauld :

celui qui dénonce les vices humains les donne en même temps pour inévitables. L'adage célinien « L'Homme il est humain à peu près autant que la poule vole » (*Mea*, p. 43) est analogue à la réflexion liminaire de « De l'Homme » dans *Les Caractères* : « Ne nous emportons point contre les hommes en voyant leur dureté, leur ingratitude, leur injustice, leur fierté, l'amour d'eux-mêmes, et l'oubli des autres : ils sont ainsi faits, c'est leur nature, c'est ne pouvoir supporter que la pierre tombe ou que le feu s'élève ». Dans ces conditions la vitupération contre la société se condamne aux ressassements de l'amertume : à quoi bon dénoncer les abus sociaux, s'ils ne font que refléter la nature mauvaise de l'homme ?

2. CÉLINE, FREUD, DIEU, ROBINSON, VIGNY ET LES AUTRES : LE CHOIX DE L'ABJECTION ET L'HÉROÏSME DE LA HAINE.

Si le paradoxe du moralisme est le même, la situation de l'Homme a évidemment empiré depuis le XVIIᵉ siècle, car le jansénisme sortait de l'impasse en renvoyant la balle dans le camp de Dieu ; il portait en creux la nécessité de la grâce. Plusieurs lecteurs chrétiens voulurent dresser de même, à l'arrière-plan de *Voyage*, l'ombre rédemptrice de la croix. Ainsi Daudet, estimant qu'une crise religieuse pourrait mettre un terme à ce piétinement dans la misère : « par l'excès même de son terrestre et de son charnel, il est plus proche du surnaturel, le Dʳ « Céline », qu'il ne le croit, et je l'attends à l'heure [...] où explosera en lui le besoin [...] de donner un sens à la vie »[10]. Deux ou trois expressions du roman, comme les mots « cocu d'infini » (*V*, p. 337) pour désigner l'homme, pouvaient leur laisser un espoir. Un semblant d'espoir seulement, car il ne fait pas de doute qu'aux yeux de Céline, le Mal ne connaissait pas de rédemption : « Non, je ne crois pas du tout, non, non, je ne crois pas du tout, non,

10. L. Daudet, « L.-F. Céline : *Voyage au bout de la nuit* », *in* J.-P. Dauphin, *Les critiques de notre temps et Céline*, p. 24.

non, non, non, je ne crois pas en Dieu », répondra-t-il plus
tard à ceux qui jugeront utiles de lui poser la question[11].
Mais le narrateur de *Voyage* n'est pas seulement incroyant,
il assume son dire comme antichrétien.

En faisant proclamer l'existence de la pulsion de mort
devant l'abbé Protiste (*V*, p. 337), Céline dresse en effet face
à face deux systèmes qui s'excluent ; Bardamu « agace Protiste avec [ses] philosophies contraires à ses convictions religieuses » et il rejette sa foi d'un mot : « Des convictions
comme ça c'est pas supportable » (p. 380-381). Céline
s'oppose au christianisme non seulement dans sa compréhension de la mort, mais aussi par des éléments que lui ont inspirés *Malaise dans la civilisation* de Freud.

La définition que Bardamu donne à Protiste du « bonheur » (« Le bonheur sur terre ça serait de mourir avec plaisir, dans du plaisir... Le reste c'est rien du tout, c'est de la
peur qu'on n'ose pas avouer, c'est de l'art » — *V*, p. 380) rappelle le chapitre II de cet ouvrage. Freud y explique que le
« bonheur » est « irréalisable », étant donné que le désir de
bonheur est l'expression du principe du plaisir, que l'homme
vit dans la durée, et que le « bonheur, au sens le plus strict,
résulte d'une satisfaction plutôt soudaine de besoins ayant
atteint une haute tension »[12] ; il dresse alors la liste des
« techniques vitales » par lesquelles l'homme tend « à l'immunité contre la souffrance » (l'« art », comme dit Bardamu, en
fait partie), et termine par une attaque de la religion qui
« porte préjudice à ce jeu d'adaptation »[13]. La question
essentielle qui oppose Bardamu au christianisme est celle de
l'« amour » et de la « haine », et là interviennent les chapitres IV et V de *Malaise dans la civilisation*. Dans le chapitre IV, Freud montre tous les sacrifices que la civilisation
impose à l'individu en lui faisant intégrer les interdits sexuels

---

11. « Interview avec Louis Pauwels et André Brissaud », printemps 1959,
in CC2, p. 127.
12. S. Freud, *Malaise dans la civilisation*, p. 20.
13. *Ibid.*, p. 31.

alors qu'à l'origine Eros est immense et ne choisit pas. C'est cette libido d'avant le refoulement que Bardamu fait parler lorsqu'il s'écrie : « La jeunesse vraie, la seule, Curé, c'est d'aimer tout le monde sans distinction » (p. 379). Au chapitre V, Freud analyse le précepte fondamental du christianisme, « Tu aimeras ton prochain comme toi-même » ; en vérité l'homme est un loup pour l'homme, son instinct de destruction est tel qu'il est « tenté de satisfaire son besoin d'agression aux dépens de son prochain, d'exploiter son travail sans dédommagements, de l'utiliser sexuellement sans son consentement, de s'approprier ses biens, de l'humilier, de lui infliger des souffrances, de le martyriser et de le tuer »[14] ; l'amour d'autrui n'est pas naturel, « pour être sincère, je dois reconnaître qu'il a plus souvent droit à mon hostilité et même à ma haine. Il ne paraît pas avoir pour moi la moindre affection » ; et Freud admire Heine d'avoir osé refléter une « vérité psychologique rigoureusement réprouvée » en écrivant : « certes on doit pardonner à ses ennemis, mais pas avant qu'ils soient pendus »[15]. La civilisation ne se maintient que par le refoulement de cette haine ; d'où l'utilité du précepte chrétien pour son économie. C'est cette haine d'avant le refoulement, ce ressentiment hostile au pardon des offenses que Bardamu exprime tout au long du roman : « Le courage ne consiste pas à pardonner, on pardonne toujours bien de trop ! » (p. 212).

La signification philosophique du moralisme de *Voyage* se joue donc dans une dialectique constante entre psychanalyse et christianisme : nous avons remarqué d'abord que Bardamu décrivait le « narcissisme » freudien en accusant en lui la « vanité », c'est-à-dire en y associant la culpabilité chrétienne ; nous observons à présent qu'il refuse la morale chrétienne en proclamant un refus du pardon, qui d'après Freud est l'expression naturelle de notre moi, et que le christianisme refoule. C'est peut-être en souvenir de cet affrontement de

14. *Ibid.*, p. 64-65.
15. *Ibid.*, p. 62-63.

pensée qu'il écrira dans *Bagatelles pour un massacre* ce minus-
cule chapitre : « Le Dr Faust parle avec le Diable. Le D^r
Freud parle avec Dieu. Tout va très bien » (*BM*, p. 307).
Quant au Dr Céline, il parle avec nous et semble persuadé
que sa parole appartient à l'espace du sacré.

   Lorsqu'il affirme ne pas croire en Dieu, Céline ne s'en dit
pas moins mystique : « certainement que je suis mystique.
Mais le bon Dieu, eh bien ! mon Dieu, il n'a pas l'air de
s'intéresser beaucoup aux choses qui m'intéressent »[16].
Quand Mauriac lui écrit en janvier 1933, à propos de *Voyage*,
une lettre aujourd'hui perdue, Céline lui répond :

> Vous venez de si loin pour me tendre la main qu'il faudrait être
> bien sauvage pour ne pas être ému par votre lettre.
> Que je vous exprime d'abord toute ma gratitude un peu émerveil-
> lée par un tel témoignage de bienveillance et de spirituelle sympathie.
> Rien cependant ne nous rapproche, rien ne peut nous rapprocher ;
> vous appartenez à une autre espèce, vous voyez d'autres gens, vous
> entendez d'autres voix. Pour moi, simplet, Dieu c'est un truc pour pen-
> ser mieux à soi-même et pour ne pas penser aux hommes, pour déser-
> ter en somme superbement.
> Voyez combien je suis argileux et vulgaire ! (*BLFC6*, p. 30)

   Son refus de croire en Dieu recouvre une volonté de ne
vivre la spiritualité que dans la communauté des hommes :
non comme une aventure individuelle vers une transcendance,
mais dans l'épaisseur de « l'argile » humaine. Si l'on en croit
le statut qu'il donne à son narrateur dans l'épisode de
l'*Amiral-Bragueton*, il faut imaginer Céline conscient d'assurer
dans la collectivité, avec son choix de dire l'abjection, une
fonction religieuse :

> Je tenais, sans le vouloir, le rôle de l'indispensable « infâme et répu-
> gnant saligaud » honte du genre humain qu'on signale partout au long
> des siècles, dont tout le monde a entendu parler, ainsi que du Diable
> et du Bon Dieu, mais qui demeure toujours si divers, si fuyant, quand
> à terre et dans la vie, insaisissable en somme. [...] Une véritable réjouis-
> sance générale et morale s'annonçait à bord de l'*Amiral-Bragueton*.
> « L'immonde » n'échapperait pas à son sort. C'était moi (*V*,
> p. 114-115).

---

16. « Interview avec L. Pauwels et A. Brissaud », *in CC2*, p. 127.

En tant que fable philosophique, cet épisode signifie que c'est la collectivité qui accule l'individu à l'abjection, que l'abjection est le désir même, sadique, de la société, qu'il y a dans l'oppression sociale, dans la misère, un principe de déchéance morale ; il n'y a rien à faire contre, car nous sommes « embarqués », sur l'*Amiral-Bragueton* aussi bien que chez Pascal ; se soumettre à cette déchéance sans accepter de se comprendre déchu, ce serait supposer qu'il existe autre chose que l'humanité, sa réalité et son histoire ; abandonner l'« amour-propre », adhérer à la misère au point de se faire le récitant de l'abjection, comme Bardamu choisit alors de le faire, c'est entretenir avec l'être de la collectivité une circulation, un échange, dont la nature et le fonctionnement sont religieux[17]. On pourrait dire de cette vision-là qu'elle est une mystique sociale, où la société des hommes est éprouvée comme une église sans partenaire divin (le titre de la pièce *L'Église* peut également s'interpréter ainsi); la mission de l'écrivain est d'assumer de façon médiumnique, tout le temps qu'il écrit, cette abjection qui est la forme extrême du lien social.

Mais Bardamu n'est pas seulement le récitant de l'abjection ; il sait qu'en la faisant parler, il participe aussi à la circulation de la haine : il en fait l'aveu dans un paragraphe singulièrement mis en page, placé entre guillemets comme une voix autonome, alors que c'est la voix du « je » qui s'adresse au lecteur :

« Attention, dégueulasses ! Laissez-moi faire des amabilités encore pendant quelques années. Ne me tuez pas encore. Avoir l'air servile et désarmé, je dirai tout. Je vous l'assure et vous vous replierez d'un coup alors comme les chenilles baveuses qui venaient en Afrique foirer dans ma case et je vous rendrai plus subtilement lâches et plus immondes encore, si et tant que vous en crèverez peut-être enfin. » (*V*, p. 244)

17. Voir l'analyse du roman par G. Bataille, *in* J.-P. Dauphin, *Les critiques de notre temps et Céline*, p. 29-30.

Le narrateur le réaffirmera dès le premier chapitre de *Mort à crédit* :

[...] Je pourrais moi dire toute ma haine. Je sais. Je le ferai plus tard s'ils ne reviennent pas. J'aime mieux raconter des histoires. J'en raconterai de telles qu'ils reviendront, exprès, pour me tuer, des quatre coins du monde. Alors ce sera fini et je serai bien content (*MC*, p. 512).

La haine deviendra ensuite le mode de communication avoué de l'écrivain. Il affirme en 1948 qu'elle aussi a une dimension mystique : « On communique parfaitement avec l'au-delà par la haine. Pas besoin de diables. L'homme est un démon. L'enfer est ici »[18]. En 1957, il définit l'argot, un de ses outils privilégiés, comme un instrument de la haine, car « l'argot ne se fait pas avec un glossaire, mais avec des images nées de la haine, c'est la haine qui fait l'argot. L'argot est fait pour exprimer les sentiments vrais de la misère »[19]. Il confie également : « pour tout avouer, si je me suis mis tant de gens à dos, l'hostilité du monde entier, je ne suis pas très certain que ça ne soit pas volontairement »[20].

Un regard sur la suite de l'œuvre permet d'observer que les rapports de Céline avec le christianisme resteront marqués par cette ambivalence que nous décelons dans *Voyage au bout de la nuit* ; il est à la fois dehors et dedans, il s'en sert, mais cherche à le détruire. Il tombe d'accord avec lui sur deux points essentiels. D'une part, l'Église a raison de dire que la nature humaine est abjecte — c'est la page célèbre de *Mea culpa* :

La supériorité pratique des grandes religions chrétiennes, c'est qu'elles doraient pas la pilule. [...] Elles saisissaient l'Homme au berceau et lui cassaient le morceau d'autor. Elles le rencardaient sans ambages : « Toi petit putricule informe, tu seras jamais qu'une ordure... De naissance tu n'es que merde... [...] » (*Mea*, p. 37).

18. Lettre à Clément Camus du 7 juin 1948, *in BLFC9*, p. 142.
19. « L'argot est né de la haine. Il n'existe plus », propos recueillis dans *Arts* du 6-12 février 1957, repris in *CC1*, p. 172.
20. « Entretien avec A. Zbinden », *in II*, p. 938.

D'autre part, il partage avec elle l'obsession du *memento mori* :

> [...] Il [l'homme] corrige alors ses pensées lucides par l'alcool et la bouffe, puis le voyage, l'auto, toutes ses façons de tromper sa lucidité... Il n'est plus lucide. Il va dans les académies, au théâtre. On lui remue la tête — à l'opposé de ce qu'on essaie de faire chez les religieux. Là on répète tout le temps : « Attention ! ce n'est pas ça, la réalité de sa mort ! » Il vieillit dans sa tombe. (Sa place, à l'homme, évidemment, est à coucher dans son cercueil tous les soirs.)[21]

En même temps, on trouve dans les pamphlets antisémites une attaque virulente de l'Église catholique, « vieille sorcière judaïque » (*ÉC*, p. 266), coupable d'avoir béni le « métissage » de l'Europe, et surtout d'avoir désarmé, avec son masochisme servile, les forces viriles des « Aryens » — accusation qui coïncide avec un des éléments pseudo-nietzschéens de la propagande nazie. C'est assurément *L'École des cadavres* qui va le plus loin dans cette thématique puisqu'elle se présente d'emblée comme une diatribe antichrétienne avec son épigraphe « Dieu est en réparation » et sa dédicace « À Julien l'Apostat » (l'empereur romain qui abjura la foi chrétienne pour promouvoir un culte syncrétiste du Soleil dont la svastika était l'un des symboles). Les pamphlets marquent une régression par rapport à *Voyage au bout de la nuit* ; dans le roman, le Mal a une origine naturelle, c'est le « narcissisme » formant couple avec l'instinct de mort — et de nouveau, dans les interviews d'après-guerre, le Diable sera apolitique : « c'est pas le bon Dieu qui gouverne, c'est le diable... [...] la nature est dégueulasse »[22]. Dans ses pamphlets Céline cède à la tentation d'identifier le Diable, ce Diable dont Freud disait, dans *Malaise dans la civilisation*, qu'il n'était qu'un « subterfuge », remplissant dans le système chrétien « cette même mission de "soulagement économique" que le monde où règne l'idéal aryen fait remplir au Juif »[23]. Déjà, dans *Les derniers jours de*

---

21. « Dialogue avec M. Hanrez », *in CC2*, p. 117.
22. « Entretiens avec J. Guénot et J. Darribehaude », *in CC2*, p. 166.
23. S. Freud, *Malaise dans la civilisation*, p. 75.

Semmelweis, le Dr Destouches ne voyait pas d'autre explication aux obstacles rencontrés par son héros que des puissances surhumaines qu'il désignait sous le nom de « diable » : « le
diable existe quelque part ! » (*DJS*, p. 85). Ce diable, le
pamphlétaire le localise en 1936 dans la révolution communiste où il croit reconnaître « le principe du diable » de « bra-
quer l'Homme sur la matière » (*Mea*, p. 38), puis, en 1937,
dans la race juive corruptrice de l'univers. Le début de *Bagatelles pour un massacre* le dit sous le couvert de l'apologue,
dans « Naissance d'une fée » et « Voyou Paul. Brave Virgi-
nie »[24]. Se dilatant encore, le Diable se confond avec l'histoire, qui n'est elle-même que le triomphe des Juifs, par
exemple lorsque *Les Beaux draps* nous montrent Dieu se
réjouissant de la pire horreur, en l'occurrence la Révolution
d'octobre : « c'est le Musette "Marteau-Faucille" à l'abattoir
du Grand Judas. On rigole bien, on est en sang. C'est plus
de la petite Carmagnole. C'est la sarabande du Tonnerre ! que
Dieu lui-même est au plaisir, que le Diable lui passe les
cymbales ! [...] que toute la terre convulse ! » (*BD*, p. 110).
Pour Céline, s'il existe une force surhumaine qui détermine
l'humanité, c'est celle du mal, mais son adhésion au christianisme n'est jamais qu'utilitaire : « Dieu », le « Paradis », le
« Diable » ne sont que des façons de parler commodes, symbo-
liques et parodiques. On en trouve un exemple dans l'épisode
de *D'un château l'autre*, où un fou costumé en évêque d'Albi,
qui bénit et rebénit les foules affolées et se dit « évêque
cathare » « persécuté depuis 1209 », veut absolument convaincre le narrateur de catharisme (*CA*, p. 189-192) ; cette bouffonnerie est lourde de sens : pour Céline, la seule théologie
qui serait à la mesure de l'horreur historique est l'hérésie des

24. Ces deux ballets ont été réédités dans *CC8*. Depuis l'*Essai de psycho-
critique de L.-F. Céline* d'Albert Chesneau (Paris, Lettres Modernes, 1971), on
les lit comme des apologues antisémites. L'existence du Diable y est essentielle ;
son serviteur humain est une « sorcière » de race inférieure au regard du racisme
nazi, tzigane dans le premier, noire dans le second. Dans « Naissance d'une
fée », le maître du jeu est le « diable-cocher, maître de ballet » dont l'apparence
est celle du juif selon les antisémites.

cathares, ceux qui estimaient que le Démon est supérieur en puissance au Dieu bon, et même, pour certains, qu'il créa la Terre.

Mais quel rapport un individu conscient de sa déchéance pourrait-il entretenir avec la société du mal, si cet individu n'est pas, comme Bardamu, seulement un être de langage ? *Voyage au bout de la nuit* répond à cette question à travers la destinée du second double de l'écrivain, Robinson. Ce personnage « héroïque en son genre » est le héros de la solitude, de la haine et du suicide. Le nom de Robinson indique assez que c'est le héros de la solitude, mais Céline renverse le mythe de Defoe. Crusoé vivait la solitude comme une épreuve terrible, ne la supportait que par un effort de sa conscience morale, en retournant à la *Bible*, en mimant dans son isolement les comportements sociaux et économiques. La vie du Robinson célinien tend à prouver que le misérable est aussi seul au sein de la société (à l'armée, au travail, dans le couple...) que sur une île déserte. Le véritable héroïsme consiste donc non point à supporter passivement, mais à revendiquer comme un choix la solitude et l'abjection à laquelle la société condamne le misérable — c'est ce que fait Robinson, refusant quelque accommodement que ce soit avec la collectivité, même s'il a la chance de trouver en chemin « le bonheur bourgeois, une petite maison, une épouse câline, des poissons rouges » (cité *supra*, p. 72). S'il est « héroïque », le misérable sait qu'il n'a de rapport avec la communauté que par la violence qu'elle exerce sur lui ou qu'il exerce contre elle ; il ne communique avec elle que par la haine : Robinson accumule les crimes et défie l'ordre social jusqu'à ce que sa fiancée le tue. La même logique avait mené le moralisme du XVIIᵉ siècle à traiter le problème d'une « misanthropie » qui fuyait au désert l'approche des humains ; le Robinson de *Voyage au bout de la nuit* est plus encore lycanthrope que misanthrope et préfère inaugurer le « temps des assassins ». Le roman nous montre en même temps que cet héroïsme est impraticable, non seulement parce que la société se défend et vous tue, mais parce que l'homme n'a pas d'être en dehors d'elle ; la solitude n'est qu'un apprentissage de la mort (*V*, p. 380), le solitaire ne peut que céder au courant suicidaire de sa « débine » mentale (p. 296), on ne survit que par le contact social : une fois arrivé au « bout du monde », « il faut retourner là où tout recommence, il faut revenir avec eux » (p. 328).

Cet héroïsme de la haine pratiqué par Robinson est, dans l'ordre de l'action, l'équivalent de ce qu'est la parole mystique de Bardamu dans l'ordre du discours. Céline commente lui-même la morale que son roman propose, en se servant une nouvelle fois d'une référence culturelle : en faisant mourir son héros de la solitude sur une route qui mène à « Vigny ». Nous savons que l'œuvre de cet écrivain lui était familière, car on la retrouve à l'arrière-plan d'au moins deux images récurrentes de *Féerie pour une autre fois* (où un vers du « Cor » est cité — *F1*, p. 167) : le mythe du chevalier Roland selon « Le Cor » et l'image du soldat-gladiateur venue de *Servitude et grandeur militaires*. Au hasard d'une interview de 1936, il laisse paraître son « respect » pour Vigny, sur lequel il répond « gravement » que « c'était un homme bien, très bien »[25]. Vigny avait de quoi passer pour un homme « très bien » aux yeux de Céline : autre nostalgique athée du jansénisme, commentateur sans plainte du « silence éternel de la divinité », homme de fidélité et de devoir, aristocrate nanti d'une tour d'ivoire intérieure imprenable, mais qui jamais ne s'exila de son époque, promoteur du messianisme romantique et de la métamorphose des symboles... Auquel de ces traits allait la préférence de Céline, nous l'ignorons, mais son fantôme dans *Voyage* indique qu'en décrivant l'homme comme une créature déchue et désenchantée, comme un « cocu d'infini » qui verse logiquement au suicide et n'a pour dignité que la revendication totale de la condition humaine — ici dignité de l'abjection et de la haine — il avait conscience de travailler dans la suite du romantisme, son messianisme fût-il à rebours.

25. Anne Fernier, « Audiences. L.-F. Céline et les jeunes filles », *Vendredi*, 4 septembre 1936, repris dans *CC1*, p. 108-109.

3. CÉLINE, FREUD ET BARBUSSE :
   LA DIALECTIQUE DE LA RÉVOLUTION
   ET DU BIOLOGISME CONTRE-RÉVOLUTIONNAIRE.

Le recours à la psychanalyse permet donc à Céline d'user de la science moderne pour édifier un des moralismes les plus noirs qui se soient jamais exprimés. Nous avons vu que son texte n'est *ni* freudien *ni* chrétien parce qu'il est *et* l'un *et* l'autre : « faire le "La Bruyère" » en utilisant l'acquis freudien lui permet de désespérer et d'humilier doublement l'homme, de désarmer ce que le freudisme pouvait avoir de libérateur en y accolant la culpabilité chrétienne, et de désarmer l'espoir chrétien par un discours de l'abjection qui trouvait dans la psychanalyse sa justification. Si l'on observe à présent la situation dans laquelle se trouvait la pensée européenne au moment où est écrit *Voyage au bout de la nuit*, on remarque que le recours à Freud a également une autre fonction tactique : par lui, Céline s'inscrit dans le débat brûlant qui oppose psychanalyse et révolution au tout début des années 30. Il souhaitait d'ailleurs que le lecteur s'en rende compte, puisqu'il se plaçait publiquement sous la double influence de Barbusse et de Freud.

Dès 1915, avec l'hypothèse de la pulsion de mort, il était évident que la métapsychologie freudienne pouvait constituer un précieux renfort pour les idéologies conservatrices ; mais ce fut en 1930 à l'occasion de *Das Unbehagen in der Kultur* que le grand public s'en avisa. *Monde* en avertissait quant à lui ses lecteurs, au nombre desquels était Céline, par un long compte-rendu le 20 septembre 1930. Mais c'est par Reich, en juillet 1932, que le scandale éclata au sein même de la communauté psychanalytique ; au début de l'article « Der masochistische Charakter » dans lequel il réfute la théorie de Freud sur les « pulsions de mort », Reich définit en ces termes l'aspect aventuré et conservateur de cette théorie :

[...] La nouvelle formule [du conflit névrotique établie par Freud] était fondée sur la nouvelle hypothèse d'une opposition entre Eros et Thanatos, reléguant de plus en plus à l'arrière-plan le rôle de la frustration et de la répression exercée par le monde extérieur. A la question sur l'origine de la souffrance on répondait maintenant : « La souffrance a son origine dans la volonté biologique de souffrir, dans la pulsion de mort et dans le besoin de châtiment ». Cette réponse avait supplanté la réponse correcte : « La souffrance a son origine dans le monde extérieur, dans la société répressive ». La nouvelle formule négligeait les incidences sociologiques que la première formule du conflit psychique avait mises en avant ! La théorie des pulsions de mort, de la volonté biologique d'auto-destruction conduit vers une philosophie de la civilisation que Freud a définie dans son ouvrage *Das Unbehagen in der Kultur*, philosophie tendant à prouver que la souffrance humaine est inévitable, puisque les tendances auto-destructrices de l'individu sont indéracinables[26].

De fait, au détour de ses réflexions sur le « malaise dans la civilisation », Freud s'engage explicitement contre la révolution communiste, en s'attaquant à ce qu'il prétend être ses présupposés :

> Les communistes croient avoir découvert la voie de la délivrance du mal. D'après eux, l'homme est uniquement bon, ne veut que le bien de son prochain ; mais l'institution de la propriété privée a vicié sa nature. La possession des biens confère la puissance à un seul individu et fait germer en lui la tentation de maltraiter son prochain ; celui qui en est dépouillé doit donc devenir hostile à l'oppresseur et se dresser contre lui. Lorsqu'on abolira la propriété privée, qu'on rendra toutes les richesses communes et que chacun pourra participer aux plaisirs qu'elles procurent, la malveillance et l'hostilité qui règnent parmi les hommes disparaîtront. Comme tous les besoins seront satisfaits, nul n'aura plus aucune raison de voir un ennemi en autrui, tous se plieront bénévolement à la nécessité du travail. La critique économique du système communiste n'est point mon affaire [...]. En ce qui concerne son postulat psychologique, je me crois toutefois autorisé à y reconnaître une illusion sans consistance aucune. En abolissant la propriété privée, on retire, certes, à l'agressivité humaine et au plaisir qu'elle procure l'un de ses instruments [...]. En revanche, on n'a rien changé aux différences de puissance et d'influence dont l'agressivité abuse, non plus qu'à la nature de celle-ci. [...][27]

La lecture de cette page de Freud a laissé sa trace dans

26. Wilhelm Reich, *L'Analyse caractérielle*, Paris, Payot, 1976, « Petite Bibliothèque Payot », p. 205-206.
27. S. Freud, *Malaise dans la civilisation*, p. 66-67.

une phrase de *Voyage au bout de la nuit* que nous examinerons plus tard avec son contexte (*infra*, p. 247), ainsi que dans *Mea culpa*. Dans ce petit pamphlet, Céline affiche une fausse neutralité politique et invite « Popu » à « abolir » les « privilèges » pour le plaisir de constater que cela ne changera rien :

[...] deux races si distinctes ! Les patrons ? Les ouvriers ? C'est artificiel 100 pour 100 ! C'est question de chance et d'héritages ! Abolissez ! Vous verrez bien que c'étaient les mêmes... Je dis les mêmes et voilà... On se rendra compte... (*Mea*, p. 36-37).

Au lendemain de la publication de son premier roman, Céline prend clairement position dans le débat qui oppose psychanalyse et révolution en se prononçant pour la première contre la seconde. On le voit dans l'*Hommage à Zola*[28]. A ce moment-là, Hitler accède au pouvoir en Allemagne, et l'on a l'impression que le romancier prend aisément son parti du triomphe du fascisme en s'appuyant sur les notions freudiennes. De même, lorsqu'écrivant à Elie Faure fin mai 1933, il oppose des arguments pseudo-psychanalytiques à l'antifascisme de ce dernier :

[...] Le mur des fédérés doit être un exemple non de ce qu'il faut faire mais de ce qu'il ne FAUT PLUS FAIRE. Assez de sacrifices vains, de siècles de prison, de martyrs gratuits. Ce n'est plus du sublime, c'est du masochisme.

Regardez ce qui se passe en Allemagne — Une déliquescence générale de la gauche. En France, Napoléon et 10 minutes...

Il n'y a personne à gauche voilà la vérité. *La pensée socialiste, le PLAISIR socialiste n'est pas né.* On parle de lui, c'est tout.

S'il y avait un *plaisir* de gauche il y aurait un corps. Si nous devenons fascistes. Tant pis. Ce peuple l'aura voulu. *IL LE VEUT.* Il aime la trique (*BLFC6*, p. 47).

De même encore, dans sa lettre à N*** du 20 avril 1933, il considère la montée du nazisme comme un phénomène incoercible car relevant des constats impuissants de la psychanalyse : « la folie hitler va finir par dominer l'Europe pendant

28. Voir citation *supra* p. 85-86.

des siècles encore. Mr Freud n'y peut rien » (*CC5*, p. 99). Son
refus de réponse à l'enquête « Pour qui écrivez-vous ? » lancée en octobre 1933 par *Commune* (organe de l'AEAR) nous
le montre refusant, au nom de la psychanalyse, d'envisager
une réflexion socio-politique du statut de l'écrivain :

> Si vous demandiez pourquoi les hommes, tous les hommes, de leur
> naissance jusqu'à leur mort ont la manie, ivrognes ou pas, de créer,
> de raconter des histoires, je comprendrais votre question. Il faudrait
> alors (comme à toute véritable question) plusieurs années pour y répon-
> dre. Mais Écrivain !!! biologiquement, n'a pas de sens. C'est une obs-
> cénité romantique dont l'explication ne peut être que superficielle[29].

On peut d'ailleurs se demander si, indépendamment de
tous les profits intellectuels, artistiques ou tactiques qu'on en
pouvait tirer, ce n'est pas en tant que pensée du biologique,
que le freudisme a séduit le futur pamphlétaire antisémite.
Le nom même de « Protiste » par lequel Céline rattache son
roman à Freud montre qu'il s'intéresse à lui pour ses
réflexions biologiques. « Biologiques » sont les conceptions de
Bardamu sur la pulsion de mort (*V*, p. 337) ; « biologique »
encore l'« automatisme » sexuel et sadique qui fait rêver les
infirmières à des héros sanglants (p. 88), « biologique » aussi
la « révélation capitale » qu'apporte à Bardamu la beauté américaine de Lola (p. 53), « biologique » toujours la déconfiture
des Blancs laissant apparaître leur « angoissante nature » à
bord de l'*Amiral-Bragueton* (p. 113). C'est dans cet emploi
confusionniste du mot « biologique » que gît la distorsion
intellectuelle qui aboutit au racisme. Tandis que Freud tâchait
d'édifier une biologie de l'unité, pourrait-on dire, en retrou-
vant dans tout homme le mécanisme du vivant, Céline fait
une biologie de la différence où les Blancs ne sont pas de
même nature psychique que les Noirs, et où Lola, n'étant pas
de même nature anatomique que les femmes d'Europe, manifeste la spécificité biologique de la population américaine.
Certes le racisme de Céline est discret dans *Voyage* et, si

29. *Commune*, janvier-février 1934, repris *in CC1*, p. 101.

nous l'y débusquons, c'est sans doute parce que nous connaissons le texte de *L'Église*, qui lui est antérieur, et parce que la suite de son œuvre nous a appris à le connaître[30]. Par exemple, la colère de Céline contre la colonisation ne relève pas seulement de l'anticolonialisme de gauche, on y perçoit par de brefs indices la thématique raciste de celui de l'extrême-droite. Le nom de « Bambola-Bragamance » contient l'appellation raciste de « Bamboula » (cf. *BM*, p. 321) ; l'image des colonisateurs perdus corps et biens dans le continent noir « comme un morceau de sucre dans du café » (*V*, p. 144) trahit la peur de la disparition, par métissage, de la race blanche ; les silhouettes entrevues de Noirs « interminables gesticuleurs et mâcheurs de kola, érotiques et paludéens » (p. 172) annoncent les peurs sexuelles et « hygiénistes » qui accompagneront dans les pamphlets la haine du « juif négroïde » ; l'image répétée des « chenilles », véritables personnifications de l'Afrique (p. 167, 174, 244), annoncent le fantasme antisémite du « juif vermiculaire ». Deux références culturelles incidentes autorisent même à se demander si Céline ne partage pas déjà les choix « culturels » de l'idéologie nazie ; Goebbels disait lui aussi depuis 1930 que le jazz était une musique « négro-judéo-saxonne » (p. 72)[31], et il jugeait décadente la peinture de Cézanne : Céline choisit de nommer « la mère Cézanne » un personnage particulièrement répugnant, une concierge qui fouille sans cesse les cuvettes bouchées en invitant Bardamu à faire des avortements

30. Sur la continuité de la préoccupation du racisme biologique tout au long de la vie de Céline, voir Philippe Alméras, *Les Idées de Céline*, Paris, Bibliothèque de Littérature française contemporaine de l'Université Paris 7, 1987.
31. Cette formule rappelle du moins le chapitre « Jewish jazz becomes our national music » de l'ouvrage d'Henry Ford, *The Jewish Question. A Selection of the Articles (1920-1922) Published by Mr. Henry Ford's Paper The Dearborn Independent and Reprinted Later under the General Title of The International Jew* (Paris, Editions de la Revue internationale des Sociétés secrètes, 1931), ouvrage dont la lecture est promue à cette date par les nationaux-socialistes allemands, et qu'Alice Yaeger Kaplan (*op. cit.*) relève parmi les sources de *Bagatelles pour un massacre.*

(p. 268-269 — *Bagatelles pour un massacre* s'en prendra également à Cézanne et Picasso, p. 180).

Le racisme ou biologisme de l'auteur s'exprime surtout par le biais d'un symbole remanié (encore un) : « Lola d'Amérique » (*V*, p. 49). « Lola » habite en effet la mémoire culturelle ; en 1932, pour un lettré, « Lola », c'est *Lola de Valence*, Lola Montès peinte en 1862 par Manet, qui inspira à Baudelaire un quatrain scandaleusement érotique :

> Entre tant de beautés que partout on peut voir,
> Je comprends bien, amis, que le désir balance ;
> Mais on voit scintiller en Lola de Valence
> Le charme inattendu d'un bijou rose et noir.

Pour un cinéphile de 1932, « Lola », c'est aussi Lola Lola, le personnage de *L'Ange bleu* que le cinéaste américain Joseph von Sternberg a tourné en 1930 et qui révéla au monde la beauté de Marlène Dietrich. Des deux Lola, c'est certainement Lola de Valence qui fournit le modèle à partir duquel Céline écrit. Brosser le portrait d'une « Lola d'Amérique » rencontrée « au foyer de l'Opéra-Comique » (p. 49), quand « Lola de Valence » est la ballerine la plus célèbre de la peinture moderne française, n'est pas insignifiant ; d'ailleurs Lola de Valence était anglaise et finit ses jours à New York, la Lola de Céline est new yorkaise d'origine anglaise ; la première eut un mari à San Francisco, la seconde y a un amant ; la première fascinait un peu par les morts qu'elle avait sur la conscience, en particulier ceux des émeutes de 1848 en Bavière ; la seconde cherche naïvement mais sûrement la mort de son amant, qui ne peut compter sur elle pour s'embusquer (p. 50) et qu'elle laisse prendre par les gendarmes (p. 60) ; Lola d'Amérique possède en outre plusieurs caractéristiques qui concordent mal avec son personnage de bourgeoise américaine et ne s'expliquent que par le détour de Lola Montès : sa chambre ressemble étonnamment à une loge d'artiste (p. 51-52) et sa conversation « compliquée de dollars, de fiançailles, de divorces, d'achats de robes et de bijoux » (p. 55) est celle d'une aventurière. En changeant Lola de Valence en

Lola d'Amérique, Céline propose un nouveau symbole de la beauté qui est le prototype de la belle aryenne : « elle était ornée [...] d'une tête menue, mignonne et un peu cruelle à cause des yeux bleu grisaille qui lui remontaient d'un tantinet vers les angles, tels ceux des chats sauvages. [...] Des yeux durs en résumé, et point animés par cette gentille vivacité commerciale, orientalo-fragonarde qu'ont presque tous les yeux de par ici » (p. 54). Y reconnaîtra-t-on la beauté germanique de la Lola Lola de *L'Ange bleu* ? En tout cas, elle est victorieusement opposée à une beauté désignée, quant à elle, par des mots que le discours antisémite réserve aux Juives (« vivacité commerciale, orientalo- »). La signification raciste de ce portrait est confirmée plus loin par l'exclamation « C'est peut-être [...] la Grèce qui recommence ? » (p. 194) — la Grèce qui était un des symboles du racisme pseudo-nietzschéen des années 30.

Ceci autorise à supposer qu'un des intérêts que Céline trouvait à Freud était qu'il offrait un biologisme de l'esprit apte, à ses yeux, à servir une morale biologique et à appuyer un biologisme des races. La suite de son œuvre manifestera constamment un amalgame du biologique et du moral, du biologique et de l'ethnique, du biologique et du social, du biologique et du culturel ; par exemple, « c'est la loi biologique » dans *Mea culpa*, qu'il y ait « toujours [...] plus de peines que de joies à partager » (*Mea*, p. 40) ; à partir de *Bagatelles pour un massacre* la biologie sera de tous les fantasmes et de toutes les malédictions...

Si on comprend *Voyage au bout de la nuit* à la lumière du débat contemporain entre psychanalyse et révolution, on ne s'étonne pas de l'énorme succès qu'il rencontra : roman « prolétarien » réussi, premier roman « freudien », il répondait aux attentes les plus modernes et les plus pressantes de son temps. On peut le définir, du point de vue du projet intellectuel, comme une opération dialectique magistralement menée, où deux représentations du monde, exclusives l'une de l'autre, se donnent la contradiction, en sorte qu'une colère d'amplitude révolutionnaire et d'origine prolétarienne contre la société capitaliste est associée à un moralisme conservateur, et qui se croit fondé en « biologie » — ceci sans aucun des adoucissements que propose l'humanisme chrétien.

Ce curieux mélange de remise en cause révolutionnaire et de moralisme conservateur, assez rare dans la littérature, n'est pas original en soi, surtout dans le contexte des années 30. Nous y reconnaissons un des éléments spécifiques de la sensibilité fasciste, un des motifs de l'adhésion que le fascisme rencontre périodiquement au sein des masses populaires. Le fascisme français qui vint au pouvoir à l'occasion de la défaite de 1940, et qui prit conscience de lui-même entre 1925 et 1933, fut l'émergence d'un mouvement « ni droite ni gauche » (comme l'explique longuement l'historien Zeev Sternhell) où se rassemblèrent des hommes apparemment divers, venus en majorité des extrémités de la gauche et de la droite. Aussi devrons-nous examiner de près les pages de *Voyage au bout de la nuit* où Céline traite d'événements ou de modèles historiques, ainsi que nous interroger sur « l'anarchisme » qu'affiche Bardamu (*V*, p. 8).

4. BARDAMU ET LA MORALE SEXUELLE

Le « fond de l'histoire » étant « l'amour impossible aujourd'hui », le roman ne répondrait pas complètement à sa vocation philosophique s'il ne disait quelle morale de l'amour est « possible aujourd'hui ». C'est à nouveau par le biais du symbole remanié et de la parabole que cette réponse est formulée.

On ne saurait se satisfaire des vieux modèles : l'idéal sentimental classique mènerait tout droit au suicide, comme l'auteur le signifie en introduisant « le Cid » parmi les clients de l'entremetteur Pomone : non seulement le Cid d'aujourd'hui n'a pas de Chimène, mais il comprend qu'il est impossible qu'il en trouve une, et comme il est aussi « héroïque en son genre » que le héros cornélien, il a la dignité d'aller se tuer dans un terrain vague (*V*, p. 370-371). Quant au modèle sexuel récemment proposé par la littérature anglaise, Céline l'écarte après nous en avoir donné la nostalgie avec le personnage de « Molly ».

Tout comme « Lola d'Amérique », la Molly de *Voyage au bout de la nuit* est la réincarnation d'un type plusieurs fois illustré. C'est Defoe qui l'a inventé, avec *Heurs et Malheurs de la fameuse Moll Flanders*; Molly représente dans la littérature anglo-saxonne le type de la femme accueillante au désir masculin et qui vit de ses charmes (une sorte d'équivalent de « Nana »), type si bien intégré dans l'imaginaire collectif que son nom est devenu nom commun dans la langue non-conventionnelle. En 1932, le lecteur lettré se souvient moins de la vieille Moll Flanders que de Molly Bloom qui vient de faire scandale avec *Ulysse*, roman publié en 1922 et traduit en français en 1929; et c'est bien à la Molly de Joyce que l'auteur de *Voyage* semble songer en écrivant.

Pour faire ce rapprochement, il faut passer outre les déclarations de Céline qui écrivait à Maurice Lemaître en 1950 : « Qu'ai-je à foutre avec Joyce ou Faulkner? englishes? jamais lus! »[32], ou encore à Albert Paraz le 24 novembre 1949 : « Je n'ai jamais lu d'abord *qu'une seule page* de Joyce. Ça m'a suffi. [...] il ne me dit rien. Je ne suis pas un enculeur de mouches moi » (*CC6*, p. 205). Ces affirmations ne sauraient être prises très au sérieux dans la mesure où elles furent formulées dans le climat d'une polémique extrêmement vive lancée par Isidore Isou. Dans *Les Journaux des Dieux* celui-ci parlait de Céline comme d'un adaptateur à la littérature française du travail de Joyce sur le langage populaire et le monologue intérieur, et la comparaison qu'il faisait rabaissait les mérites de Céline : « On voit très bien la différence : en découvrant une *source* Joyce avance plus loin et *plus formidablement* d'*Ulysse* à *Finnegan's Wake*. N'ayant qu'un *procédé* entre ses mains, Céline a dépassé le *Voyage* (*extrême limite d'un emploi*)... pour

---

32. « Lettres au Lettriste », dans *Ur. La Dictature lettriste*, n° 2, 1952, repris dans *CC7*, p. 395.

Mort à crédit »[33]. Les affirmations d'Isou avaient un tour si péjoratif et si réducteur que Céline en bouillait de rage et dénonçait dans sa lettre à Paraz « une entreprise de destruction en profondeur » contre son œuvre. Nous tiendrons d'autant moins compte de ses dénégations qu'il n'avait pas protesté du tout, en 1936, quand les critiques avaient accolé l'étiquette de « joycien » à *Mort à crédit* ; il avait même laissé son éditeur Denoël souligner la parenté de *Mort à crédit* et d'*Ulysse* dans son *Apologie de Mort à crédit* (*HER*, p. 463).

Dans *Ulysse*, Molly est le reflet déformé et largement ironique de Pénélope. Elle est mariée à Léopold Bloom, qui la laisse dans leur lit au chapitre IV et ne revient vers elle qu'à la fin de l'œuvre, l'abandonnant ainsi à ses amours avec son imprésario Boylan ; Molly entretient son mari, gagnant davantage par son métier de chanteuse que lui par ses placements d'annonces. Joyce a donné à Molly une épaisseur charnelle inoubliable en la faisant parler dans un énorme « monologue femelle » qui dit sans pudeur la largesse et la pitié du corps et le miracle du « oui » féminin. C'est à ce monologue que revient la gloire de faire aboutir la quête d'Ulysse-Bloom et de permettre à l'auteur d'écrire « Oui » comme mot de la fin : « et je l'ai attiré sur moi pour qu'il sente mes seins tout parfumés oui et son cœur battait comme fou et oui j'ai dit oui je veux bien Oui ». La Molly de *Voyage* est elle aussi le but d'une odyssée, puisque Bardamu n'arrive dans son lit que bien longtemps après avoir reçu « tout près du derrière de Lola le message d'un nouveau monde » : « Je n'eus en effet de cesse et de repos (à travers une vie pourtant implacablement contraire et tracassée) avant d'avoir mené à bien cette profonde aventure, mystiquement anatomique » (*V*, p. 54). Comme Molly Bloom elle entretient son compagnon puisqu'elle gagne davantage en se prostituant que Ferdinand en travaillant chez Ford, et Ferdinand n'est pas plus jaloux de ses clients que Bloom de Boylan. Elle représente tout l'amour réalisé qu'on

33. Isidore Isou, *Les Journaux des Dieux*, Lausanne, Aux Escaliers de Lausanne, 1950, cité dans *BLFC2*, p. 25.

puisse trouver dans le roman, le bonheur d'être « intimes par le corps et par l'esprit » (p. 228); c'est qu'elle dit totalement oui, elle donne son corps de prostituée amoureuse et elle « donne raison » en toute occasion à Ferdinand (p. 230), même lorsqu'il souhaite la quitter. Le titre de la chanson qu'elle lui laisse est aussi apaisant qu'elle, « *No More Worries* » (p. 264), et elle restera son unique souvenir de bonheur et de bonté (p. 236, 393).

Céline avait-il particulièrement réfléchi au propos de Joyce sur la sexualité, ou se bornait-il à voir en lui, comme tout le monde, l'un des nombreux thuriféraires du corps qui, dans les années 20, rajeunissaient l'humanisme en célébrant une mystique païenne de la sexualité — au grand scandale d'une part de la critique ? Quoi qu'il en soit, la reprise du personnage et du prénom de Molly lui permet de s'inscrire dans le débat contemporain sur la morale sexuelle. Il montre par là qu'il se reconnaît partiellement dans le modèle nouveau; chez lui comme chez Joyce, la Pénélope mise à nu est celle qui désire les hommes, « pas seulement un seul, même si c'était vous, mais tous » (*V*, p. 393), « aussi bien lui qu'un autre » (*Ulysse*, dernière page); il est doux de s'en remettre, par la sexualité libérée, aux lois de la vie; il n'y a pas d'autre figure possible de la réconciliation avec soi-même et avec le monde. La place de Molly dans la narration impose en effet qu'on voie en elle le symbole de la meilleure sexualité possible; elle vient au terme d'une quête, après Lola et Musyne, quête au cours de laquelle Ferdinand est descendu dans l'échelle sociale des femmes en même temps qu'il entrait de plus en plus en communication avec elles; ce n'est qu'en atteignant le fond, avec la prostituée, qu'il s'entend dire un « oui » total propre à le combler; pour Céline comme pour Joyce la communication n'est possible qu'entre gens qui ont su toutes hontes boire, celles de la morale (Lola était morale), celles du conformisme social (Musyne était mondaine), celles du corps.

Cependant, ce qui était chez Joyce la fin de l'odyssée n'est plus qu'une étape chez Céline. Tandis que Bloom revenait coucher tous ses délires et toutes ses angoisses contre le flanc

de Molly-Pénélope-Gaïa à la fin de l'œuvre, Bardamu quitte
Molly et son « cœur infini » ; Céline désigne un autre but à
son voyage. Du point de vue narratif, les raisons du départ
de Bardamu semblent bien confusément expliquées si l'on
oublie qu'on a affaire à un roman philosophique. Il invoque
« la manie qui [le] tracassait de foutre le camp de partout »
(*V*, p. 230), sa folie « d'une sale et froide espèce » (p. 236) ;
part-il parce qu'en restant il manquerait « la Vie, la vraie maîtresse des véritables hommes » (p. 232), ou pour avoir de la
peine : « C'est peut-être ça qu'on cherche à travers la vie, rien
que cela, le plus grand chagrin possible pour devenir soi-
même avant de mourir » (p. 236) ? Tous ces motifs reviennent
au même au sein du roman philosophique tel que le conçoit
Céline, car Bardamu cherche à travers sa vie de papier ce que
Céline cherche en écrivant, selon sa lettre à Élie Faure du
3 août 1935 :

[...] « L'amour » n'est pas un propos d'homme, c'est une formule niaise
pour gonzesse ! L'Homme va au fond des choses, y reste, s'installe, y
crève. Vous n'avez pas un langage d'ouvrier, vous êtes emmené par
les femmes, vous parlez femme et midi. En avant la barcarolle !
L'Homme intérieur n'a pas de langage il est muet. Il faut promener
l'Homme devant ce panorama muet. Il faut cesser de baver (*BLFC6*,
p. 75).

Selon lui, un écrivain qui refuse de bavarder (de « baver »)
et de se laisser aller à une faiblesse ignoble (digne des « femmes » et du « Midi ») mobilise tout son courage pour aller au-
delà de l'amour. L'amour est une solution que les hommes
trouvent pour vivre, et, hors littérature, l'individu Destouches
s'en est sans doute accommodé tout comme un autre. Céline
répondit à un interviewer qui s'étonnait du peu de place que
« l'amour sentimental » avait dans son œuvre : « C'est une
chose très respectable, l'association de deux êtres, et très normale, pour résister aux heurts de la vie, qui sont innombrables. C'est gentil, c'est agréable, mais je ne crois pas que cela
mérite fort une littérature »[34]. La vraie littérature s'occupe

34. « Dialogue avec M. Hanrez », *in CC2*, p. 115.

de la vraie « Vie », et la vérité philosophique de « l'Homme intérieur » se situe pour lui ailleurs que dans l'amour. Le modèle « Molly » est de l'ordre de la vérité extérieure, celle qui permet de vivre, mais non de l'ordre de la vérité intérieure, celle qui reste à écrire et que Céline écrit, croit-il, dans *Voyage au bout de la nuit*.

La reprise et le dépassement de la Molly joycienne signifient ainsi, philosophiquement, la prise en compte, la remise en cause et finalement le refus de l'optimisme des représentations sexuelles les plus nouvelles des années 20. Car le triomphe du corps est alors un thème dominant et diversement traité, que ce soit par le lyrisme cosmologique de Giono, ou par le militantisme féministe de Victor Margueritte (*La Femme en chemin I: La Garçonne*, est de 1922, *Ton corps est à toi* de 1927). Le plus grand scandale vient de l'Angleterre où, après *Ulysse*, *Lady Chatterley's Lover* soulève des tempêtes en 1928 (traduit en français en 1932). Céline considérera toujours ce thème « naturiste » comme anglais, comme on le voit lorsqu'il manifeste son mépris pour Giono, « rabindrathagoriste *[sic]* du poireau » :

[...] Beaucoup de cabotinage, de panthéisme très voulu, de Jean-Jacques Rousseautisme forcené [...] — tout cela sonne horriblement faux et gratuit mais il y a un don certain de poésie... mais plutôt anglaise, chose assez singulière — Il eût été triomphal il me semble, né anglais — naturiste lyrique voulu... En français il fait un peu rigoler — et même beaucoup[35].

Quand il en parle sans ambages, il s'emporte contre la « littérature prêchi-prêcha du cul anglo-saxonne »[36], contre « les audaces du transbouleversant génial Lawrence... la bravoure inouïe de ses messages sexuels... (une pauvre bite de garde-chasse pour 650 pages), de ses prémonitions mondio-rénovatrices... » (*BM*, p. 177): « Qu'est-il de plus abusif en fait de prédicante connerie [...]?... De plus fabriqué, de plus

35. Lettre à M. Hindus du 1er octobre et du 20 septembre 1947, *in* M. Hindus, *op. cit.*, p. 172 et 170.
36. Lettre au même du 28 février 1948, *ibid.*, p. 182.

vain, bêtement bêlant ?... de plus sottement vicelard ? »
(p. 189)

Quelle morale sexuelle serait donc à la hauteur de
« l'Homme intérieur » ? *Voyage au bout de la nuit* répond à
cette question à travers le personnage de Sophie. Car la dernière maîtresse du narrateur a une fonction allégorique, son
prénom la désignant comme l'expression de la « sagesse » du
livre[37]. Elle sert de prétexte narratif à un chapitre (*V*,
p. 471-476) où s'exprime cette sagesse et où la formule de
départ — « la profonde aventure, mystiquement anatomique »
(p. 54) — est effacée par la conclusion : « Atroce aventure. Il
n'en est pas de plus désespérée » (p. 472).

De Molly, qui n'était dans cette quête philosophique
qu'une allégorie de relais, Sophie ne conserve que la beauté
américaine. Le champ métaphorique employé pour décrire la
rencontre érotique en fait une révélation mystique (*V*,
p. 472-473) : il s'agit de se fondre dans « l'Infini », d'entrer
en contact avec la « divinité » du corps. Le corps désiré est
l'objet d'une « contemplation » qui fait progresser le contem-
plateur vers la « poésie » et l'apaisement ; à travers lui, c'est
l'universelle « vigueur », « l'allégresse » même de l'Être
(« cette vigueur », « cette force allègre »), que le regard cherche à percevoir. La subjectivité de l'objet du désir est tenue
à l'écart : tandis que Molly était la partenaire d'une expérience
de couple, Sophie est l'occasion d'une « réconciliation générale » que Bardamu voudrait « érotique », d'« une petite partie
carrée » (p. 475-476) ; tandis que Molly avait un « esprit » et
parlait pour dire « oui », Sophie est merveilleusement
« inconsciente » et ne parle pas, ne connaissant que « peu de
mots en français » (p. 472-473). Jusque là, la morale sexuelle
du roman ne s'écarte guère de ce qu'on pourrait lire à travers les scènes d'orgie de Victor Margueritte ou ailleurs, en
ces années 30 où la pratique du « bordel » n'est pas excep-

37. C'est le prénom allégorique que le XVIIIᵉ siècle donnait aux femmes
éclairées et aux modèles de perfection ; Sophie est aussi l'héroïne d'une chanson connue du répertoire obscène *(Les Stances à Sophie).*

tionnelle dans la bourgeoisie intellectuelle. Ce qui oppose
Céline à ce qu'il appelle le « prêchi-prêcha du cul », c'est que
Bardamu ne vise pas à dépasser l'interdit sexuel : il se pré-
vaut d'un érotisme qui est une expérience du « vide » (p. 360),
de la solitude, et de la dégradation.

L'objet du désir n'est pas un corps (ou telle ou telle partie élue qui pourrait figurer son unité), c'est une chair mise
en pièces et annexée à une utilisation solitaire : « par groupes anatomiques, je procédais... Par versants musculaires, par
régions... » (*V*, p. 472). Comme l'ordre du texte l'indique
p. 474, le désir lui-même n'est possible qu'à partir du moment
où la femme est absente à elle-même par le sommeil, où sa
subjectivité s'efface devant la matérialité de ses « organes » ;
quant à l'orgasme, il livre l'homme au vide d'un « grand
désert ». La rencontre érotique n'est pas vécue comme un
dépassement de l'angoisse, mais au contraire comme l'expérience privilégiée, et sans doute essentielle, de la « peur ».
Madelon le dit par conformisme (« Ils vous font peur vos
vices ! » — p. 493), mais le narrateur le sait bien : « Cette force
allègre [...] nous inquiétait, c'est le mot. / Notre savoir hargneux des choses de ce monde boudait plutôt cette joie si l'instinct y trouvait son compte, le savoir toujours là, au fond
peureux » (p. 473). Céline donne à cette angoisse au moins
deux causes précises. A en croire la thèse de la pulsion de
mort confiée à l'abbé Protiste, la première cause est biologique et gît dans l'obscure ambiguïté du désir : « Amoureux ce
n'est rien c'est tenir ensemble qui est difficile » (p. 337). La
deuxième cause en est l'interdit chrétien ; c'est lui qui pèse
sur le narrateur et le remplit de « honte » car il est aussi
« curé » sur ce point que tout un chacun ; c'est lui qui rend
l'homme incapable d'envisager sa sexualité autrement qu'à travers des systèmes de représentation religieux ou, au moins,
artistiques :

[...] Le corps, une divinité tripotée par mes mains honteuses... Des
mains d'honnête homme, ce curé inconnu... Permission d'abord de la
Mort et des Mots... Que de chichis puants ! C'est barbouillé d'une
crasse épaisse de symboles, et capitonné jusqu'au trognon d'excréments
artistiques que l'homme distingué va tirer son coup... (p. 472)

La solution que Bardamu donne à cette angoisse n'est ni la joie de saccager l'interdit ni une joie sexuelle propre à l'équilibrer, c'est la déshumanisation de l'objet du désir ; c'est ce que signifie, symboliquement, le besoin qu'il a de se « rassurer » en regardant Sophie « s'expliquer avec la fatigue », « question de la surprendre, [...] de la diminuer, en somme ». La sexualité n'est « rassurante » pour lui que si l'objet du désir perd sa beauté (« toute gonflée ») et son identité humaine pour être perçu comme de la « matière » : « On peut baiser tout ça. C'est bien agréable de toucher ce moment où la matière devient de la vie » (*V*, p. 474).

Décrivant une sexualité dont l'homme n'a la force de supporter l'angoisse qu'en proportion de la déshumanisation de l'objet du désir, Bardamu revendique encore une fois son appartenance à l'abjection. A nouveau nous pouvons y reconnaître la culpabilité chrétienne : Céline se scandalise inépuisablement de l'existence en l'homme de « l'ange » et de la « bête ». Le christianisme résolvait la contradiction en montrant que l'homme n'était « ni ange ni bête », mais conquête de Dieu. L'humanisme athée et son érotisme heureux attaquaient cette vision en montrant que ni les anges ni les bêtes n'existent ou qu'alors il faut supposer un angélisme de la bestialité. Céline préfère retourner à la culpabilité et, s'il désigne la part divine, c'est pour réduire le sacré du corps à l'immonde, l'immonde lui semblant la forme la plus « rassurante » du sacré. S'il va contre la morale sexuelle chrétienne, ce n'est pas en la niant ; le « désert de l'amour » existe autant pour lui que pour Mauriac. L'homme déchu admet ici sa déchéance pour la revendiquer avec éclat ; selon la célèbre formule lancée au début, « l'amour c'est l'infini mis à la portée des caniches et j'ai ma dignité moi ! » (*V*, p. 8), la dignité humaine consiste à refuser l'amour, ou plutôt, puisque l'instinct fait obligation d'aimer, à imaginer un amour humain sans humanisme, une philosophie qui serait celle d'un caniche qui, pour comble d'horreur, penserait. Quand Céline tâche de faire passer la conception moderne de l'amour de Molly à Sophie, on pourrait donc dire, en empruntant des

M.-C. BELLOSTA − 7

expressions de Bataille, qu'il vise à remplacer un modèle de
la « transgression » par un modèle de l'« affaissement » ou de
l'« indifférence », qu'il crée un monde où « dans l'affaissement
l'immonde devient indifférent »[38]. C'est en quoi sa position
est totalement irréconciliable : enlevant toute positivité à la
« dignité » de l'homme, et toute dynamique à la conscience
de sa misère, il rejoint Baudelaire dans l'expression éclatante
de la malédiction indifférente.

5. COMIQUE DE LA CONTRADICTION ET POÉSIE DE LA TRISTESSE

Le roman de Céline ne se déploie pas au même niveau que
la réalité du monde. C'est bien sûr le cas de toute littérature ;
nous savons que Frédéric Moreau ne se promène pas pour
de vrai dans Paris ; mais du moins pouvons-nous tous faire
semblant de le croire, Flaubert, le lecteur et Frédéric Moreau ;
même devant Panurge ou Candide, le dépaysement n'est pas
complet : au-delà du burlesque, des fantaisies et des outran-
ces, un lambeau d'illusion demeure, ces personnages gardent,
d'une manière ou d'une autre, un point d'appui dans le réel.
Céline écrit dans un autre espace, « de l'autre côté de la vie »
dit-il (V, p. 5), à l'envers de ce qui la rend possible. Sa morale
de l'abjection, de la haine et de la mort n'est pas compatible
avec la durée qui caractérise le vivant ; quand ils sont de chair
humaine, les Bardamu ont tôt fait de s'engloutir dans le suicide ou l'aliénation. On ne saurait contester la justesse de la
formule de Giono sur Voyage au bout de la nuit : « Très intéressant, mais de parti pris. Et artificiel. Si Céline avait pensé
vraiment tout ce qu'il a écrit, il se serait suicidé »[39]. On
pourrait seulement lui répondre que la littérature est un produit « artificiel » et que, depuis le romantisme, sa modernité

38. G. Bataille, L'érotisme, chapitre XII, p. 149.
39. Léon Bancal, « Entretien avec Jean Giono sur des hommes et des choses », Le Petit Marseillais, 16 février 1933, cité par Henri Godard, in I, p. 1277.

consiste à aller jusqu'au bout de l'artifice ; on pourrait aussi
répondre par un « E pur si muove ! » : « et pourtant Céline
écrit », « et pourtant je lis », « et pourtant ça me fait rire ».

Ces trois « et pourtant » sont logiquement reliés dans
l'entreprise célinienne. L'écriture de *Voyage* en forme d'« agonie différée » (*V*, p. 52) est la dilatation en 500 pages des quelques secondes que dure d'ordinaire l'horreur de mourir. Elle
est une réponse à la mort : « ça inspire, la mort ! C'est même
la seule chose qui inspire »[40]. Et cette démarche a d'autant
plus d'éclat qu'elle est contradictoire, l'appel à la mort pouvant se prolonger indéfiniment puisqu'il s'annule périodiquement dans un éclat de rire. « Je ne me réjouis que dans le
grotesque aux confins de la Mort » écrivait Céline à Léon
Daudet le 30 décembre 1932 (*I*, p. 1108), et il confiait dans
sa vieillesse à Robert Poulet : « Moi, la mort m'habite. Et *elle
me fait rire !* » :

> Voilà ce qu'il ne faut pas oublier : que ma danse macabre m'amuse,
> comme une immense farce. [...] Ma camarde, c'est un effet comique.
> Et aussi la réalité d'où elle sort, qu'elle éclaire !... Une réalité cocas-
> sement agencée, avec mille détails encore plus burlesques que sinis-
> tres, et à la surface de laquelle s'agitent quelques milliards de nœuds
> d'atomes, qui à peine serrés commencent à se dénouer, après avoir crié
> vaniteusement leur nom d'hommes : y a-t-il rien de plus bouffon ?...
> Croyez-moi : le monde est drôle, la mort est drôle ; et c'est pour ça que
> mes livres sont drôles, et qu'au fond je suis gai[41].

Il faut donc accepter de comprendre le comique de Céline
comme l'expression de son « amusement » face à la mort. Evidemment, un roman étant un ensemble de mots, cet amusement finit par la gaieté d'un langage ; mais les mots ne
s'amusent pas tout seuls, on ne saurait rendre totalement
compte de la puissance et de la spécificité du rire célinien par
une étude de l'habileté, de la variété et de la richesse de ses
effets comiques. Ce rire a la force du « grotesque », terme du
vocabulaire romantique, que Céline employait lui-même dans

40. « Rabelais, il a raté son coup », 1959, *in CC2*, p. 136.
41. R. Poulet, *op. cit.*, p. 164-165.

sa lettre à Daudet. Si Schlegel en fut le premier théoricien, Victor Hugo fut le plus reconnu des romantiques qui mirent ce « grotesque » en exercice, le « lycanthrope » Petrus Borel en fut peut-être le plus marginal, et Jules Laforgue le plus discret. On pourrait dire du rire que suscite Céline dans *Voyage au bout de la nuit* ce que Victor Hugo écrivait dans *L'Homme qui rit* du rire que soulevait la face martyrisée et hilare de Gwynplaine quand il jouait le rôle de l'homme triomphant de l'abjection dans une farce intitulée « Chaos vaincu » ; Hugo faisait observer le caractère complexe, contagieux, universel, et populaire de ce rire :

> [...] Les insouciances venaient rire, les mélancolies venaient rire, les mauvaises consciences venaient rire. Rire si irrésistible que par moments il pouvait sembler maladif. Mais s'il y a une peste que l'homme ne fuit pas, c'est la contagion de la joie. Le succès au surplus ne dépassait point la populace. Grosse foule, c'est petit peuple. On voyait *Chaos vaincu* pour un penny[42].

A propos de *L'Église*, Céline lui-même définissait « l'intention » de son comique comme une espèce de « désespoir allègre, quelque chose d'innommable. Un plongeon »[43] — aussi n'est-il pas aisé d'en parler. Le rire du grotesque est intuitivement défini comme une association du « tragique » et du « comique » ; il est l'effet d'un mouvement dynamique de la pensée au moment où elle appréhende une contradiction essentielle et indépassable. Il entretient ainsi une relation nécessaire avec le burlesque et la parodie. Ce n'est pas le lieu de tenter un relevé exhaustif de ses moyens, mais on peut du moins le reconnaître dans quelques pratiques littéraires de la rupture ou du décalage, repérables dans *Voyage au bout de la nuit*, et qu'on retrouvera dans les œuvres ultérieures.

Le narrateur n'est pas le moins grotesque des personnages et l'on peut relever celles de ses contradictions qui engendrent des phrases ou des scènes comiques. Bardamu est armé

---

42. Victor Hugo, *L'Homme qui rit*, IIᵉ partie, Livre II, chap. 9, « Extravagances que les gens sans goût appellent poésie ».
43. Lettre à Robert Denoël du 2 juillet 1933, *in BLFC9*, p. 68.

de savoirs sur l'homme, mais ses savoirs sont tels qu'ils se
savent inutiles. Aussi ses discours « philosophiques » et ceux
de ses doubles sont-ils marqués du sceau de la bouffonnerie ;
on en trouve un exemple dans le développement sur la pulsion de mort cité *supra* p. 116, mais c'est aussi le cas des discours prononcés par Princhard (*V*, p. 66-70) ou Parapine
(p. 353). La plupart des récitants de la « philosophie » célinienne ne s'expriment pas au premier degré, ils bavardent
avec une verve ludique ou avec une emphase grotesque,
comme s'ils s'auto-citaient, leurs énoncés ont le comique des
parodies ; Céline fait d'ailleurs quelquefois énoncer son point
de vue par des personnages que le récit oppose au narrateur
et ridiculise (par exemple Baryton dans *Voyage*, Courtial dans
Mort à crédit ou Sosthène dans *Guignol's band*). En toute logique, ces discours sont généralement suivis d'un effet de rupture comique, par exemple : « Il avait le vice des intellectuels,
il était futile » (p. 71), ou bien : « N'empêche qu'on a dû
l'emmener un soir en vitesse du côté des bastions ce penseur,
c'est la preuve qu'il était encore bon à faire un fusillé »
(p. 378). Contradiction adjacente, Bardamu s'entête, en écrivant, à faire œuvre vaine, se mettant en colère contre un état
du monde, contre des vices et des souffrances dont il reconnaît en même temps la fatalité. Aussi ses fureurs sont-elles
mises en scène avec des effets de décalage qui sont l'occasion
du rire ; le dialogue de sourds qui oppose Bardamu à la mère
et à la grand-mère d'un bébé hurlant en est un exemple (« Eh !
répondis-je, à ce petit hurleur, [etc.] », p. 273-274) ; le décalage peut aussi être marqué par une pure et simple juxtaposition, comme dans la rupture qui suit le paragraphe haineux
« Attention, dégueulasses ! [...] » (cité *supra*, p. 172) : « Est-
ce qu'il est sucré ? questionnait Bébert à propos du sirop »
(p. 244).

   La contradiction fondamentale est que Bardamu s'entête
à vivre ; il devrait se tuer une bonne fois, et « qu'on n'en parle
plus », mais il est toujours là. Aussi le texte est-il marqué
d'une distance comique permanente : Bardamu fait semblant
d'adhérer à ce qui se passe, mais il n'y croit pas. Par exem-

ple, à propos du travail : « Retâter de la clientèle ? J'y son-
geai bien pendant un instant, malgré tout, mais comme fin
des fins seulement [...]. Rien qui s'éteigne comme un feu
sacré » (*V*, p. 414) ; ou bien à propos d'un rapport sexuel :
« C'est une position recommandable. Ah ! il ne faut rien perdre de ces moments-là ! On louche » (p. 386). De même il fait
semblant d'adhérer à ce qui se dit et reprend le discours commun, mais c'est en inversant l'usage des mots, comme par
exemple lorsqu'il s'exclame « On l'a bien été chassés du Paradis ! » à propos du travail que lui donnent les registres de
l'entremetteur Pomone (p. 362). Tous les signes qui manifestent que Bardamu s'associe, malgré ses « philosophies », aux
petits jeux de ses semblables deviennent ainsi des moments
de complaisance risible ; par exemple, lorsque Bardamu parle
à table avec Baryton : « J'étais arrivé à bafouiller tout à fait
selon ses indications et ses penchants, à propos de rien et de
tout, comme un vrai technicien. [...] Parapine rigolait bien
dans son dedans, en nous entendant défiler parmi nos ergo-
tages à longueur de nouilles, tout en postillonnant le bordeaux
du patron à pleine nappe » (p. 431). Ce rire grotesque soulevé par le narrateur est une des composantes essentielles
d'une littérature que l'écrivain lui-même perçoit et percevra
toujours comme une vanité : « Je considérais le métier littéraire comme une chose tout à fait grotesque, prétentieuse,
imbécile, qu'était pas faite pour moi. Pas sérieux, quoi... »[44].

Puisque la vérité, c'est la mort, les individus se meuvent
dans un espace qui est celui de l'illusion têtue. Ce n'est pas
un hasard si le personnage le plus « guilleret », le plus
« gai »... et le plus comique de *Voyage* est celui de la vieille
Henrouille ; étant donné ses quatre-vingts ans, et l'intention
que sa bru a de se débarrasser d'elle, elle est la plus proche
de la mort. A travers son énergie paradoxale, c'est la résistance irréductible de l'instinct de vie que peint Céline, et ce
qui risquerait d'être émouvant s'il s'agissait d'une jeune fille
condamnée devient cocasse s'agissant d'une très vieille dame

---

44. « Entretiens avec J. Guénot et J. Darribehaude », *in CC2*, p. 147.

en bonne santé : « Elle ne voulait plus mourir, jamais. C'était net. Elle n'y croyait plus à sa mort » (*V*, p. 323). Son refus de la mort est à la source des dialogues comiques qui l'opposent à sa bru et à Bardamu (p. 253-258, 319-322), ainsi que du boniment grotesque qu'elle prononce devant les momies de la cave de Toulouse (p. 390-391).

L'évidence de la mort fait tout basculer dans « une immense, universelle moquerie » (*V*, p. 12) ; mais l'expérience de l'absurde est ici assumée dans le rire : il faut imaginer Sisyphe en clown. La vie n'est qu'apparence, illusion comique, mascarade, théâtre. La perception de l'inutilité, le décalage, le burlesque et le rire s'enchaînent logiquement dans la description d'une humanité condamnée à ne faire que paraître : « Les êtres vont d'une comédie vers une autre. Entre-temps la pièce n'est pas montée, ils n'en discernent pas encore les contours, leur rôle propice » (p. 260). La société est organisée comme un spectacle permanent, chacun joue son rôle dans la « farce » (p. 214), aussi bien les officiers du Conseil de guerre (p. 19), que les prêtres (p. 336), que les médecins de l'Institut Pasteur subsistant « à l'aide de certaines grimaces » (p. 281), etc. Aussi le rire dur de la satire célinienne glisse-t-il souvent à une sorte de grotesque franchement gai, d'origine métaphysique : rien n'ayant au fond la moindre importance, Céline écrit en sorte que les personnages *aux dépens* de qui il nous fait rire nous fassent rire *positivement* — double comique d'un texte contradictoire qui absout en même temps qu'il dénonce. La technique consiste à faire agir et parler le personnage, non point exactement comme une caricature, mais comme un fantoche, un guignol parodique de soi-même. Déjà visible dans *Voyage*, par exemple dans l'attitude prêtée au colonel héroïque sous le feu (p. 19) et dans les propos tenus par Bestombes, par Baryton, et même par Ortolan (p. 31-32), cette technique fournira les plus grandes réussites dans les œuvres suivantes, par exemple avec les discours et les attitudes de Courtial dans *Mort à crédit*, de Sosthène dans *Guignol's band*, des gradés dans *Casse-pipe*, des interlocuteurs imaginaires (narrateur compris) dans *Féerie pour une autre fois I* et *Entretiens avec le Professeur Y*.

Ces pratiques du grotesque font songer au précédent, moins drôle et plus poétique, des *Moralités légendaires* de Jules Laforgue, qui venaient d'être publiées en 1924. C'est qu'elles sont, chez Laforgue et Céline, inscrites dans la même logique. Ils ont la même perception d'une solitude essentielle, le poète s'exclame « Célibat, célibat, tout n'est que célibat »[45] et le romancier dit « pourquoi on s'entête à ne pas guérir de la solitude » (*V*, p. 377). Cette solitude est indépassable, reliée qu'elle est à une obsession du triomphe de la mort, qui trouve à s'exprimer, chez l'un et l'autre, par la même image :

> [...] La terre est morte, qu'il m'avait expliqué... On est rien que des vers dessus nous autres, des vers sur son dégueulasse de gros cadavre, à lui bouffer tout le temps les tripes et rien que ses poisons... Rien à faire avec nous autres. On est tout pourris de naissance... Et puis voilà ! (*V*, p. 377-378).

> [...] un bloc appelé Terre
> Vole avec sa vermine aux vastes profondeurs[46].

> [...] Morte à jamais, la Terre
> Après un dernier râle (où tremblait un sanglot !)
> Dans le silence noir du calme sans écho,
> Flotte ainsi qu'une épave énorme et solitaire. [...]
> Tu n'es plus qu'un cercueil, bloc inerte et tragique,[47]

Chez Céline comme chez Laforgue, l'absurdité triomphe donc, elle s'étend même à la nature, elle-même parodique. La célèbre description du coucher de soleil africain comme d'un « immense chiqué » (« Les crépuscules dans cet enfer africain se révélaient fameux [...] » — *V*, p. 168) semble une version abrégée et modernisée du coucher de soleil qu'admire le Monstre-Taciturne de « Persée et Andromède » dans les *Moralités légendaires*, sorte de grand spectacle inévitable monté à grand renfort de « similor » et d'accessoires de scène. Le

45. Jules Laforgue, *Des Fleurs de Bonne Volonté*, XX.
46. Jules Laforgue, *Le Sanglot de la Terre*, « Médiocrité ».
47. *Ibid.*, « Marche funèbre pour la mort de la Terre ».

détour par le cas plus simple des *Moralités* nous aide à appréhender le rapport logique qu'entretiennent l'emploi du comique bouffon dans la mise en scène des personnages et la
pratique de la réécriture des symboles, qu'il s'agisse du remploi d'Hamlet, de Persée ou de Pan dans les *Moralités légendaires* ou de la reprise de « Lola », de la « Madelon » ou du
« Cid » dans *Voyage au bout de la nuit* : l'imagination de l'écrivain impose la même déformation, la même difformité grotesque, aux éléments du monde extérieur, que ce soit des
objets réels (un psychiatre, un coucher de soleil) ou des objets
déjà imaginaires (le Cid). Céline produira d'ailleurs ses propres *Moralités légendaires* quand il inclura la « Légende du Roi
Krogold » dans *Mort à crédit* et trois ballets mytho-parodiques
dans *Bagatelles pour un massacre*, et quand il écrira *Scandale
aux Abysses* et *Foudres et flèches*. La théâtralité burlesque qui
fournit à *Voyage* une part importante de son comique triom-
phera dans *Guignol's band*, dont le titre annonce clairement
le principe esthétique, et elle trouvera sa limite dans *Normance*, roman parcouru par des parodies d'opérettes.

Du point de vue interne de l'acte créateur, le comique
bouffon de *Voyage* (sa « bouffonnerie transcendantale », dirait
Hugo Friedrich[48]) apparaît donc comme un corollaire de la
vision atroce qui s'y exprime. Du point de vue de la communication, ce comique est indispensable à la lisibilité du texte,
car il fait reculer le seuil de tolérance au-delà duquel le
contenu cruel, morbide ou dangereux d'une œuvre est purement et simplement rejeté comme insupportable, menaçant
ou mensonger (« artificiel » comme disait Giono). De la même
manière, André Breton disait de l'humour noir de Pétrus
Borel qu'il « tend à provoquer chez le lecteur une résistance
relative à l'égard de l'émotion même qu'on veut lui faire
éprouver, résistance [...] faute de laquelle le message par trop
alarmant de l'auteur cesserait humainement d'être perçu »[49].

---

48. Hugo Friedrich, *Structures de la poésie moderne*, Paris, Denoël-Gonthier,
1976, « Médiations », p. 35.
49. André Breton, « Pétrus Borel », *in Anthologie de l'humour noir*, Paris,
Jean-Jacques Pauvert, 1969, p. 108.

Essentiel dans *Voyage*, ce processus sera bien sûr tout aussi important dans l'économie des pamphlets.

La vision atroce est également rendue propre à la communication par les moments où elle est infléchie vers le sentiment de « tristesse » — autre tonalité familière du romantisme. Céline aimait la « tristesse » comme un apaisement, une « douceur » et une « poésie ». « Vous avez une façon fine et doucement triste de vivre qui est bien poétique », écrivait-il le 29 juin 1933 à Evelyne Pollet (*CC5*, p. 173). Au début de *Mort à crédit*, il met cette « poésie » en œuvre pour décrire la douceur du deuil, à propos de la mort de Mme Bérenge : « recueillir doucement l'esprit gentil des morts... pour parler après ça plus doucement aux choses... ». Céline place la tristesse haut dans l'échelle de ses valeurs car c'est en elle que l'homme lui semble au plus près de sa « vérité », qui est la vérité de la mort. Nous retrouvons là l'admirateur de Vigny qui glissait le nom de ce poète dans la géographie de son roman. Dans ses interviews tardives, il opposera la prison et la fête ; la prison est un endroit « noble » : « Je veux dire qu'une prison est une chose distinguée parce que l'homme y souffre, n'est-ce pas, tandis que la fête à Neuilly est une chose très vulgaire parce que l'homme s'y réjouit. C'est ainsi, la condition humaine »[50]. La tristesse du deuil est une de ces souffrances « nobles » qui font partie de la « distinction » ou « dignité » célinienne, et Céline la relie, comme il fera plus tard pour la « prison », au motif de la fête foraine.

Ce motif rythme la narration de *Voyage* ; son apparition coïncide chaque fois avec une étape dans l'évolution du rapport de Bardamu à la mort : il accompagne sa découverte de la peur (*V*, p. 57-60), sa complicité dans le meurtre de la vieille Henrouille (p. 310-317), puis la mise à mort de Robinson (p. 477-494). C'est toujours la même fête (et le même jeu de massacre, le « Stand des Nations »), décrite avec ce mélange de dégoût et de tristesse qui caractérisait les fêtes foraines

---

50. « Interview avec L. Pauwels et A. Brissaud », *in CC2*, p. 128 ; voir aussi « Interview avec Pierre Dumayet », R.T.F. 1957, *ibid.*, p. 64.

obsédantes des *Complaintes* et du *Sanglot de la Terre* de Jules Laforgue. Le narrateur n'est pas dupe de cette « fête à tromper les gens du bout de la semaine » (p. 310), pas plus qu'il n'est dupe de la gaîté des *Girls* du Tarapout :

[...] Ça commençait d'un petit ton gentil leur chanson, ça n'avait l'air de rien, comme toutes les choses pour danser, et puis voilà que ça vous faisait pencher le cœur à force de vous faire triste comme si on allait perdre à l'entendre l'envie de vivre [...] (p. 364).

Le triomphe de la mort, le triomphe de la poésie du deuil sont ainsi amenés par un couplet de music-hall, en une hallucination qui est une des plus belles réussites du roman, à la fin du chapitre XXXIII (p. 362-369).

Si on étudie de près cette hallucination, on observe qu'elle est écrite en s'inspirant du travail de Joyce, de l'hallucination qui clôt « Les Morts », dernière nouvelle de *Dublinois*, et de celle qu'on trouve au chapitre « Circé » d'*Ulysse*.

Le recueil de nouvelles *Dublinois* (autrement traduit *Gens de Dublin*, publié en 1914 et traduit en français en 1926) avait de quoi intéresser Céline. La première phrase en donne le ton : « Cette fois-ci, il n'y avait plus d'espoir ». Joyce y décrit une Irlande paralytique qui piétine dans sa misère et ses tares, semblable à « la truie qui dévore ses petits », et qu'il va quitter en s'exilant pour toujours ; ses personnages ont un goût suicidaire tout gonflé de vanités morales et sociales, ou bien une passivité consentant à toutes les déchéances. La nouvelle « Les Morts » donne la conclusion fantasmatique de cette passivité. C'est la plus connue du recueil, et sans doute la plus importante quant à la progression de l'art joycien ; la description « réaliste » y glisse insensiblement vers l'hallucination ; les fantasmes de l'univers intérieur investissent l'univers extérieur et le triomphe de la mort coïncide avec l'expression d'une vision subjective de l'Irlande dont le personnage principal et l'écrivain portent déjà le deuil.

Résumons-en l'argument. Gabriel Conroy et sa jeune femme Gretta participent à une fête de Noël. Celle-ci se déroule dans un climat d'innocence ambiguë, Conroy l'observant avec la distance que lui donne la certitude de son exil prochain. Elle est placée sous le signe de la musique, car ce sont les « Trois Grâces du monde musical de Dublin » qui reçoivent : Miss Kate, Miss Julia et Mary Jane chantent des romances à leurs hôtes. C'est de ces romances que va émerger le triomphe de la mort. Un des invités, Bartell d'Arcy chante d'une voix de ténor enrhumé *La Fille d'Aughrim*, triste et pluvieuse complainte d'une jeune femme séduite qui poursuit de ses reproches celui qui l'a abandonnée. Cette chanson émeut Gretta, car Michael Furey la chantait autrefois, Michael qui est mort d'avoir pris froid pour l'amour d'elle à l'autre bout de l'île. Rentrée à l'hôtel, elle s'endort en sanglotant. Conroy est un instant jaloux du passé de sa femme, puis le sentiment de la souveraineté de la mort l'étreint ; Michael Furey lui apparaît, puis l'hallucination vague des « vastes cohortes des morts » :

[...] Il crut voir la forme d'un adolescent debout sous un arbre dégoulinant de pluie. D'autres formes étaient à proximité. Son âme s'était approchée de cette région où demeurent les vastes cohortes des morts. [...] Sa propre identité s'effaçait et se perdait dans la grisaille d'un monde impalpable : ce monde bien matériel que ces morts avaient un temps édifié et dans lequel ils avaient vécu était en train de se dissoudre et de s'amenuiser.

Puis, la neige recouvre tout dans un ensevelissement commun aux vivants et aux morts, en une phrase dont la perfection échappe au traducteur : « His soul swooned slowly as he heard the snow falling faintly through the universe and faintly falling, like the descent of their last end, upon all the living and the dead » (« Son âme défaillait lentement tandis qu'il entendait la neige tomber, évanescente, à travers tout l'univers, et, telle la descente de leur fin dernière, tomber, évanescente, sur tous les vivants et les morts »).

Tel est le schéma de l'hallucination racontée dans *Voyage*, si l'on tient compte des changements qui sont nécessaires pour faire entrer, le temps d'un chapitre, Tania-Gretta dans la trame narrative du roman. Voilà de jeunes anglaises qui chantent des romances avec une naïve gaîté (et d'une voix essoufflée comme celle de Bartell d'Arcy, *V*, p. 363), sans savoir que leurs chansons d'amours mortes contiennent toute la tristesse et toute la tentation suicidaire des hommes. C'est une de ces chansons (une « complainte de reproche » comme *La Fille d'Aughrim*, p. 365) qui déclenche la « catastrophe » : « leur chanson est devenue plus forte que la vie et même qu'elle a fait tourner le destin en plein du côté du malheur » (p. 362). A force de la chanter, Tania apprend que son amant est mort à l'autre bout de l'Europe (d'une « grippe » comme Michael Furey d'avoir pris froid, p. 365). Bardamu assiste aux larmes de Tania (comme Conroy à celles de Gretta), puis il voit en hallucination les cohortes des morts se lever du décor (p. 366-368), et son hallucination va s'engloutir dans une brume anglaise qui ne laisse plus rien subsister du monde sensible (p. 368-369). C'est exactement le même enchaînement de cause à effet (chansons gaies — complainte amoureuse — découverte de la mort d'un amant — triomphe de la douleur — hallucination des morts — ensevelissement universel) placé sous le même signe : l'Angleterre.

La vision de *Voyage* reprend également certains éléments thématiques de l'hallucination qui assaille Stephen Dedalus et Léopold Bloom au chapitre « Circé » d'*Ulysse* — même si la technique dialoguée, l'ampleur et le degré de folie de « Circé » rendent les deux textes très différents. Dans l'un et l'autre cas, l'hallucination fait apparaître d'abord les morts qui sont les plus proches du narrateur (là les mères de Stephen et de Bloom, ici le petit Bébert), puis bon nombre de comparses que le récit a précédemment mis en scène (par exemple, là Paddy Dignam, ici Grappa), de grands personnages introuvables qui hantent l'imaginaire collectif (là Shakespeare, ici La Pérouse), des acteurs de l'histoire nationale (là Edouard VII, ici les Communards), des cimetières entiers (là ceux de Dublin, ici ceux de Paris) et leurs combattants qui sortent de terre et remplissent le ciel de mêlées (là, ils « se battent en duel », ici ils « se chargent siècles contre siècles »).

Le chapitre XXXIII de *Voyage* s'écrit donc selon deux idées joyciennes ; celle de l'hallucination de « Circé » : faire glisser tous les personnages du roman au nombre de « tous les revenants de toutes les épopées », c'est-à-dire au nombre de tous ceux qui, ayant existé ou non, sombrent dans la mémoire collective comme La Pérouse en mer, mais sont susceptibles de jouer leur rôle sur notre théâtre mental ; celle de l'hallucination finale de *Dublinois* : faire glisser le tout, décor, personnages, histoire et imaginaire, dans le silence du néant.

Si l'histoire littéraire doit se souvenir de tels emprunts, qui constituent pour elle des points de repère précis, le lecteur de Céline s'attache quant à lui à remarquer que l'hallucination des morts de *Voyage* est à certains égards un prototype que Céline perfectionnera dans les œuvres suivantes. Nous reviendrons plus loin sur le principe même de l'écriture hallucinatoire ; nous pouvons observer pour l'instant la fonction de la mélancolie et d'un certain exotisme dans l'économie interne de l'œuvre.

La rêverie ou l'hallucination mélancolique constitue une technique adéquate pour clore un texte ; en abolissant tous les éléments du récit elle en assure *poétiquement* la fin : le texte aboutit au silence par cela même qu'il est en train de dire, selon un procédé observable dans les plus grands recueils du romantisme — qu'on songe au dernier paragraphe des *Contemplations*, « Paix à l'Ombre ! Dormez ! dormez ! dormez ! dormez ! [...] », ou au dernier mouvement des *Fleurs du Mal*, « O Mort, vieux capitaine, il est temps ! levons l'ancre ! [...] ». Congé que le texte se donne à lui-même en même temps qu'au monde représenté, aux émotions exprimées, à l'auteur, au lecteur... Outre qu'il emploie ce moyen au chapitre XXXIII de *Voyage* pour clore le premier volet du roman avec l'image de la brume (mais la clôture n'est pas complète : « tout est presque fini... » — *V*, p. 369), Céline l'emploie derechef à la fin de l'œuvre avec l'image du remorqueur : « Il appelait vers lui toutes les péniches du fleuve toutes, et la ville entière, et le ciel et la campagne, et nous, tout qu'il emmenait, la Seine aussi, tout, qu'on n'en parle plus. » Il l'appliquera souvent dans la suite. Ainsi pour en finir avec *Nord*, il perdra le Dr Goering dans une rêverie sur les colonnes égarées de la retraite de Russie, et pour terminer *Rigodon*, il noiera le lecteur dans les « profondeurs pétillantes que plus rien existe... » d'une ivresse au champagne. Les dernières lignes de *Mea culpa* laisseront le lecteur dans l'anéantissement que va provoquer la guerre voulue par les communistes : « Qu'on débarrassera la Terre... Qu'on a jamais servi à rien... Le nettoyage par l'Idée... » A la fin de *Bagatelles pour un massacre*, l'auteur renverra tout parmi les fantômes, narrateur, Juifs, Russes, Intelligence service... « Tout doucement, ils deviendront fantômes... et tous... et tous... [...] » (*BM*, p. 373-374). *Les Beaux draps* s'achèvent par l'effacement de la musique de *La Mort du Cygne* de Tchaïkovski : « ne sommes plus... écho menu dansant d'espace ! fa ! mi ! ré ! do ! si !... plus frêle encore et nous enlace... et nous déporte en tout ceci !... à grand vent rugit et qui passe !... ». Presque toutes ces phrases de congé sont d'ailleurs rédigées avec cette perfection prosodique que nous remarquions plus haut dans la fin des *Dublinois*.

Non seulement cette mélancolie estompe la souffrance exprimée et communiquée par le texte, mais encore elle s'accompagne d'une évasion mentale vers un « ailleurs ». Cet « ailleurs » joue le rôle qu'assumait l'exotisme dans la littérature romantique ; c'est un espace délibérément choisi pour le rêve, envers obscur, complexe et mystérieux du décor, qui correspond, mieux que l'endroit, aux aspirations du locuteur et à ce qu'il sait sur la vérité de la nature humaine. La géographie imaginaire des générations romantiques s'étoilait autour de la Méditerranée : l'Orient, l'Espagne, la Grèce, l'Italie. La géographie idéale de *Voyage* est plus conciliable avec la fascination « aryenne », et ses fantasmes s'enracinent de deux côtés, l'Angleterre et la grande-Allemagne. C'est de cette Allemagne que viennent tous les personnages de *Voyage* qui incarnent l'aspiration romantique vers l'absolu — et sa déconfiture. Au chapitre XXXIII, c'est Tania, cette Polonaise amoureuse d'un Berlinois et qui veut « retourner dans son Berlin » (*V*, p. 365). A Vigny, c'est Sophie, l'Infini fait sexe, qui apporte de Slovaquie (p. 472) sa simplicité et son incons-

cience. La place que Céline fait à l'Angleterre est plus grande
encore ; elle est le symbole absurde d'une néantisation fasci-
nante, un pôle d'attraction pour les amoureux de l'« Impossible ». Au chapitre XXXIII, c'est le music-hall anglais qui
cause l'hallucination de mort de Bardamu, « c'est du côté de
l'Angleterre qu'on les retrouve », les morts (p. 368), si bien
que plus rien ne demeure de l'humanité que la géante anglaise
dont les cheveux rouges sont « tout ce qui reste du soleil »
et qui fait chauffer son thé dans la coque du dernier navire
(p. 469). A Vigny, c'est la passion de la langue anglaise, puis
l'attirance qu'exerce sur lui la défaite de Monmouth, qui font
chavirer l'esprit de Baryton dans la folie (p. 434-437) ; possédé par son délire, il se lance dans l'aventure en commençant par l'Angleterre (p. 441), et il n'en reviendra jamais. Par
un malencontreux hasard, la logique de son engagement politique obligera Céline à attaquer inlassablement la Grande-
Bretagne dans ses pamphlets ; la fin de *L'École des cadavres*
appelle en 1938 à une « Confédération des Etats Aryens
d'Europe. Pouvoir exécutif : L'Armée franco-allemande » pour
sonner « le glas de l'empire britannique », car « tous nos malheurs viennent de Londres, de la Judéo-Britannie » (*ÉC*,
p. 287-288). Hors des pamphlets, l'Angleterre n'en restera pas
moins le lieu privilégié du songe et du délire : les chapitres
les plus sentimentaux de *Mort à crédit* ont Chatham pour
cadre, et l'épisode londonien, la « petite halte anglaise, pour
la rigolade et l'oubli », que Céline avait prévue pour *Voyage*
et qu'il avait renoncé à développer, est en 1944 le sujet d'un
roman tout entier, *Guignol's band*, où, malgré quelques traces d'un engagement idéologique antisémite et anti-anglais,
Londres demeure le lieu poétique de l'émotion intime et de
la nostalgie[51].

51. Pour la genèse de *Guignol's band*, voir Henri Godard, « Notice », *in
III*, p. 946-958, et les lettres à Joseph Garcin *in* Pierre Lainé, *op. cit.* Pour les
traces d'un engagement anti-britannique dans cette œuvre, voir Colin Nettelbeck, « The Antisemite and the Artist : Céline's Pamphlets and *Guignol's band*,
in Australian Journal of French Studies, vol. IX, n° 2, 1972, et M.-Ch. Bellosta,
« La représentation de Londres dans les romans de Céline », *in* Actes du colloque *Les représentations de Londres (2)*, Bordeaux, Presses Universitaires de
Bordeaux, 1984.

6. LES ÉLÉMENTS D'UN ROMANTISME

Céline nous paraît donc être, à certains égards, un héritier du romantisme. Nous avons pu évoquer ce courant littéraire à propos du rire grotesque qui accompagne chez lui le pessimisme absolu, à propos de la place qu'il fait à la tristesse du deuil, et de son usage concerté de l'exotisme. Ces coïncidences concernant des aspects de l'écriture ne sont pas l'effet du hasard : la nature de l'énonciation célinienne est en elle-même romantique. Céline en était conscient, puisqu'en 1933 il traitait son travail d'écrivain « d'obscénité romantique » (cité *supra*, p. 181) ; vingt ans plus tard, il remplaçait le mot d'« obscénité » par les mots « indécence » et « exhibitionnisme » (*EY*, p. 69) et l'adjectif « romantique » par l'adjectif « lyrique » (p. 66), mais cela revient au même.

Comme il l'explique au Professeur Y, ce qui est « obscène » et « romantique », c'est l'usage qu'il fait du « je ». Quand le Colonel Réséda proteste : « — Votre cher "nombril centre du monde"... votre insupportable "moi" perpétuel... embête joliment votre lecteur !... » (*EY*, p. 67), Céline le renvoie courtoisement à l'histoire littéraire. Le « je » qu'il pratique n'est pas l'exhibition du moi réel de Louis Destouches, pas plus que le « je » des *Contemplations*, quoi qu'en aient dit des critiques aussi perspicaces que le Colonel Réséda, n'était la mise en scène du moi réel de Victor Hugo. Dans les deux cas, il y a bien un travail sur le moi individuel, mais un travail de destruction. Comme Hugo avait pu écrire en tête des *Contemplations* : « Ce livre doit être lu comme on lirait le livre d'un mort », Céline disait dans sa vieillesse : « — Moi, je suis sorti de la vie... »[52], et il ordonnait au Professeur Y de prendre note : « *il faut être plus qu'un petit peu mort pour être vraiment rigolo !* voilà ! il faut qu'on vous ait *détaché* » (p. 67). Dans les deux cas, le moi réel de l'écrivain est jeté sur la table, expérimenté, exploité, torturé jusqu'à l'annihilation de l'individuel

---

52. Hervé Le Boterf, « L.-F. Céline : Je fais de la Télé pour vendre mes livres », *Télémagazine*, 14-20 juin 1959, repris *in CC2*, p. 131.

(« le "moi" coûte énormément cher !... l'outil le plus coûteux qu'il soit ! » — p. 66), de sorte qu'il puisse représenter la vérité du moi collectif, ou, si l'on veut, de sorte qu'il devienne pur miroir où se reflète la vérité de la nature humaine. Nous ne disions pas autre chose lorsque nous expliquions que Bardamu, malade d'une névrose de guerre, prenait sur lui la maladie même de la civilisation, et lorsque nous montrions qu'à travers le symbole de l'épreuve subie sur l'*Amiral-Bragueton*, le narrateur reconnaissait qu'il se vouait à assumer toute l'abjection et toute la haine de l'église-humanité. La parole célinienne ne trouve pas sa motivation première dans le moi, mais dans l'autre, comme les premières lignes du roman le signifient symboliquement : « Ça a débuté comme ça. Moi, j'avais jamais rien dit. Rien. C'est Arthur Ganate qui m'a fait parler » (*V*, p. 7). Réduit à son moi individuel, le narrateur n'aurait rien à dire, c'est l'autre qui le « fait parler », et l'atrocité éventuelle de son dire n'est pas du ressort de la responsabilité personnelle, le médium proclame d'avance son innocence en commençant par un « c'est pas moi, c'est l'autre ».

La posture médiumnique de l'écrivain romantique est bien entendu une entreprise démesurée, une naïveté de l'orgueil, dont on raillerait volontiers la prétention christique si elle n'était manifestement l'occasion (ou le moyen) de quelques-unes des réussites les plus souveraines de la littérature. Au demeurant, qu'elle soit menée à la lumière de l'optimisme hugolien ou du pessimisme célinien, l'entreprise est douloureusement vécue : « Je sais faire tourner les tables, n'est-ce pas. Mais dire que j'aime ça, non. Les gens qui font tourner les tables, ils [...] aimeraient mieux aller à la pêche, hein ? »[53]. Au moment de *Voyage au bout de la nuit* Céline est au demeurant un médium romantique paradoxal, dans la mesure où, pour n'être pas absurde, le médium doit être médium d'une positivité quelconque, transcendante aux déboires historiques et à la souffrance individuelle. Or Bardamu se met en croix

---

53. « Interview avec André Parinaud, III », *Arts*, 12-18 juillet 1961, repris in *CC2*, p. 189.

pour rien, médium de la négativité humaine, des pulsions de mort à l'œuvre dans le moi et dans l'histoire. De ce fait, on comprend que Céline se soit acharné à répondre, au « pourquoi écrivez-vous ? » des indiscrets, qu'il n'a jamais eu d'autre raison d'écrire que son souci de gagner de l'argent, d'acheter un appartement, de remplir son assiette de « nouilles » ou de rembourser « Gaston » — que pouvait-il répondre d'autre que ces affirmations elles-mêmes grotesques, ayant donné toutes ses forces dans un sacrifice médiumnique qu'il ne pouvait justifier par aucune positivité (sauf à évoquer une positivité de l'œuvre d'art en soi, ce qu'il ne fit jamais)?

L'art célinien est également un romantisme en ce qu'il se donne pour origine un « désenchantement », un deuil historique. « Il faut qu'on vous ait *détaché* », dit Céline au Professeur Y. C'est en particulier l'histoire qui se charge de « vous détacher », comme Musset le racontait au début de *La Confession d'un enfant du siècle*, et comme le montre la récitation de la prière « LES AILES EN OR » au premier chapitre de *Voyage* (voir *supra*, p. 33). L'expérience de la guerre et de l'après-guerre est la première des causes historiques données à cette désillusion (nous verrons qu'elle en a d'autres). Et la désillusion est vécue comme une défaite définitive : alors qu'en 1918, la France entière a crié « Victoire ! », ce mot ne figure nulle part dans *Voyage*, Bardamu omet même de noter à quel moment de ses aventures la guerre finit, il se présente comme un vaincu entouré de vaincus : « Après tout, c'étaient des vaincus, tout de même que moi ces Matamores !... », s'exclame-t-il sur l'*Amiral-Bragueton* (*V*, p. 115) ; et c'est un monument de la défaite que Céline place au centre de la géographie du roman : la statue du maréchal Moncey de la place Clichy.

La place Clichy est le point de repère absolu de la narration, le lieu où l'action ne cesse de rebondir. C'est de là que Bardamu part pour la guerre, c'est là qu'il repasse à son retour d'Amérique avant de s'installer à Rancy (*V*, p. 237), puis, retour de Rancy, avant d'aller au Tarapout où la rencontre de Parapine lui permet d'entamer une carrière de figurant de théâtre, puis de devenir psychiatre (p. 350-351). Le quatrième et dernier départ de la place Clichy conduit à la mort et à la fin du texte : c'est de là que part le taxi où Madelon assassine Robinson (p. 485-486). De plus, c'est à partir de cette place que le lecteur peut identifier les lieux où se déroule l'action de vingt-trois chapitres, soit la moitié de l'œuvre. L'itinéraire qui mène Bardamu de « Rancy » à la place Clichy (p. 349-350) est décrit en sorte qu'on reconnaisse Clichy-la-Garenne sous « Rancy ». De même le chemin qu'il suit pour aller de la place Clichy au « Tarapout » (p. 351) oblige à imaginer le « Tarapout » sur le boulevard des Italiens. De même encore, on devine que « Vigny » désigne Argenteuil, puisqu'il est situé face au pont de Gennevilliers (p. 445, 461) et sur la ligne du tramway qui part de la place Clichy (p. 485).

La critique biographique pourrait expliquer le choix de ce point de repère par la proximité de cette place avec la rue Lepic où Céline écrit *Voyage*. Dans cette optique, le départ de la place Clichy et le passage cyclique par ce point servent à l'identification de l'auteur à son texte. Céline en usera de même dans *D'un château l'autre,* par exemple, où le récit ira et viendra entre Meudon, lieu d'émission du texte, et Siegmaringen, lieu du souvenir ; de façon générale le narrateur célinien éprouve le besoin de notifier sa situation d'écrivant au tout début de sa narration : c'est le « tout en haut, où nous sommes, la maison tremble » de *Mort à crédit* et les descriptions du pavillon K de la prison de Copenhague dans *Féerie pour une autre fois.*

Cependant le lecteur n'est pas censé savoir que Céline est domicilié rue Lepic, et il peut interroger comme un symbole le monument allégorique dédié au maréchal Moncey qui est érigé au milieu de la place Clichy, omphalos du roman. Moncey défendit héroïquement et inutilement Paris le 30 mars 1814. Ce maréchal et ses combats font l'objet d'une référence récurrente : au fond de l'Afrique, Bardamu obéit à une administration coloniale sise rue Moncey (*V*, p. 133), son hallucination des morts lui fait voir les « cosaques enfouis près du Moulin » qui prirent part aux combats du 30 mars 1814

(p. 368), bataille dont Bardamu parle avec les employés de
l'octroi puis avec Parapine (p. 350, 352). Nous pouvons
remarquer au passage que les défaites de 1814 et de 1815
furent, dans la réalité historique, la date de naissance (fixée
par Musset et décelable chez d'autres) du désenchantement
des romantiques de 1830. La présence symbolique du maréchal Moncey au centre de *Voyage au bout de la nuit* donne
l'histoire comme un des moteurs de la parole célinienne, une
histoire dont l'essence est la guerre et la défaite.

L'histoire sollicite le moi de l'extérieur, comme l'indique
le premier chapitre : la place Clichy est le lieu où elle
s'engouffre, sous la forme d'un régiment qui « se met à passer » (*V*, p. 10), dans le destin de Bardamu. Mais l'histoire
est aussi une fatalité intérieure : le monument de Moncey est
ce vers quoi, sans le vouloir, court le narrateur :

> Tout au bout c'est la statue du maréchal Moncey. Il défend tou-
> jours la Place Clichy depuis 1816 contre des souvenirs et l'oubli, contre
> rien du tout, avec une couronne en perles pas très chère. J'arrivai moi
> aussi près de lui en courant avec 112 ans de retard par l'Avenue bien
> vide. Plus de Russes, plus de batailles, ni de cosaques, point de sol-
> dats, plus rien sur la Place qu'un rebord du socle à prendre au-dessous
> de la couronne (p. 350).

Le narrateur célinien se sait donc engagé volontaire
(comme les troupes de Moncey qu'il rejoint « en courant »),
dans une histoire dont la gloire est dérisoire (« plus rien qu'un
rebord du socle à prendre »), et qui le mobilise à contre-temps,
« 112 ans » après la bataille. Ce symbole vient ainsi contredire ou du moins moduler la devise initiale, par laquelle Bardamu rattachait sa colère au pacifisme militant (« La grande
défaite, en tout, c'est d'oublier » — p. 25). Il s'agissait alors
de ne pas oublier la méchanceté criminelle des hommes et des
pouvoirs ; il semble bien qu'il s'agisse à présent de ne pas
oublier l'héroïsme, l'héroïsme en lui-même, quoi que ce soit
qui menace, les « souvenirs », l'« oubli », ou « rien du tout ».
Avec ce symbole, Céline donne son discours pour une parole
à tout hasard mobilisée en vue de défendre la collectivité dans
le péril historique, pour un branle-bas généreux mais absurde,

sans finalité précise, et voué sans doute à une défaite de plus.

Comme l'impraticable héroïsme de la haine qu'incarne Robinson, comme la prise en charge de l'abjection humaine par Bardamu, la participation du narrateur à l'histoire est donc encore de l'ordre de l'héroïsme pour rien. Ce qui ne signifie pas qu'il soit politiquement neutre. La statue placée au centre du roman et vers laquelle Bardamu accourt est celle d'un maréchal d'Empire, partie intégrante d'un discours sur la dictature et sur le sens de l'histoire que nous aurons à étudier.

7. CÉLINE ET SAINT MICHEL MONTAIGNE : L'ÉCRITURE DU MOI, LA VANITÉ.

Si, du point de vue de l'histoire littéraire, et guidés par les *Entretiens avec le Professeur Y*, nous pouvons juger romantique le travail célinien sur le « moi », le modèle intellectuel que se donne Bardamu est beaucoup plus ancien, c'est Michel Montaigne. Nous savons que Céline aimait assez Montaigne pour complimenter à bon escient Pierre Albert-Birot pour son *Grabinoulor* en ces termes : « j'ai déjà parcouru votre magnifique ouvrage et j'ai déjà lu votre "défense du Con" à laquelle je suis tout adhérent et sensible au possible. Je pressens du Montaigne dans ces pages »[54]. *Voyage au bout de la nuit* fait référence aux *Essais* de manière flatteuse. Lorsque Bardamu en achète par hasard un exemplaire et l'ouvre à la page de l'épître de Montaigne à sa femme sur la mort de leur première fille, il n'en tire aucun réconfort pour affronter l'agonie de Bébert : « Il me semblait qu'il n'y avait rien pour lui sur la terre, même dans Montaigne » (*V*, p. 289); cependant, ce « même dans Montaigne » est une manière de dire qu'il y a tout, pourtant, dans Montaigne, même ce qui fait défaut à tout le reste de la terre. D'autre part, le nom de Saint-

---

54. Lettre à Pierre Albert-Birot du 14 avril 1933, *in BLFC2*, p. 129.

Éponime donné à l'église Saint-Michel de Bordeaux pourrait cacher un clin d'œil pour lettrés; nulle femme ne se nomma jamais « Éponime », mais nous savons ce qu'est un héros « éponyme » : ce jeu de mots ferait de « Michel de Bordeaux », le saint « éponyme », le héros fondateur de l'œuvre.

De fait, *Voyage au bout de la nuit* regarde vers les *Essais* par sa méthode. S'il est vrai que toute écriture qui met en scène le « moi » a quelque chose à voir avec les *Essais*, monument initial, c'est particulièrement sensible pour le travail de Céline, dans la mesure où le passage par le « moi » y est passage obligé, signe d'une crise et prodrome de sa résolution. « Quand escrivismes nous tant que depuis que nous sommes en trouble? Quand les Romains tant, que lors de leur ruyne? », remarquait Montaigne (III, IX, p. 923)[55]? Quand il devient patent que le monde n'est pas celui qu'on croyait qu'il était — parce que son appréhension scientifique se modifie, que son devenir politique s'avère difficilement contrôlable, et que le système de représentations qu'on en avait n'est plus approprié à la réalité qu'on constate, ni le vieux système de valeurs aux choix qui s'imposent dans l'action — recentrer l'écriture sur le moi est une manière d'intérioriser la crise et une méthode pour parvenir, peut-être, à la dominer. « Je ne me mesle pas de dire ce qu'il faut faire au monde, d'autres assés s'en meslent, mais ce que j'y fay », écrivait Montaigne (I, XXVIII, p. 191). De même, l'auteur de *Voyage* n'a pas de réponse à proposer, mais il n'en considère pas moins que « l'essentiel, [...] dans la littérature, c'est de poser une question » (cité *supra* p. 35), et si le plus grand désordre règne dans le monde, si nous ne sommes plus capables de le penser, le moi peut du moins assumer cette déroute : « L'anarchie partout et dans l'arche, moi Noé, gâteux » (*V*, p. 175).

Dans *Voyage* comme dans les *Essais*, le moi porte « la forme entière de l'humaine condition » (« Il suffit en tout et pour tout de se contempler scrupuleusement soi-même » —

---

55. Cette pagination renvoie à Montaigne, *Œuvres complètes*, Paris, Gallimard, 1962, « Bibliothèque de la Pléiade ».

V, p. 210), mais il ne se connaît pour tel que dans une opération dialectique, par le jeu de ses oppositions à autrui. Les innombrables « , moi » oppositionnels de Bardamu ressemblent aux « Quant est de moy, » de Montaigne. Quand Bardamu commente la lettre de Montaigne à sa femme en s'écriant : « Enfin, c'était leur affaire à ces gens. On se trompe peut-être toujours quand il s'agit de juger le cœur des autres. Peut-être qu'ils avaient vraiment du chagrin ? Du chagrin de l'époque ? », il illustre précisément, face à un texte de Montaigne, l'attitude de Montaigne face à autrui, le va-et-vient qu'il opère entre l'expérience de l'autre et la sienne propre, sans intolérance vis-à-vis des différences et en présupposant une probable unité. Selon cette logique, le voyage est donc, dans les deux œuvres, la plus profitable des expérimentations ; la première phrase de l'avant-dire de *Voyage*, « Voyager, c'est bien utile, ça fait travailler l'imagination » est homologue au célèbre développement de l'essai « De la vanité » : « le voyager me semble un exercice profitable. L'âme y a une continuelle exercitation à remarquer les choses incogneuës et nouvelles [etc.] » (III, ix, p. 951). L'opposition du moi et d'autrui peut affecter aussi une forme violente, lorsque la description humiliante du moi sert à humilier la vanité d'autrui. Le choix que fait Céline d'un narrateur infâme, ses attaques contre la « vanité », sa conviction que notre condition est abjecte, sa volonté d'agresser l'outrecuidance humaine, qui est le fin mot de la postface *Qu'on s'explique...* (« Il faut que les âmes aussi passent à tabac. » — *I*, p. 1113), tout cela peut rappeler les paragraphes les plus noirs des *Essais*, par exemple dans l'« Apologie de Raimond Sebond », même si le ton de Montaigne est en général plus détendu.

La confrontation du moi et d'autrui se manifeste aussi, dans *Voyage* et dans les *Essais*, par l'innutrition du discours du moi par le discours d'autrui. Le choix d'écrire la vérité en réécrivant des vérités déjà écrites peut nous paraître moderne, mais c'est une modernité qui remonte à la méthode savante et personnelle de Montaigne. Qu'importe à Céline que son épisode africain s'inspire du *Cœur des Ténèbres*, ou que tel détail de son récit de guerre soit dû à Dorgelès ! Montaigne s'inquiétait-il de savoir si une anecdote lui venait de Diodore de Sicile, d'un frère d'armes ou de son propre fonds ? Seul compte ce que le moi reconnaît ou transforme en vérité pour le moi[56]. « La lecture me sert specialement à esveiller par divers objects mon discours, à embesongner mon jugement », expliquait Montaigne (III, III, p. 797), qui nommait « entreglose » ce que nous appelons intertextualité : « Nos opinions s'entent les unes sur les autres. La première sert de tige à la seconde, la seconde à la tierce. Nous eschellons ainsi de degré en degré » (III, XIII, p. 1046). Il faut imaginer Céline conscient de se greffer comme un nouveau rameau sur cet arbre que fait la littérature, puisqu'il inscrit dans *Voyage* un texte de Montaigne qui renvoie lui-même à un texte antérieur.

Cette référence à Montaigne désigne en même temps la littérature comme une vanité, puisque le chagrin de Bardamu ne saurait être adouci par des consolations littéraires. Cependant le narrateur n'a pas ouvert, pour s'en convaincre, la « Consolation à Du Périer » ou « À Villequier », mais l'œuvre de celui qui, précisément, avait dit la vanité de la littérature. On se souvient en effet que l'essai « De la vanité » commençait par une mise en accusation de la vanité de cet essai lui-même (« Il n'en est à l'avanture aucune plus expresse que d'en écrire si vainement ») et que la préface « Au lecteur » proclamait hautement la vanité de l'ensemble de l'œuvre : « je suis moy-mesmes la matiere de mon livre : ce n'est pas raison que tu employes ton loisir en un subject si frivole et si vain ».

Le chapitre XXV du roman, construit en abîme avec, au centre, la parodie de l'épître de Montaigne, est organisé en sorte de porter jugement sur la vanité de l'entreprise de Céline

---

56. De fait, si la critique universitaire est fondée à faire des distinctions entre écriture « influencée », écriture à partir de « sources », « citation », « allusion », « référence », « réécriture » de diverses sortes, etc., ces divers modes possibles de l'écriture servent ensemble à la production des œuvres et reflètent tous le rapport que le sujet écrivant entretient avec la littérature antérieure. C'est l'intensité et la richesse de ce rapport, la conscience que l'écrivain en a, et la volonté qu'il a de le rendre patent, qui varient selon les œuvres.

lui-même (et pas seulement sur la vanité de la littérature des autres, comme le disent d'ordinaire les commentateurs). Ce chapitre marque un temps d'arrêt ; le narrateur y médite sur sa vie passée, méditation qui peut être comprise comme le premier projet de cette œuvre écrite « de l'autre côté de la vie » (*V*, p. 5) que nous sommes en train de lire :

[...] J'étais comme arrivé au moment, à l'âge peut-être, où on sait bien ce qu'on perd à chaque heure qui passe. Mais on n'a pas encore acquis la force de sagesse qu'il faudrait pour s'arrêter pile sur la route du temps [...].

On découvre dans tout son passé ridicule tellement de ridicule, de tromperie, de crédulité qu'on voudrait peut-être s'arrêter tout net d'être jeune, attendre la jeunesse qu'elle se détache, [...] regarder toute sa vanité, [...] et tranquillement alors, de son côté, bien à soi, repasser tout doucement de l'autre côté du Temps pour regarder vraiment comment qu'ils sont les gens et les choses (p. 287-288).

Présenté en ces termes, ce projet n'est pas sans rappeler Montaigne, qui se mit à écrire quand il fut « engagé dans les avenuës de la vieillesse, ayant pieça franchy les quarante ans » (II, XVII, p. 625) et qu'il eut toute sa vie derrière lui, en sorte que l'écriture devait lui permettre d'arrêter le temps : « je veus arrester la promptitude de sa fuite par la promptitude de ma sesie » (III, XIII, p. 1092). Par rapport au projet autobiographique de Bardamu, la référence à l'épître de Montaigne et à son inutilité, qui est au centre du chapitre, a une valeur emblématique. La parodie dont ce texte est l'objet manifeste, sur un ton bouffon, le paradoxe qu'épouse l'écrivain du moi ; son œuvre est à la fois, pour Céline et pour Montaigne, la plus vaine des littératures, et la seule qui vaille cependant, puiqu'elle renvoie son lecteur, métaphysiquement parlant, à la vanité essentielle. Hors texte, Céline excuse d'ailleurs en 1933 la vanité métaphysique et l'irresponsabilité morale de l'acte d'écrire par le fait que la littérature tout entière, *Voyage* y compris, est plus inutile qu'elle n'a jamais été : « j'ai eu l'impression consolante — l'absolution — que la littérature ne signifiait plus rien dans la vie d'aujourd'hui »[57].

57. Lettre à E. Dabit du 5 octobre 1933, *in BLFC6*, p. 53.

Alors qu'en 1932, Montaigne fait figure de vieux modèle pour le travail « philosophique » sur le moi qu'opère Bardamu, il deviendra le contre-modèle de Céline quand celui-ci entrera dans l'écriture pamphlétaire. Quand, loin de croire que la littérature « ne signifie rien », il écrira, au service du combat politique immédiat, « trois livres catégoriques » (pour reprendre l'expression qu'il emploiera dans *L'Appel* du 30 octobre 1941 — *CC7*, p. 128), son choix de l'engagement s'assortira, en toute logique, d'une exécration de Montaigne et de toute littérature construite sur la distance prise. L'origine en partie juive de Montaigne fournit alors un prétexte à sa haine, mais c'est en vérité à son scepticisme qu'il en veut. Toute la jeunesse bourgeoise, « l'Élite » qu'il déteste, lui semble corrompue par un système éducatif où brillent les émules de « l'éblouissant Durand-Kahn qui est Montaigne actuel en Sorbonne... Qu'est si sceptique qu'il en dort plus... » (*BD*, p. 52). Le sérieux et la subtilité de Montaigne servent de repoussoir au mythe de la légèreté irrationnelle et irresponsable que Céline édifie au moment où il est en train de prendre les plus grandes responsabilités : « Que me fout Mr. Ben Montaigne prêchi-prêcha, madré rabin ?... Il n'est point la joie que je cherche, fraîche, coquine, espiègle, émue... » (p. 128). L'auteur des *Essais* est pour lui un des symboles du rationalisme et de la prudence qu'il doit abattre s'il veut persuader son lecteur de s'engager résolument dans l'application du programme antisémite : « Mr. Montaigne n'est point lyrique et c'est un grand crime à mes yeux, il fabrique ses sournois Talmuds, ses gros manuels du "Parfait Juivre", à crougnotter dans la tiédeur, dans la dégonflerie captieuse [...] » (p. 129). La haine de « Montaigne » qui s'exprime dans *Les Beaux draps* paraît bien incongrue si l'on ne se souvient pas de la référence flatteuse que *Voyage* fait aux *Essais*; mais si l'on s'en souvient, on peut comprendre cette vitupération, en partie, comme une autocritique que Céline prononce, à l'heure de l'engagement, pour avoir écrit lui-même un roman philosophique qui « crougnottait dans la tiédeur » dans la mesure où, malgré sa violence, il n'offrait pas au lecteur l'ombre d'une solution historique ou morale.

8. CÉLINE, MONTAIGNE, SCHOPENHAUER : LE REFUS DES SAGESSES HÉRITÉES.

Que la vision du monde de Céline soit pessimiste, chacun le constate aisément ; lui-même la rattachait explicitement à une tradition, à une « école » : « Evidemment, je suis de l'école pessimiste », disait-il dans sa vieillesse[58]. Son pessimisme ne s'accompagne, dans *Voyage*, de la proposition d'aucune éthique, et il le faisait observer dans une interview tardive où il évoquait en ces termes la mise en œuvre de son premier roman : « j'ai commencé à raconter. Mais moi j'ai pas de message à apporter. Les messages c'est pour les autres. Montaigne, Schopenhauer. Moi, je ne suis qu'un petit raconteur d'histoires »[59]. De fait, si sa vision n'est pas sans points communs avec celles de Montaigne et de Schopenhauer, il semble s'employer dans son œuvre initiale à congédier ou à ignorer les sagesses de survie qu'ont élaborées ces penseurs.

Dans *Voyage au bout de la nuit*, « la vérité de ce monde c'est la mort », et la mort était un des thèmes moteurs des *Essais*. Céline, qui déclare le 27 juin 1933 à Eugène Dabit « vous savez que je suis spécialiste du cadavre » (*BLFC6*, p. 49), et qui inscrira si souvent la mort dans les titres de ses œuvres, peut-il ne pas se souvenir de l'auteur de l'essai « Que philosopher, c'est apprendre à mourir » ? Il pense lui aussi qu'« être seul c'est s'entraîner à la mort » (*V*, p. 380), et il rejoint Montaigne lorsque celui-ci faisait prononcer par la Nature la formule terrible « Le continuel ouvrage de vostre vie, c'est bastir la mort » (I, xx, p. 91), ou lorsqu'il avouait : « j'ay en particulière affection cette matière » (I, xx, p. 88).

---

58. « Interview avec A. Parinaud, III », *in CC2*, p. 194.
59. « Interview avec Louis Le Cunff », *in Le Monde et la Vie*, novembre 1960, repris *in CC2*, p. 182.

Chacun sait depuis les bancs du collège que, face à la mort ou à sa pensée, Montaigne s'armait de la rationalité et du courage stoïciens. Lorsque Bardamu constate qu'il n'y a rien dans Montaigne qui puisse l'aider à affronter la mort de Bébert, lorsque Céline parodie la « Lettre à Madamoiselle de Montaigne » du 10 septembre 1570 où Montaigne prie son épouse de se consoler de son deuil grâce à la « Lettre consolatoire de Plutarque à sa femme », c'est la vaine prétention du stoïcisme à nous aider à supporter l'insupportable, l'inefficacité de sa sagesse face aux épreuves du réel, qui sont mises en relief et ridiculisées. Hors texte, dans les toutes dernières lignes de la postface *Qu'on s'explique...*, le stoïcisme est d'ailleurs explicitement rangé parmi les systèmes de représentation à abattre — et l'on retrouve, ici aussi, le « qu'on n'en parle plus » qui clôt le roman :

> [...] Qui nous juge ?
> Est-ce donc cette humanité nietzschéenne ? Fendarde ? Cornélienne ? Stoïque ? Conquérante de Vents ? Tartufienne et Cocoricote ? Qu'on nous la prête avec son nerf dentaire et dans huit jours on ne parlera plus de ces cochonneries. Il faut que les âmes aussi passent à tabac (*I*, p. 1113).

Céline nie que l'individu puisse trouver en lui-même cette force d'âme, puisée dans la sagesse antique, dont la « Lettre à Madamoiselle de Montaigne » tâchait de donner l'exemple, et qu'illustrait l'essai « Que philosopher, c'est apprendre à mourir ». Le narrateur célinien ne veut aucune consolation, il n'apprendra jamais à mourir, il exprime une révolte inépuisablement scandalisée par le Mal et relayée par l'angoisse. En mettant Montaigne entre les mains de Bardamu, Céline convoque le fantôme de la sagesse « stoïque » afin d'intensifier, par son rejet, le dénument du moi moderne face à la mort.

Quant à Schopenhauer, qui fut un philosophe de « l'école pessimiste » à proprement parler, le texte de *Voyage* n'y fait pas référence. Cependant le lecteur, averti par l'interview tardive que nous citons plus haut, peut être tenté de déchiffrer son influence dans la thématique du roman. Nous savons d'ailleurs que Céline avait lu du Schopenhauer à Londres en 1915, si l'on en croit le témoignage de Georges Geoffroy (*HER*, p. 202); mais nous savons aussi qu'on ne trouve que très peu d'occurrences du nom de ce philosophe dans sa correspondance et ses interviews (où pourtant les références culturelles pullulent), et que la connaissance qu'il en avait était sans doute partielle; il écrit en effet à Milton Hindus en 1947: « Je vous recommande *CHAMPFORT [sic]* parmi les humoristes français, la quintessence de l'esprit de finesse — Shopenhauer *[sic]* lui doit *tout* — sans l'avoir jamais avoué »[60]. Croire que Schopenhauer « doit *tout* » à Chamfort suppose qu'on se souvienne davantage des développements faciles des *Aphorismes sur la sagesse dans la vie* (qui empruntent à Chamfort leur épigraphe) que des pages plus spécifiquement philosophiques du *Monde comme volonté et comme représentation*.

Les affirmations pessimistes du narrateur célinien rencontrent souvent celles de Schopenhauer sur des points importants, si bien qu'il serait loisible de faire une lecture schopenhauerienne de *Voyage au bout de la nuit*. Ainsi les propos de Bardamu que nous rapportions plus haut à l'influence de « l'énorme école freudienne » (qu'il s'agisse de ses affirmations sur la pulsion de mort, que nous rapprochions d'*Au-delà du principe du plaisir* — *supra*, p. 116 —, ou de ses paroles sur le bonheur, l'art, ou le ressentiment, que nous reliions à *Malaise dans la civilisation* — *supra*, p. 169) pourraient être mis en rapport avec *Le Monde comme volonté et comme représentation* : les historiens de la philosophie ont souligné les coïncidences de vue entre Freud et le pessimiste de Francfort, et Freud lui-même savait que ses propres recherches l'amenaient sur des positions schopenhaueriennes : « sans nous en apercevoir, nous nous sommes engagés dans les havres de la philosophie schopenhauerienne, d'après laquelle la mort serait

---

60. Lettre à Milton Hindus du 17 octobre 1947, *in* Milton Hindus, *op. cit.*, p. 174.

le "résultat proprement dit", et, pour autant, le but de la vie, tandis que l'instinct sexuel représenterait l'incarnation de la volonté de vivre », écrivait-il dans *Au-delà du principe du plaisir*[61]. L'adage célinien « L'amour c'est l'infini mis à la portée des caniches » (*V*, p. 8) pourrait passer pour un résumé lapidaire et hargneux des chapitres « Vie de l'espèce » et « Métaphysique de l'amour » des « Suppléments » du *Monde*, où, prenant l'exemple de la gravité du rut des animaux, Schopenhauer considère l'amour comme l'expression du vouloir-vivre à l'infini de l'espèce. *Voyage* rappelle aussi les célèbres développements sur le « vide intérieur » et sur la vie « oscill[ant] comme un pendule, de droite à gauche, de la souffrance à l'ennui » qu'on lit au chapitre 57 du *Monde* et au chapitre I des *Aphorismes sur la sagesse dans la vie*; Céline n'écrit-il pas dans *Qu'on s'explique...* « nous ne faisons que passer le Temps » (*I*, p. 1113), et dans son roman : « Les êtres vont d'une comédie vers une autre. Entre-temps la pièce n'est pas montée, ils n'en discernent pas encore les contours, leur rôle propice, alors ils restent là, les bras ballants, devant l'événement, les instincts repliés comme un parapluie, branlochants d'incohérence, réduits à eux-mêmes, c'est-à-dire à rien. Vaches sans train » (*V*, p. 260). Il semble qu'il aurait aussi pu écrire ces lignes par lesquelles Schopenhauer conclut sa description de la vie comme d'un champ de souffrances : « en voilà assez pour faire une tragédie. On dirait que la fatalité veut, dans notre existence, compléter la torture par la dérision ; elle y met toutes les douleurs de la tragédie ; mais, pour ne pas nous laisser au moins la dignité du personnage tragique, elle nous réduit, dans les détails de la vie, au rôle du bouffon »[62]. Lorsque Céline écrit :

[...] Il y a un moment où on est tout seul quand on est arrivé au bout de tout ce qui peut vous arriver. C'est le bout du monde. Le chagrin lui-même, le vôtre, ne vous répond plus rien et il faut revenir en arrière alors, parmi les hommes, n'importe lesquels. On n'est pas difficile dans

61. S. Freud, *Essais de psychanalyse*, p. 63.
62. A. Schopenhauer, *Le Monde comme volonté et comme représentation*, chap. 58, Paris, PUF, 1966, p. 407.

ces moments-là car même pour pleurer il faut retourner là où tout recommence, il faut revenir avec eux (*V*, p. 328).

il fonde la sociabilité, comme Schopenhauer, non sur un instinct social, puisque la solitude est « inguérissable » (p. 377), mais sur l'incapacité de l'homme à endurer sa solitude essentielle[63]. Si on lit *Voyage* à l'ombre de Schopenhauer, on pourra même soupçonner, dans les phrases singulières qui suivent (et où l'image de Bardamu ne s'accorde pas très bien avec l'ensemble de son personnage), la caricature grotesque d'un Bardamu qui poserait déguisé en Schopenhauer :

[...] Dans ma retraite, en train de rechercher une punition pour l'égoïsme universel, je me branlais l'imagination en vérité, j'allais la rechercher jusqu'au néant la punition ! On rigole comme on peut lorsque les occasions de sortir se font rares, à cause de l'argent qui manque, et plus rares encore les occasions de sortir de soi-même et de baiser (p. 380).

En l'absence de toute référence à Schopenhauer dans le texte de *Voyage* et dans son paratexte immédiat, le lecteur est libre de considérer les similitudes thématiques que nous venons d'évoquer comme les marques d'une influence directe[64], ou d'une influence indirecte (Schopenhauer *via* Freud ?), ou comme des coïncidences avec d'autres influences (ennui schopenhauerien ? ou misère pascalienne de l'homme sans divertissement ?), ou comme les signes d'un héritage diffus (obsession schopenhauerienne du « théâtre » ? ou leitmotiv laforguien de la comédie ?) et en même temps inévitable, étant donné l'imprégnation de notre culture par les thèmes pessimistes du *Monde comme volonté et comme représentation*.

---

63. Voir *Le Monde comme volonté et comme représentation*, chap. 57, p. 396, et *Aphorismes sur la sagesse dans la vie*, Paris, PUF, 1964, p. 104-106.
64. De la même manière, Anne Henry propose une lecture schopenhauerienne de la trilogie, qui nous paraît éclairante même si nous croyons la philosophie de l'histoire de Céline plus éclectique que son analyse ne le laisse à penser (« La trilogie allemande, bande comique réalisée par Céline d'après une idée de Schopenhauer », *in* Anne Henry, *Schopenhauer et la création littéraire en Europe*, Paris, Méridiens-Klincksieck, 1989).

Quoi qu'il en soit, si thématique schopenhauerienne il y a, il faut alors observer que l'auteur de *Voyage* exprime son refus d'adhérer à la morale du philosophe, en exécutant deux concepts-clefs de cette morale : « l'art » et la « pitié ». L'art, qui est chez Schopenhauer un des moyens de dépasser la souffrance individuelle par la suspension du vouloir-vivre, est mis par Bardamu au dernier rang des impostures : « Le reste c'est rien du tout, c'est de la peur qu'on n'ose pas avouer, c'est de l'art » (*V*, p. 380). L'éthique de Schopenhauer, exposée dans *Le Fondement de la morale*, et dans les derniers chapitres du Livre IV du *Monde*, est gouvernée par la notion de pitié : dans cette métaphysique, alors que l'égoïsme est la manifestation nécessaire du vouloir-vivre chez un individu qui, vivant dans le monde des phénomènes, n'aperçoit pas que l'autre est lui-même, la pitié est le mode de la sagesse, perception de l'unité des individus dans le vouloir-vivre — vouloir-vivre qui s'initie, à travers elle, à la nécessité de sa propre négation. La « pitié » est présente deux fois à des endroits remarquables du *Voyage*, au début et à la fin. On peut penser que Céline part de la position schopenhauerienne dans la mesure où la « pitié » qu'il évoque est celle de la victime pour son bourreau : « Ça vient drôlement la pitié. Si on avait dit au commandant Pinçon qu'il n'était qu'un sale assassin lâche, on lui aurait fait un plaisir énorme, celui de nous faire fusiller » (p. 24)[65]. A la fin du roman, il nous montre que son héros est devenu incapable de l'éprouver alors que seul ce sentiment le mettrait à la hauteur de la condition humaine : « Dans ces moments-là, c'est un peu gênant d'être devenu aussi pauvre et aussi dur qu'on est devenu. [...] On l'a chassée, tracassée la pitié qui vous restait, soigneusement au fond du corps comme une sale pilule. On l'a poussée la pitié au bout de l'intestin avec la merde » (p. 496)[66].

65. Sur l'idée que « le bourreau et le patient ne font qu'un » dans le vouloir-vivre, voir *Le Monde comme volonté et comme représentation*, chap. 63, p. 446.
66. Le rejet du sentiment de « pitié » exprimé dans le dénouement de *Voyage* nous semble donc fonctionner doublement : sur un plan philosophique à proprement parler (contre Schopenhauer) et sur un plan où la morale glisse à l'idéologie (contre Barbusse — voir *supra*, p. 86).

La « philosophie » de *Voyage* se refuse donc à déboucher sur une morale pratique. Le narrateur célinien affirme ne pouvoir trouver en soi ni la fermeté « stoïque » d'un Montaigne, ni la « pitié » d'un Schopenhauer. Face au mal et à la mort, le livre entier nous laisse sans réponse, comme Bardamu à la fin du chapitre XXV : « J'ai fini par m'endormir sur la question » (*V*, p. 291). Il contient cependant un personnage étrange, Serge Parapine, qui incarne, dans l'ordre de la bouffonnerie, une proposition de solution.

9. CÉLINE, PARAPINE ET ELIE METCHNIKOFF : LE SALUT PAR LA BIOLOGIE.

Parapine est le compagnon positif de Bardamu ; aussi lucide et ironique que lui, il sert parfois de récitant à la pensée de Céline ; c'est l'adjuvant du héros au sein de la narration ; il a donné à Bardamu « quelques leçons de microscope » (*V*, p. 282), il lui trouve du travail, il gère avec lui l'asile de Vigny, il sait faire les gestes qui s'imposent lors du drame final, tandis que Bardamu médite, les bras ballants et l'âme en déroute. Robinson et Baryton ont tort de le prendre pour un fou, c'est un sage qui a atteint « l'indifférence absolue » et se dérobe aux « controverses sous-intellectuelles » (p. 431) il a « choisi la route du silence » (p. 427) — ce que Céline aurait aimé être capable de faire, comme il l'a répété dans ses dernières interviews.

Ce curieux personnage est le fantôme d'Elie Metchnikoff (1845-1916). Ce biologiste russe, dont on se souvient aujourd'hui comme de l'un des pères de l'immuno-biologie, publia en 1901 *L'Immunité dans les maladies infectieuses*, obtint le prix Nobel en 1908 et devint en 1904 le sous-directeur de l'Institut Pasteur, où il était entouré du plus grand respect. Jusqu'à la fin de sa vie, son laboratoire fut « le plus vivant » de l'Institut : « c'est là qu'on discute l'événement bactériologique du jour », disait Emile Roux (le Pr Jaunisset de *Voyage*),

qui fut son ami[67]. Les médecins cultivés de 1932 ne pouvaient hésiter à l'identifier sous le portrait de Parapine (*V*,
p. 282-286).

La première rencontre de Parapine et Bardamu doit en
effet être datée de 1931, année où une épidémie de typhoïde
emporta beaucoup d'enfants (et Bébert dans le roman). Il y
a alors « vingt ans déjà », que Metchnikoff a fait avancer la
connaissance des « maladies typhoïdes, soit animales, soit
humaines » (*V*, p. 282). Le bacille d'Eberth n'avait jamais pu
être étudié expérimentalement, les animaux habituels des labo-
ratoires étant réfractaires ; Metchnikoff eut l'idée d'en infec-
ter, non pas « le sperme d'un invalide de soixante et douze
ans » comme a fait Parapine, mais des chimpanzés, ce qui lui
permit d'identifier irréfutablement le vibrion eberthien comme
agent de la typhoïde et d'opérer des observations *in vivo*,
consignées en 1911 dans une série d'articles[68]. Metchnikoff
ne dut pas sa découverte, comme Parapine, à la volonté de
« riposter » à un « fanfaron teuton », mais le début de son premier article n'en fait pas moins référence à l'impasse où se
trouvent les actions sanitaires menées en Allemagne selon les
idées de Koch. Ayant commencé en 1893-1894 ses recherches
sur l'immunité vis-à-vis des maladies intestinales, en particulier sur les vaccins, et confiant dans la prévention et dans
l'hygiène, Metchnikoff prend part avec un certain scepticisme
aux débats de 1911 sur l'efficacité des vaccins, scepticisme
dont les interrogations oiseuses de Parapine sont l'écho défor-
mant et comique (« D'abord, y croyez-vous, cher confrère,
vous, aux sérums ? [etc.] », p. 283).

Elie Metchnikoff ne se limita pas à des travaux sur

---

67. Cité par Olga Metchnikoff, *Vie d'Elie Metchnikoff*, Paris, Hachette,
1920, p. 127.
68. Dans les *Annales de l'Institut Pasteur*, 1911 : Elie Metchnikoff et Alexan-
dre Besredka, « Sur la fièvre typhoïde expérimentale », t. XXV, n° 3 ; Metchnikoff, « Quelques remarques sur la vaccination à propos du mémoire de M.
Chourevitch sur le choléra », t. XXV, n° 6 ; « Réponse de MM. Metchnikoff
et Besredka à M. le Dr Vincent, remarques sur la vaccination antityphique »,
t. XXV, n° 6 ; Metchnikoff et Besredka, « Des vaccinations antityphiques »,
t. XXV, n° 12.

l'immunité. Dans tout le second versant de sa vie, il consa-
cra une part importante de son activité à des réflexions qui
mêlaient pensée scientifique et philosophie, observations de
biologie, de zoologie et de psychologie humaine — curieuse
évolution que reflète l'invraisemblable carrière de Parapine
passant de l'Institut Bioduret à un asile psychiatrique. Son
travail sur l'économie interne de l'organisme vivant et ses
préoccupations personnelles le conduisirent à des recherches
sur la vieillesse et sur la mort, couronnées par la publication
de deux volumes, qui furent lus par le grand public, *Études
sur la nature humaine* en 1903 et *Essais optimistes* en 1907 —
c'est vraisemblablement à ce dernier titre que Destouches fait
allusion dans sa lettre à Simone Saintu du 12 octobre 1916 :
« Le vieux Metchnikoff est mort. [...] il avait pondu un
ouvrage sur la vérité, qui était fort bon » (*CC4*, p. 118). Parmi
les causes que Metchnikoff donne au vieillissement se trouve
l'empoisonnement progressif de l'organisme par les toxines
dues à la flore du gros intestin ; il préconise une hygiène propre à retarder le vieillissement, conseillant d'éviter les maladies infectieuses, surtout la syphilis, d'écarter l'alcool et les
aliments crus, et de privilégier les ferments lactiques[69]. Parapine est un Metchnikoff de fantaisie lorsqu'il se propose
« entre autres fadaises » d'entreprendre une « étude de
l'influence comparative du chauffage central sur les hémor-
roïdes » pour complaire aux « vieillards » de l'Académie de
Médecine, et lorsqu'il s'écrie : « Qu'en pensez-vous ? De
l'hygiène ? Du régime ? » (*V*, p. 286) ; et il fait figure de
Metchnikoff-chez-les-pauvres quand il essaie de dissuader
Mandamour de boire (p. 401).

Trois chapitres des *Études sur la nature humaine* (« Désharmonies de l'instinct de conservation », « Introduction à
l'étude scientifique de la vieillesse », « Introduction à l'étude
scientifique de la mort ») et les *Essais optimistes*, qui en sont

69. Voir Elie Metchnikoff, *Essais optimistes*, Paris, Maloine, 1907,
p. 185-246. On sait l'importance que Céline attacha à ce type d'hygiène dans
sa vie personnelle.

la continuation, avaient de quoi intéresser Céline. Un des problèmes majeurs en est l'instinct de mort : comment se fait-il que les vieillards (comme la vieille Henrouille dans *Voyage*) manifestent un tel instinct de vie et que l'instinct de la mort naturelle soit si rarement observé ? L'homme est en révolte contre sa mort, comme on le voit dans les *Confessions* de Tolstoï, que Metchnikoff cite longuement et où on lit la formule que Destouches, puis Céline, reprendront : « La vérité, c'est la mort »[70]. Metchnikoff développe la thèse « optimiste » suivante : l'instinct de la mort existe, les très grands vieillards éprouvent le *besoin* de mourir ; si on ne l'observe que rarement, c'est que le vieillissement prématuré ne lui laisse pas le temps de se manifester ; notre mort n'est presque jamais « naturelle » ; lorsque l'hygiène et la médecine auront supprimé les troubles pathologiques et les souffrances de la vieillesse, lorsque la rationalité scientifique aura pénétré nos conduites, notre morale et notre organisation sociale, lorsque l'humanité vivra donc selon « l'orthobiose », toutes les « désharmonies » seront effacées, dont les « désharmonies de l'instinct de conservation » : la vie humaine normale sera très longue, les individus auront le temps de voir croître en eux l'instinct de la mort, ils mourront à l'heure où leurs corps en auront besoin, l'homme et la mort seront réconciliés. Tel est l'optimisme de Parapine, que Baryton comprend de travers, et dont il s'indigne : « Il attend qu'advienne l'âge des mathématiques ! Tout simplement ! Il est absolument résolu ! » (*V*, p. 420).

Le dernier sujet de réflexion de Metchnikoff fut la sexualité. Il voulait dénoncer les « désharmonies » que la société contemporaine impose à la fonction sexuelle et prônait de nouvelles mœurs, plus « rationnelles », plus conformes à « l'idéal de l'orthobiose ». C'est à quoi Céline fait plaisamment allusion quand Baryton s'exclame : « Savez-vous ce qu'un jour il m'a dit ? [...] "Entre le pénis et les mathématiques Monsieur

---

70. *Les Confessions* de Tolstoï, citées par Elie Metchnikoff, *Études sur la nature humaine*, Paris, Maloine, 1917, p. 161.

Baryton, il n'existe rien! Rien! C'est le vide!" » (*V*, p. 420).
Les remarques de Metchnikoff sur l'absence regrettable d'édu-
cation sexuelle dans les lycées sont joyeusement transformées,
dans *Voyage*, en un goût immodéré de Parapine pour les jambes des « petites élèves du lycée » voisin de l'Institut Bioduret (p. 286). Si le biologiste n'acheva pas ses *Études sur la
fonction sexuelle*[71] où il abordait cette question, ce n'est pas
qu'il ait eu des ennuis avec « les mères des petites filles du
lycée » (p. 352), c'est que la mort l'en empêcha.

La représentation que Céline donne de Parapine s'inspire
de ce qu'on pouvait savoir de Metchnikoff en 1932 en se fon-
dant sur la biographie écrite par sa femme. Le biologiste se
liait aussi facilement avec le premier venu que Parapine avec
Bardamu (*V*, p. 286); il tenait aux questions d'« Éthique »
comme Parapine critiquant fermement Baryton (p. 417), et,
généralement calme, il était susceptible d'entrer en fureur,
comme Parapine (p. 284), au milieu de ses infusoires; il était
« maternel » avec ses amis, comme Parapine est « fraternel »
avec Bardamu (p. 415); il se laissait même abusivement
exploiter par eux, comme Parapine assumant la charge de
l'asile à la place de Baryton ou de Bardamu (p. 436, 446); il
aimait les concerts et fréquentait les musiciens, comme Parapine au Tarapout (p. 354); il était d'un naturel dépressif et
inquiet... Pour le reste de son personnage, Parapine correspond aux fantasmes personnels de Céline; ce savant qui est
en même temps un clochard crasseux, solitaire, fermé mais
généreux, reconnu par l'institution mais vivant en marge et
la dénigrant, persécuté par elle, correspond à l'image de lui-
même que Céline cultive. Metchnikoff était au contraire très
bien intégré à la vie de l'Institut, et il ne dit jamais que du
bien de Pasteur[72]. Il serait excessif de dire qu'il fut persécuté. Il est vrai cependant qu'en 1912, il subit une campa-

71. Seules quelques pages en furent publiées: Elie Metchnikoff, « Sur la
fonction sexuelle », *Mercure de France*, t. CXX, 1er avril 1917, p. 412-418.
72. Voir Elie Metchnikoff, *Trois fondateurs de la médecine moderne: Pasteur, Lister, Koch*, Paris, Alcan, 1933.

gne d'infâmie de la presse xénophobe qui l'accusa d'avoir tiré
un profit commercial de ses recherches ; Émile Roux, agissant au rebours du « Pr Jaunisset », prit vigoureusement sa
défense. Par ailleurs, ses thèses sur la vieillesse et sur la mort
furent en butte à l'hostilité d'une partie des savants, qui les
jugeaient plus philosophiques que scientifiques, et elles furent
critiquées chez les non-spécialistes pour le peu de place
qu'elles faisaient aux valeurs humanistes : « l'orthobiose » vise
une amélioration de l'espèce humaine selon « un idéal qui
demande à être précisé » mais qui est exclusivement inspiré
par des considérations de performance et de confort biologiques, Metchnikoff se comparant lui-même à « un agronome
qui trouve dans la nature des plantes les éléments qui le poussent à chercher des races nouvelles et perfectionnées. De
même que dans la nature de certains pruniers il y a des éléments qui permettent l'obtention de prunes sans noyau, plus
commodes à manger, de même dans notre propre nature il
existe des caractères qui permettent la transformation de notre
nature désharmonieuse en nature harmonieuse, conforme à
notre idéal et capable de nous rendre heureux »[73].

La présence masquée d'Elie Metchnikoff dans *Voyage au
bout de la nuit* nous renseigne sur des points essentiels de la
vocation médicale de Destouches et de la thématique de
Céline. Elle autorise à penser que ce savant eut une part déterminante dans la vocation de Destouches et dans la manière
dont il considéra la médecine. La plupart des écrits médicaux
du Dr Destouches reflètent des préoccupations d'hygiéniste,
préoccupations auxquelles Metchnikoff avait donné, au début
du siècle, la formulation la plus ferme et la plus autorisée.
Certains attendus philosophiques de l'hygiénisme du Dr Destouches, tels que l'attaque répétée des religions, avaient été
développés dans les *Essais optimistes*. L'hygiénisme et l'obsession des « désharmonies » occupent d'autre part, on le sait,
une place très importante dans la création littéraire de Céline.
Les thèmes de la perfection musculaire, des danseuses et des

73. E. Metchnikoff, *Essais optimistes*. p. 434-435.

boîteuses, ceux de l'adéquation de l'instinct animal et des lacunes de l'instinct humain, courent d'œuvre en œuvre. *Bagatelles pour un massacre* associe une thématique antisémite de nature politique et historique à des réflexions hygiénistes concernant l'alcool, l'alimentation, les programmes de santé publique, la réhabilitation possible de la race aryenne, considérations qui sont la transposition en termes racistes, et l'application dans le champ de l'actualité politique, de l'appel à « l'orthobiose » que Metchnikoff émettait sur un plan théorique et politiquement neutre.

Du point de vue philosophique, la présence d'Elie Metchnikoff dans le roman a pour effet de dresser, à l'arrière-plan de la narration, l'image d'une sagesse en projet. Tandis que Robinson et Bardamu courent à leur perte, l'un vers le meurtre, l'autre vers le suicide, Parapine gère le présent et survit doucement, travailleur et silencieux, soutenu par son optimisme scientifique. L'attitude du romancier vis-à-vis de son personnage et des thèses qu'il incarne est curieuse. Il ne lui donne jamais la parole pour énoncer la philosophie qui, pourtant, justifie sa présence dans l'œuvre. Il ne facilite nullement l'identification de Parapine à Metchnikoff, il la complique même en mêlant à l'image de Metchnikoff deux détails qui renvoient à un chef de service contemporain de l'Institut Pasteur, Serge Metalnikov : non seulement il prénomme son héros « Serge », mais encore il lui fait manipuler « le sperme d'un invalide de soixante et douze ans », sperme auquel s'intéressait Metalnikov dans son ouvrage compilatoire *Immortalité et rajeunissement dans la biologie moderne*[74]. Il faut que le

74. Serge Metalnikov, *Immortalité et rajeunissement dans la biologie moderne*, Paris, Flammarion, 1924, p. 255-259. Pour le reste, les travaux de Metalnikov, zoologue entré en 1919 à l'Institut Pasteur et spécialiste de l'immunité chez les invertébrés, empêchent qu'on le considère comme le modèle de Parapine. Si la critique l'a fait jusqu'ici, c'est parce qu'elle s'est laissé guider par la biographie de Céline, et non par les savoirs médicaux auxquels renvoient les détails du texte romanesque. On voit d'ailleurs mal comment Céline aurait fait de Metalnikov, avec lequel il ne s'entendit guère, l'ami le plus fidèle de Bardamu — Destouches rencontra Metalnikov, en 1923 selon F. Gibault (*Le Temps des espérances*, p. 241), en 1921 selon les souvenirs personnels du

lecteur connaisse déjà les travaux et les thèses de Metchnikoff pour pouvoir l'identifier sous Parapine, et par conséquent
comprendre les propos bizarres de celui-ci sur le pénis et les
mathématiques, ainsi que la diatribe de Baryton contre sa
« conviction exagérée » (*V*, p. 421). Si le lecteur les ignore,
tant pis pour lui, il lira la condamnation de Baryton sans
savoir ce qui est en cause.

Cette étrange manière de proposer un message philosophique en le rendant inaccessible à la plupart des lecteurs justifie le jugement que Jean-Pierre Dauphin portait, pour d'autres
motifs, sur l'attitude du narrateur de *Voyage* : il est « pris entre
la tentation de dire et la pusillanimité d'en avoir trop dit »[75].
On dirait que Céline considère l'optimisme de Metchnikoff,
cette confiance placée dans l'exploitation rationnelle du patrimoine physique de l'humanité, comme une théorie apparemment farfelue mais bonne à tenir en réserve. Ce n'est que par
complaisance pour Baryton que Bardamu rit de la doctrine
de son « ami » et « professeur » Parapine : « Il fallait bien que
je me misse à rigoler un brin pour que passe entre nous cette
exorbitante fantaisie » (*V*, p. 420). Le jugement de Baryton
sur l'idéal de « Parapine » est curieux. S'il y voit « une de ces
lubies aisément contagieuses : sociales et triomphantes pour
tout dire », ne serait-ce pas parce que Céline prend lui-même
l'« orthobiose » pour un idéal de la révolution par le corps,
susceptible de galvaniser les foules ? Si tel était le cas, il faudrait penser que l'étrange adhésion muette du narrateur à
l'idéal de Parapine représente un demi-aval, mi-parti de complicité et de discrétion, donné aux idéaux d'eugénisme, et de
régénération par l'hygiène et le stade qui, en 1932, sont en
train de prendre leur essor outre-Rhin, et dont l'Italie mus-
solinienne exportait déjà une image flatteuse à travers les pho-
tographies et les films de ses parades gymnastiques.

Pr André Lwoff (voir *Le Figaro littéraire*, 7-13 avril 1969), ce qui paraît plus
vraisemblable, car Destouches publia en 1921 une note sur la « prolongation
de la vie chez les *Galleria mellonella* » (*CC3*, p. 245-246), dont Metalnikov était
le spécialiste (voir son œuvre majeure *L'infection et l'immunité chez la mite des
abeilles — Galleria Mellonella*, Paris, Masson, 1927).

75. J.-P. Dauphin, *Étude d'une illusion romanesque*, p. 335.

CHAPITRE V

Histoire et politique :
contre la démocratie.

Avec *Voyage au bout de la nuit,* Céline prend position dans le champ politique — et avec plus de précision qu'une lecture rapide ne pourrait le laisser croire. D'entrée Bardamu se donne pour « un anarchiste et puis voilà tout ! » (*V*, p. 8). Cette étiquette est vague, surtout à ce moment de l'histoire, mais le propos de l'œuvre ne l'est pas. L'auteur utilise les ressources du roman philosophique (l'allusion, la parodie, le dialogue, la référence, le symbole) pour exprimer son point de vue sur une question débattue au moment où il écrit son livre : pour ou contre la démocratie ?

Les années 1929-1932, où il écrit *Voyage,* sont pour la France des années inquiètes. S'il fallait évoquer leur atmosphère en quelques lignes, on pourrait rappeler les éléments suivants : l'Italie est sous dictature depuis 1926 ; le parti nazi est le deuxième parti du Reichstag en septembre 1930, le premier en juillet 1932, et l'état de l'Allemagne fait soupçonner aux plus avisés que la paix n'en a plus pour bien longtemps ; les Etats-Unis offrent le spectacle de la grande dépression, que beaucoup interprètent en termes de faillite du système capitaliste ; la France ressent les effets de la crise à partir de 1931 et son Empire est plus touché qu'elle ; elle est gouvernée de novembre 1929 à mai 1932 par des personnalités de la droite autoritaire, André Tardieu et Pierre Laval ; le colonel de La

Rocque prend la tête des Croix-de-Feu en 1931 ; la gauche remporte les élections de mai 1932 ; les Français d'âge adulte sont des hommes qui ont fait la guerre et qui ne s'en laissent pas facilement conter ; l'adjectif « fasciste », peu revendiqué comme étiquette, circule déjà comme injure ; les opinions politiques de la jeunesse intellectuelle et ouvrière sont violentes ; *Je suis partout* commence à paraître en 1930 ; on parle de « crise de la civilisation »...

Cette actualité immédiate tient apparemment peu de place dans *Voyage*, où l'on ne trouve guère qu'une allusion à la « Crise » (*V*, p. 239) et à « l'arrivée de Laval aux affaires » (p. 422) ; mais le roman répond, par le biais « philosophique », à l'inquiétude de son temps, que Céline éprouve plus fortement que d'autres. Les lettres qu'il écrit à Garcin pendant la rédaction du roman nous le montrent persuadé de la proximité de la guerre dès mars 1930. « L'hystérie s'installe et va bientôt sans doute nous contraindre au pire. J'ai vu en Europe centrale ce qu'on ne veut pas voir, la catastrophe est imminente », lui confie-t-il le 4 août de la même année[1].

1. L'ANTIROUSSEAUISME DE *VOYAGE AU BOUT DE LA NUIT*

Céline affirme son opinion politique en s'en prenant à Jean-Jacques Rousseau, non pas Rousseau tel que l'université peut l'étudier aujourd'hui, mais tel qu'il était célébré ou exécré à l'heure où son œuvre constituait une référence obligée pour toute réflexion sur la république. Chacun sait en effet que les dernières implications de l'axiome rousseauiste « l'homme est bon » sont démocratiques (et éventuellement révolutionnaires) : si « l'homme est bon », il doit ses fautes et ses souffrances aux malformations d'une société qui le corrompt et l'écrase ; il convient donc de le rendre libre pour ménager la possibilité de la vertu et du bonheur. La narration du chapitre XVIII de *Voyage* (*V*, p. 210-222) est tout

---

1. Correspondance avec Joseph Garcin, *in* Pierre Lainé, *op. cit.*, p. 620.

entière construite sur la parodie, le démarquage de Rousseau, et l'auteur en avise le lecteur par une allusion : « Elles rigolaient bien les quatre visiteuses de Lola à m'entendre ainsi me confesser à grands éclats et faire mon petit Jean-Jacques devant elles » (p. 214). Nous allons relever les éléments de cette attaque en règle avant de les interpréter.

Si Bardamu « fait son petit Jean-Jacques », c'est que Céline l'a placé dans la même situation pénible que le voyageur Jean-Jacques dans la première partie des *Confessions*. Il connaît comme lui la menace de la pauvreté, mais il ne la présente pas dans les mêmes termes : tandis que Rousseau affirme que « jamais la pauvreté ni la crainte d'y tomber ne [lui] ont fait pousser un soupir » (*Confessions*, III, p. 103)[2], Bardamu dit « l'abomination d'être pauvre » (*V*, p. 212). Les deux voyageurs sont contraints de demander aide et assistance ; mais tandis que Jean-Jacques aime l'abord même de ses protecteurs, Bardamu s'écrie : « C'est inouï ce que les gens auxquels on s'apprête à demander un service peuvent vous dégoûter » (p. 211). Et l'un et l'autre sont peu attachés à leurs opinions quand il s'agit de survivre :

[...] Il me reçût bien, me parla de l'héresie de Genève, de l'autorité de la Ste. Mère Eglise et me donna à diner. Je trouvai peu de chose à répondre à des argumens qui finissoient ainsi, et je jugeai que des curés chez qui l'on dinoit si bien valloient tout au moins nos Ministres (*Confessions*, II, p. 46).

« [...] Me comprenez-vous, Ferdinand ?... » Pour bouffer moi je comprends tout ce qu'on veut, ce n'est plus de l'intelligence c'est du caoutchouc (*V*, p. 219).

Les rapports de Bardamu et des femmes au chapitre XVIII sont également décrits par allusion à Rousseau. Lola est d'abord une représentation parodique de « Maman », Mme de Warens. Jean-Jacques et Bardamu cherchent à retrouver la femme aimée pour en tirer un moyen de subsistance, mais tandis que l'un avance une excuse sentimentale (« Je ne ces-

---

2. Cette pagination renvoie à Jean-Jacques Rousseau, *Œuvres complètes I*, Paris, Gallimard, « Bibliothèque de la Pléiade », 1959.

sois [...] de desirer de la retrouver, non seulement pour le
besoin de ma subsistance, mais bien plus pour le besoin de
mon cœur » — *Confessions*, IV, p. 150), Bardamu étale son
cynisme : « Ce fut bien uniquement pour des raisons d'argent,
mais combien urgentes et impérieuses, que je me mis à la
recherche de Lola ! » (*V*, p. 210). Lola n'est pas plus étonnée
que Mme de Warens par cette retrouvaille, mais leurs réactions diffèrent : « je vis peu de surprise sur son visage, et je
n'y vis aucun chagrin » (*Confessions*, III, p. 103), « Elle ne
sembla même point éprouver de vivre surprise à me revoir
Lola, seulement un peu de désagrément en me reconnaissant »
(*V*, p. 211). Lorsque Bardamu présente sa requête à cette Lola
de Warens, le style de Céline se fait parodique ; on y reconnaît, transfigurée par l'ironie, l'humilité pressante de Jean-
Jacques, que Bardamu qualifie de « bénignités et fadaises »
(« J'avais à gagner ma croûte, lui avouai-je encore, [etc.] » —
p. 213). Cependant, alors que Mme de Warens est pleine de
ressources, Lola est « décourageante ». Certes, les deux femmes manifestent devant le narrateur le même désir d'un « sentiment absolument maternel » (*V*, p. 219) ; mais tandis que
Jean-Jacques devient le « Petit » de sa « Maman », Lola préfère un autre enfant : « Puisqu'elle avait envie de se sacrifier
exclusivement à un "petit être" je jouais donc de malchance,
moi. Je n'avais à lui offrir que mon gros être qu'elle trouvait
absolument dégoûtant » (p. 218). Le « petit » de Lola est un
enfant pauvre qu'elle aimerait enlever à sa mère pour en faire
un danseur, avec un sans-gêne qui rappelle les protections du
XVIIIe siècle ; mais la scène n'a-t-elle pas lieu dans un décor
qui « prétend au Louis XV » (p. 219) ? A un autre moment,
Lola est le reflet ironique de Mme d'Epinay ou de Mme de
Luxembourg, qui proposèrent à Rousseau, qui abandonna
cinq enfants à l'Assistance publique, d'élever sa progéniture
(*Confessions*, VIII, p. 357) : « Elle pensait assez simplement
qu'un raté dans mon genre devait avoir fait souches clandes-
tines un peu sous tous les cieux » (*V*, p. 218).

Plusieurs détails incongrus de ce chapitre ne peuvent d'ailleurs se comprendre que par le détour de Rousseau. Bardamu

n'y agit pas selon sa psychologie habituelle mais en tant que pseudo-Jean-Jacques : le voici qui plaint son « exil » (*V*, p. 214), qui se lance dans l'apologie de la mère patrie (p. 213) ; le voici incapable d'être sexuellement ému par « l'érotisme curieusement élégant » des visiteuses américaines (p. 215). Que Bardamu habite le « Laugh Calvin » est peut-être le souvenir du mal que se donna Rousseau pour démontrer que les plaisirs simples de la « riante » cité calviniste de Genève procuraient seuls une « véritable allégresse »[3]. Enfin, l'absurde « nègre » de Lola est une figure anti-rousseauiste : voici que le « bon sauvage » de Jean-Jacques est devenu terroriste, et trépigne en criant « Liberté », ce qui est le mot clef du discours politique de Rousseau (p. 217).

Un démarquage aussi minutieux ne saurait être pris pour une plaisanterie de potache. Le chapitre XVIII est un des plus violents du roman, tant par l'action (Bardamu prend conscience de la force de sa haine et Lola dégaine un revolver) que par le ton de certains commentaires du narrateur, plus proche du pamphlet que du roman. Si la parodie voisine avec cette violence « pas pour rire » (*V*, p. 222), c'est sans doute parce que ce chapitre est le lieu stratégique où la morale et la philosophie du roman opèrent leur jonction avec la prise de position politique. On peut en effet lire *Voyage au bout de la nuit* comme des *Confessions* à l'envers.

C'est surtout en tant que travail sur le moi que *Voyage* peut être rapproché des *Confessions* — avec cette différence technique que le « je » emblématique de Bardamu n'est l'objet d'aucun « pacte autobiographique ». Un témoignage, d'ailleurs un peu trop tardif pour être totalement fiable, indique que Céline associait le souvenir de Rousseau à l'idée d'écrire son roman : « je me suis dit : [...] Se confesser tout au long, comme Dickens, Jean-Jacques ou le Vicomte, ça ne doit pas être sorcier, surtout que c'est pas les souvenirs qui manquent »[4].

3. Rousseau, *Lettre à d'Alembert*, in *Œuvres complètes*, Paris, Armand-Aubrée, 1833, t. I, p. 271 et 403.
4. Carlo Rim, *Le Grenier d'Arlequin. Journal. 1916-1940*, Paris, Denoël, 1982, sous la date du 11 octobre 1932.

Ayant la même intention de « tout dire », Bardamu et Jean-Jacques parlent avec une franchise qui a choqué en 1932 un peu pour les mêmes raisons qu'en 1782 : ils ne font grâce au lecteur d'aucune de leurs hontes intimes, d'aucune des réalités du corps, et ce dans un style plus parlé que celui qu'on écrit d'ordinaire. Fournissant une pseudo-autobiographie renseignée par la psychanalyse, Céline pouvait-il éviter de se placer dans la lignée de Rousseau, dont on disait qu'il avait fait parler l'inconscient avant que celui-ci n'existât ? La pratique même du « noircissement » dans la transposition de l'expérience le rangeait dans la descendance de Jean-Jacques, auquel l'extrême-droite, Maurras en tête, reprochait d'avoir « un *"moi"* de qualité sordide »[5] ; « se noircir » répétait Céline, « s'avilir soi-même » disait Rousseau qui voyait dans « cette espèce de mensonge » « l'effet du délire de l'imagination »[6], ce que Céline n'eût pas nié. Pour « noircir » Bardamu, il lui prête d'ailleurs, au chapitre XXXVIII (*V*, p. 412-413) un crime commis par Jean-Jacques : le narrateur s'enfuit quand on l'appelle auprès de la vieille Henrouille précipitée dans l'escalier du caveau de Toulouse ; c'est la plus répréhensible de ses actions, encore n'est-ce pas un crime positivement commis, seulement une dérobade en forme de trahison. Le même acte est l'objet du troisième et du plus grave « aveu » des *Confessions*, où il est raconté avec la même rapidité, qui fait l'effet d'un escamotage ; Jean-Jacques s'éclipse au lieu de porter secours à son compagnon de voyage foudroyé par une crise d'épilepsie : « il fut délaissé du seul ami sur lequel il eut dû compter. Je pris l'instant où personne ne songeoit à moi, je tournai le coin de la rue et je disparus » (*Confessions*, III, p. 129).

Si Céline opère sur le même terrain que Rousseau, celui des aveux du moi, c'est pour en prendre le contre-pied. Il

5. Charles Maurras, *Romantisme et Révolution, in Œuvres capitales, II : Essais politiques*, Paris, Flammarion, 1954, p. 35. Première publication 1922.
6. Rousseau, *Les Rêveries du promeneur solitaire*, « Quatrième promenade », in *Œuvres complètes I*, p. 1038 et 1035.

s'oppose à lui dans les trois domaines intimement liés (mais que nous allons dissocier pour la commodité de l'exposé) de la vision morale, de la réflexion philosophique et de la prise de position politique.

Du point de vue moral, ce chapitre oppose à la vision de Rousseau, généreuse envers l'humanité, une vision cruelle où les bons sentiments n'ont pas leur place. Non seulement le pauvre et le riche de Céline (Bardamu et Lola) sont un mauvais pauvre et un mauvais riche qui n'aiment pas la charité, mais encore Bardamu attaque ce que Rousseau considérait comme les plus « saints » des sentiments que commande à l'homme son « instinct » moral : le sentiment parental et l'amour filial. Il tient « tous les ouvrages de puériculture [...] qui lyrisent à en pâmer les maternités » pour une « littérature immonde » (*V*, p. 218) — *L'Émile* avait été un prototype de cette littérature-là. Puis il rejette violemment l'amour filial : « Nom de Dieu ! Qu'est-ce que ça peut bien foutre au monde, qu'on aime sa mère ou pas ? » (p. 221). Cette exclamation tend à balayer tout le système hérité de Rousseau : celui-ci voulait que « l'homme fût bon » puisque sa « pureté » fondamentale (mot repris ironiquement par Céline p. 219) était attestée par la survivance en son âme des bons sentiments instinctifs. Disant qu'« on n'en a rien à foutre », Bardamu ne nie pas leur existence, mais les conclusions qu'on en tire concernant l'image de la nature humaine. Le chapitre XVIII remplace la primauté de la conscience morale subjective par celle du pouvoir objectif, et donne ainsi la mauvaise conscience pour l'état normal ; car nul n'agit selon sa conscience, mais selon les chantages qu'il subit ou qu'il exerce : Lola et Bardamu s'affrontent dans un duel où Lola incarne la puissance de l'argent, et Bardamu celle de la parole cruelle et du savoir médical. Rousseau jalonnait les *Confessions* de remarques rétrospectives concernant tous les bons sentiments (attachement, reconnaissance, souvenirs de bonheur...) qui « ne finiraient qu'avec lui », et ne cessait de « pardonner à ses ennemis » ; Céline le parodie pour lui opposer une déclaration de haine inexpiable et un éloge du ressentiment (que nous

avons déjà cité pour son anti-christianisme) : « Une haine
vivace naquit en moi pour ces deux femmes, elle dure encore,
elle s'est incorporée à ma raison d'être. [...] Le courage ne consiste pas à pardonner, on pardonne toujours bien de trop ! »
(p. 212). Ce faisant, il signale qu'il a inversé le « pôle » du
système, pour reprendre le terme qu'il employa dans ses confidences à Robert Poulet : « Pas loin d'ici, sur la colline de
Meudon, habita Mirabeau le père, celui qui hébergea Jean-
Jacques et prit le nom d'"ami de l'homme". Hein, quel contraste ! Les deux pôles de la sensibilité... »[7].

Du point de vue philosophique, le système célinien des
mauvais sentiments répond à la même logique que celui des
bons sentiments rousseauistes. Si Rousseau se refuse à haïr
les hommes, c'est parce que « l'homme est bon » ; comment
le sait-il ? parce qu'« il sent son cœur », parce que, s'étant livré
à une scrupuleuse observation de lui-même, et ayant analysé
ses fautes, il a démontré ou cru démontrer (l'interprétation
de la critique réactionnaire est de l'accuser, en l'occurrence,
de « cynisme »[8]) que ses fautes n'étaient pas incompatibles
avec l'existence avérée de son « instinct moral » et qu'il n'en
demeurait pas moins le « meilleur des hommes ». Ce mécanisme intellectuel a pour conséquence (ou pour cause ?) affec-
tive l'affirmation : « je m'aime trop moi-même pour pouvoir
haïr qui que ce soit. »[9] A cette logique blanche, Bardamu
oppose une logique noire dont la formule est donnée au chapitre XVIII :

Pendant la jeunesse, les plus arides indifférences, les plus cyniques
mufleries, on arrive à leur trouver des excuses de lubies passionnelles
et puis je ne sais quels signes d'un inexpert romantisme. Mais plus
tard, [...] on se rend compte, on est fixé, bien placé, pour comprendre toutes les saloperies que contient un passé. Il suffit en tout et pour

7. Robert Poulet, *op. cit.*, p. 80.
8. Voir par exemple Emile Faguet, *Dix-huitième Siècle. Etudes littéraires*,
Paris, Lecène et Oudin, 1890, p. 328. Les lettres à Simone Saintu montrent
que le jeune Destouches était lecteur de Faguet.
9. Rousseau, *Les Rêveries du promeneur solitaire*, « Sixième promenade »,
p. 1056.

tout de se contempler scrupuleusement soi-même et ce qu'on est devenu en fait d'immondice (*V*, p. 210).

Tandis que Rousseau trouvait des « excuses » à ses fautes, par exemple dans le célèbre épisode du ruban volé des *Confessions*, Céline, fort de la découverte de « l'immense narcissisme sadico-masochiste », informé par la psychanalyse autant que bloqué par le moralisme, qualifie d'« immondice » le même moi (suivant, à sa manière, la leçon de Freud, qui traitait de haut l'hypothèse de la « bonté de l'homme » dans les *Considérations sur la guerre et sur la mort* et dans *Malaise dans la civilisation*). *Voyage* se donne ainsi pour un renversement des *Confessions* où l'estime de soi (et à travers soi, l'estime de l'humanité) est remplacée par le mépris de soi (et à travers soi, le mépris de l'humanité). Administrant la preuve-à-la-Rousseau de la nature irrévocablement abjecte de l'homme, Céline apportait un son relativement neuf dans la littérature.

Mais il ne s'agit pas que de littérature. L'auteur lui-même présentait son travail comme pertinent à la crise idéologique contemporaine :

— Qu'importe mon livre ? Ce n'est pas de la littérature. Alors ? C'est de la vie, la vie telle qu'elle se présente. La misère humaine me bouleverse, qu'elle soit physique ou morale. Elle a toujours existé, d'accord ; mais dans le temps on l'offrait à un Dieu, n'importe lequel. Aujourd'hui, dans le monde, il y a des millions de miséreux, et leur détresse ne va plus nulle part. [...] L'homme est nu, dépouillé de tout, même de sa foi en lui. C'est ça, mon livre.[10].

Voyage offre donc une description de la misère telle qu'on peut la comprendre après la faillite du religieux et dans la crise de l'humanisme. La réception critique qu'eut *Voyage* montre que tel était également le sens de l'œuvre pour ses lecteurs de 1932. Henri Godard remarque qu'on voit leurs analyses « très souvent s'enliser dans des considérations sur l'humanité (ou l'inhumanité) du livre » et que « de l'adhésion lyri-

10. « Interview avec Pierre-Jean Launay », *in CC1*, p. 21-22.

que des anarchistes à l'avertissement des conservateurs, il est
évident que la littérature n'est pas seule, ni d'abord, en question » (*I*, p. 1270-1271). Si la critique développe un propos
humaniste, et si la politique intervient dans ses jugements,
c'est que le problème de l'humanisme est effectivement central dans *Voyage* comme dans l'actualité la plus urgente et la
plus sanglante de ces années.

A première vue, l'attaque systématique de Rousseau pourrait ranger Céline dans trois clans politiques : dans l'extrême-
droite monarchiste, dans l'extrême-gauche anarchiste, enfin
parmi ceux qui, alliant ces extrêmes, se disent à la fois nationalistes et antidémocrates de gauche.

Louis Destouches avait dix-huit ans quand le bicentenaire
de la naissance de Rousseau, en 1912, s'assortit de tous les
fastes de la République et raviva les haines. A droite ou à
l'extrême-droite, Rousseau est considéré comme le responsable
des horreurs de 93 et l'inspirateur abominable de l'abominable
Robespierre ; Emile Faguet enseigne que le programme du
Contrat social est de rendre « la foule pur tyran, tyran dans
toute la force du terme, c'est à savoir despote capricieux et
irresponsable » ; Barrès dénonce à la Chambre « l'apôtre émi-
nent et le principe de toutes les anarchies »[11]. Dans son
pamphlet de 1922, Léon Daudet compte l'opinion « Les hommes naissent naturellement bons » au nombre des « vingt-deux
âneries » « qui tiennent un rang majeur parmi les innombrables calembredaines du XIXᵉ siècle » et définit le libéralisme
comme étant la « genevoiserie de Jean-Jacques mise à la portée
des cœurs de lièvre et des raisons déraisonnantes »[12]. Maurras y ajoute ses obsessions antisémites : les « pères de la Révolution sont à Genève » et « dérivent de l'esprit juif »[13].
Thierry Maulnier, dans son essai spiritualiste et préfasciste
de 1932, *La crise est dans l'homme*, voit l'origine du mal dans

11. Emile Faguet, *Dix-huitième Siècle*, p. 388 ; Maurice Barrès, *Les Maîtres*, Paris, Plon, 1927, p. 168.
12. Léon Daudet, *Le stupide XIXᵉ siècle*, p. 18 et 55.
13. Charles Maurras, *Romantisme et Révolution*, p. 33.

la pente humaine vers le « matérialisme », un matérialisme qui caractérise selon lui « la société marxiste naissante et la société fordiste à son déclin », et dont Rousseau est doublement responsable, la démocratie libérale étant son œuvre, et le marxisme étant « la transposition de Rousseau dans l'économique »[14].

Du côté anarchiste, si l'on s'en rapporte aux grands maîtres du siècle précédent, il faut, avec Bakounine, voir Rousseau comme « l'écrivain le plus malfaisant du siècle passé » : « Il fut le prophète de l'État doctrinaire comme Robespierre, son digne et fidèle disciple, essaya d'en devenir le grand-prêtre ». Pour Proudhon, c'est un « partisan de l'autorité, et partant de la servitude », qui « n'a rien compris au contrat social » puisqu'il en fait, dit-il, « l'alliance offensive et défensive de ceux qui possèdent contre ceux qui ne possèdent pas »[15].

La haine de la république bourgeoise est précisément ce qui jette un pont entre les maurrassiens et certains anarchistes. Au demeurant, Proudhon n'est-il pas revendiqué comme un « maître » par L'Action française à cause de son mépris pour la Révolution, la démocratie et le parlementarisme, de son antisémitisme, de sa haine de Rousseau, de son apologie de la Nation, de la famille, de la tradition et de la monarchie[16] ? En 1911, avec la fondation du Cercle Proudhon, émanation de l'Action française, s'était opérée une synthèse socialiste-nationale entre le nationalisme réactionnaire de Maurras et un anarcho-syndicalisme qui se réclamait de Georges Sorel (dont on sait que les Réflexions sur la violence éduquèrent Mussolini); là, on lisait tout ensemble Maurras, Barrès, Proudhon, Sorel, Péguy, René de La Tour du Pin. L'historien Zeev Sternhell explique avec précision en quoi ce

14. Thierry Maulnier, La crise est dans l'homme, Paris, Librairie de la Revue française, 1932, p. 9 et 193.
15. Citations reprises de Jean Maitron, Le mouvement anarchiste en France, Paris, François Maspero, 1975, t. I, p. 27 et 37.
16. Voir Zeev Sternhell, La droite révolutionnaire, 1885-1914. Les origines françaises du fascisme, Paris, Seuil, 1978, p. 391-392.

Cercle Proudhon fut le laboratoire où se mit au point ce qu'on nommerait, dans la décennie suivante, le fascisme[17]. Un de ses principaux animateurs n'était autre que Georges Valois, le théoricien de *La Monarchie et la classe ouvrière* en 1914, de *La Révolution nationale* en 1924, fondateur du Faisceau en 1925. A la veille de 14, ces hommes s'en prenaient à l'héritage de Rousseau parce qu'ils étaient persuadés que « le problème que l'on appelle très improprement le problème social est dominé par un problème métaphysique »[18] et qu'il faut d'abord en finir avec « l'optimisme rationaliste » que dénonce Sorel, avec l'infâmie humanitaire, pacifiste, égalitaire, toute « métaphysique optimiste » prêchée par le « laquais corrompu des *Confessions* »[19].

Où placer Céline parmi ces courants aux franges mouvantes ? De toute évidence, son antirousseauisme ne saurait être pris pour un élément de la tradition anarchiste. Sa lettre du 12 août 1952 à Paraz où il critique Louis Lecoin l'indiquera, vingt ans plus tard, très explicitement : « il a jamais compris toute l'ignoble imposture de Jean-Jacques *l'Homme est bon* et tous les anarchos itou — Ils sont tout près de l'électorat sans le savoir » (*CC6*, p. 365). Certains détails de *Voyage* empêchaient déjà qu'on s'y trompât. Anarchiste, Céline n'eût jamais emprunté une strophe de la « Chanson de la Bérézina » pour en faire l'épigraphe de son roman en l'intitulant *Chanson des Gardes suisses, 1793*[20]. Cet intitulé n'implique pas seulement que *Voyage* est une œuvre politique et que la Terreur est le souvenir capital ; il implique aussi que le narra-

17. Voir Zeev Sternhell, *La droite révolutionnaire*, chapitre IX, et du même, *Ni droite ni gauche. L'idéologie fasciste en France*, Paris, Seuil, 1983, « Introduction » et chapitre III.
18. Georges Valois, *La Monarchie et la classe ouvrière*, Paris, Nouvelle Librairie nationale, 1914, p. VIII.
19. P. Galland, « Les principes de la démocratie », *Cahiers du Cercle Proudhon*, janvier 1914, cité dans Zeev Sternhell, *La Droite révolutionnaire*, p. 395.
20. Nicholas Hewitt (*The Golden Age of L.-F. Céline*, Oswald Wolff Books, Leamington Spa, 1987, p. 79-80) a découvert que cette épigraphe est empruntée à une chanson romande que Céline a très vraisemblablement trouvée dans P. de Vallière, *Honneur et fidélité. Histoire des Suisses au Service étranger*, Neuchâtel, F. Zahn, 1913, p. 629. Voir également *infra*, p. 262, 272.

teur est du côté des Gardes suisses, c'est-à-dire qu'il se compte parmi les fantômes errants des vaincus réactionnaires de la Révolution. Lorsque les anarchistes de l'entre-deux-guerres font référence à 93, c'est évidemment de manière positive, en se réclamant des mouvements les plus populaires et les plus « terroristes » (au sens propre) de la Révolution, « enragés » ou « hébertistes ». Le chapitre XVIII du roman comporte au demeurant un clin d'œil anti-anarchiste ; le « nègre catastrophique » de Lola a la manie des bombes, ce qui constitue le signe distinctif de la « propagande par les faits » des anarchistes, manie qu'il a prise à Chicago (V, p. 218), ville qui est le lieu de baptême du syndicalisme anarchiste, et où des bombes furent lancées pendant la grève de mai 1886 — les « pendus de Chicago » sont les martyrs de cette tradition. Or cet anarchiste de *Voyage* est grotesque : ses attentats sont imaginaires, ses bombes sont bourrées de papier et sans une pincée de poudre ; l'anarchisme est ainsi présenté comme une idéologie aussi vaine que les autres, dont les « actions directes » ne sont plus que singeries[21].

Il paraît plus pertinent de rapprocher l'antirousseauisme de *Voyage* du courant maurrassien. Le fin mot politique du chapitre XVIII se trouve en effet dans l'attaque du concept de « liberté ». C'est à la « liberté » que vise le *Contrat social* (première ligne : « L'homme est né libre, et partout il est dans les fers »), et Céline tourne ce concept en dérision en en faisant le slogan d'un domestique « révolutionnaire », « nègre catastrophique » et fou (V, p. 217-218). Le choix de ce personnage semble dicté par un mépris conjoint pour Rousseau, pour les domestiques et pour les Noirs, selon des clichés idéologiques maurrassiens. Pour Maurras en effet, l'auteur du *Contrat social* n'est qu'un « laquais », « capable de tous les métiers, y compris les plus dégoûtants, tour à tour laquais et mignon, maître de musique, parasite, homme entretenu », et sa philosophie n'est bonne que pour les « nations sauvages »

---

21. Le motif de l'anarchiste poseur de bombes reparaîtra, sous une forme également comique, avec le personnage de Borokrom dans *Guignol's band*.

ou pour un peuple français « las des plaisirs et des pouvoirs de l'humanité » : « Ainsi que l'avait vu Voltaire, éclairé par le génie antisémitique de l'Occident, la France avait envie d'aller à quatre pattes et de manger du foin. Elle y alla. Elle en mangea. Ces appétits contre nature se gavèrent selon Rousseau »[22]. Pour le chef de l'Action française, la prétendue « Liberté » de la devise républicaine, est liberté de glisser à l'abjection ; dans *Romantisme et Révolution*, il se demande « liberté de qui et de quoi ? », et conclut : « Qui prolonge la double courbe romantique et révolutionnaire ouvre à l'Esprit une ample liberté de mourir »[23]. Céline dit lui aussi ce qu'il faut penser de cette « Liberté » quand il répond au « *Libertà ! Libertà !* » du laquais révolutionnaire par « liberté d'être malheureux », dans ces lignes qui comptent parmi les plus contre-révolutionnaires qu'il ait écrites :

[...] C'est après tous les êtres humains, au dernier rang qu'on a mis la Bonne ! C'est pas pour rien. Ne l'oublions jamais. Il faudra endormir pour de vrai un soir, les gens heureux, pendant qu'ils dormiront, je vous le dis et en finir avec eux et avec leur bonheur une fois pour toutes. Le lendemain on en parlera plus de leur bonheur et on sera devenus libres d'être malheureux tant qu'on voudra en même temps que la « Bonne » (*V*, p. 212).

Comme parabole antirousseauiste, le chapitre XVIII de *Voyage* affirme que toutes les révolutions passées et futures ne peuvent être que l'œuvre de laquais jaloux de leurs maîtres, et que toute révolution est inutile, voire nuisible, parce qu'elle aligne toute la nation sur ses éléments les plus pervertis, les causes de la misère et les solutions à lui apporter n'étant pas historiques mais morales.

L'interprétation politique des références antirousseauistes de *Voyage* ne fait donc pas de doute ; violemment antidémocratiques, contre-révolutionnaires et prononcées au nom de la négation de « l'homme est bon », elles sont imputables à un moralisme et à un spiritualisme maurrassiens (ceux de

22. Charles Maurras, *Romantisme et Révolution*, p. 36.
23. *Ibid.*, p. 43 et 59.

Maurras, de Thierry Maulnier ou de Georges Valois). S'ils n'en prirent pas clairement conscience au moment de *Voyage au bout de la nuit*, certains maurrassiens s'en aperçurent cinq ans plus tard, en lisant *Bagatelles pour un massacre*. Gonzague Truc, par exemple, qui devait être un des piliers de *La Gerbe* pendant la Collaboration, définissait ainsi l'ensemble de la démarche de Céline :

> [...] Il s'apporte lui-même et il prétend apporter l'homme. A la manière de Rousseau, mais avec quelle franchise, quelle charité, quelle pureté de plus ! nous disons bien pureté. [...]
> [...] C'est donc, dans la furie de ce désespoir magnifique, un appel au cœur. Il n'a, cet appel, ni la simplicité ni la nocivité de ceux que nous avons entendus. M. Céline n'est pas Rousseau ; il ne tire pas d'une bonté naturelle de l'homme des catastrophes effroyables et bêtes ; il croit au contraire l'homme mauvais [...].[24]

Un lecteur d'aujourd'hui peut trouver ce jugement consternant : la seconde guerre mondiale a suffisamment montré que la « nocivité », les « catastrophes effroyables et bêtes » étaient du côté de l'antirousseauisme ; mais cette citation montre du moins où est la convergence essentielle entre Céline et les maurrassiens qui lui ouvrirent les colonnes de leur hebdomadaire *Candide* pour y publier la postface de *Voyage, Qu'on s'explique...*, et qu'il rejoindra plus tard dans le combat politique, sans pour autant entrer dans leur rang. On en vient alors à penser que le soi-disant « anarchisme » de l'ensemble du roman ne doit en aucune manière être considéré séparément de ce tropisme maurrassien. Faudra-t-il pour autant y lire une coïncidence absolue avec le sorelisme maurrassien d'un Georges Valois, c'est-à-dire avec le fascisme proprement dit ? On en est tenté lorsqu'on sait que Céline se réclamait de l'anticapitalisme moraliste de Sorel à l'heure où il écrivait son roman :

> [...] Keyserling bavarde à propos du progrès, de notre monde

---

24. Gonzague Truc, « L'art et la passion de M. Ferdinand Céline », *in La Revue hebdomadaire*, 30 juillet 1938, repris *in* Jean-Pierre Dauphin, *Les critiques de notre temps et Céline*, p. 85 et 87.

moderne et mécanisé et exaltant, quelle imposture ! Alors que nous croulons sous les menaces de tous ordres, que toute la France masochiste s'enivre des pires infectes diversions. On doit vendre dix mille automobiles par semaine, la Peugeot « qu'il vous faut » coûte vingt mille francs et plus. Relire Sorel et Péguy que diable...[25]

Mais nous allons voir que *Voyage* ne se prête pas tout à fait à ce rapprochement, dans la mesure où un autre anarchisme est revendiqué dans le texte, celui qui singularisait Georges Darien, et qui est tout aussi conciliable que celui de Sorel avec la thématique morale de l'extrême-droite.

2. DANS LA MÊME LOGIQUE : *MEA CULPA*
   ET L'ENTRÉE DE CÉLINE
   DANS LA LITTÉRATURE PAMPHLÉTAIRE

Lorsque Céline écrira *Mea culpa* en 1936, il n'ira pas plus loin dans son exposé contre-révolutionnaire qu'il n'est allé dans la chapitre XVIII de *Voyage au bout de la nuit*. Il expliquera seulement le même raisonnement en termes plus directs ; il ne s'adressera plus, comme dans le roman, à un public qu'il s'attend à trouver limité, lettré, donc censé comprendre en peu de mots de quoi il retourne, mais au public très vaste qui est le sien après l'immense succès du premier roman.

Mea culpa s'appuie en effet sur la même vision de la Révolution française, des révolutionnaires et des philosophes qui les inspirèrent ; le « nègre » et la « Bonne » de *Voyage* sont appelés maintenant « larbins » : « 93, pour ma pomme, c'est les larbins... larbins textuels, larbins de gueule ! larbins de plume qui maîtrisent un soir le château, tous fous d'envie, délirants, jaloux, pillent, crèvent, s'installent et comptent le sucre et les couverts, les draps... » (*Mea*, p. 32). On retrouve l'invitation, lancée dans *Voyage*, à massacrer les riches pour

25. Lettre à Joseph Garcin du 13 mars 1931, *in* Pierre Lainé, *op. cit.*, p. 624-625.

vérifier que ça ne change rien (« Abolissez ! Vous verrez bien que c'étaient les mêmes... » — cité *supra* p. 180). Comme dans le roman, aucune révolution ne pourra rien changer, parce que nous n'avons que la liberté d'être malheureux : « La grande prétention au bonheur, voilà l'énorme imposture ! C'est elle qui complique toute la vie ! Qui rend les gens si venimeux, crapules, imbuvables. Y a pas de bonheur dans l'existence, y a que des malheurs plus ou moins grands » (*Mea*, p. 38). Et si nous sommes malheureux, c'est, comme l'indiquait la logique antirousseauiste du chapitre XVIII de *Voyage*, parce que l'homme est mauvais. Céline le souligne alors en fermant et en ouvrant *Mea culpa* par deux propositions parallèles. La première représente le mobile des révolutions sociales : « Je suis ! comme tu es ! il est ! nous sommes exploités ! » (p. 30) ; la dernière substitue le moral au politique et représente le programme révolutionnaire célinien, qui est à proprement parler un « mea culpa » : « "Je suis ! tu es ! nous sommes des ravageurs, des fourbes, des salopes !" Jamais on dira ces choses-là ! Jamais ! Jamais ! Pourtant la vraie Révolution ça serait bien celle des Aveux, la grande purification ! » (p. 43).

Une attentive lecture comparée de *Mea culpa* et du chapitre XVIII de *Voyage au bout de la nuit* conduit donc à infirmer l'interprétation que plusieurs critiques ont donnée de la rédaction de ce pamphlet, c'est-à-dire de l'entrée de Céline dans le combat politique. Pour eux, *Mea culpa* est l'expression de la déception sincère que Céline aurait éprouvée lors de son séjour de trois ou quatre semaines à Leningrad en septembre 1936 : « Après son séjour à Leningrad, Céline se détacha naturellement d'une gauche qui le sollicitait et vers laquelle il se serait porté si elle avait été aussi généreuse dans ses réalisations que dans ses intentions. Il estima qu'il n'avait pas le droit de se taire et prit la décision de témoigner de ce qu'il avait vu en URSS ». *Mea culpa* serait les « premières notes » de voyage d'un Céline « déçu par l'effondrement de toutes ses illusions »[26]... La question n'est pas ici de savoir

26. François Gibault, *Délires et persécutions*, p. 146 et 148.

si un voyage en URSS en 1936 pouvait être « décevant » ; une masse de « retours d'URSS » sont alors publiés, dont le plus célèbre est celui d'André Gide. Nous nous bornons à faire observer ceci : Céline ne risquait pas d'être déçu pour la raison simple qu'il n'y avait jamais cru ; il ne « se détacha » pas en 1936 « d'une gauche [...] vers laquelle il se serait porté » volontiers, pour la raison simple que, dès le chapitre XVIII de *Voyage*, il affichait une opinion résolument antidémocratique et contre-révolutionnaire. Il suffit par ailleurs d'observer la construction soignée de *Mea culpa*, le peu de place qu'y tiennent les souvenirs de Russie, et la grande place qu'y occupent des considérations sur l'Homme, le mal, la Matière, la machine, le progrès, le libéralisme, la bourgeoisie, la révolution en général, etc., pour voir qu'il ne s'agit nullement de notes de voyage... Par rapport au texte de ce pamphlet et à l'itinéraire politico-intellectuel de l'auteur, son voyage en URSS n'est qu'une occasion, une « péripétie »[27]. On ne saurait rapprocher la démarche de Céline et celle de Gide.

Puisqu'il en est ainsi, pourquoi Céline a-t-il attendu décembre 1936 pour affirmer de façon tonitruante ce point de vue contre-révolutionnaire ? Nous ne le saurons vraisemblablement jamais. Céline « a toujours été très discret sur son voyage en URSS »[28] et nous n'avons pas de trace non plus de la rédaction de *Mea culpa* : fut-il tout entier écrit après le retour d'URSS, entre le 25 septembre et le 15 décembre 1936, sans récupération d'aucun travail précédent ?

Nous pouvons avancer l'hypothèse que Céline a donné à *Mea culpa* la forme d'un « retour d'URSS », pour lui conférer le poids d'un témoignage ; comme Dabit le notait dans son journal le 12 janvier 1932, « on n'est rien aujourd'hui, si l'on ne revient d'URSS »[29], il fallait être allé voir le communisme dans sa « patrie » pour pouvoir valablement en parler, même

---

27. C'est le mot qu'emploient Jean-Pierre Dauphin et Pascal Fouché dans leur édition de *Mea culpa* (*CC7*, p. 30).
28. François Gibault, *Délires et persécutions*, p. 137.
29. Fragment inédit cité par Pierre-Edmond Robert, *D'un Hôtel du Nord l'autre, Eugène Dabit*, p. 199.

252 CÉLINE OU L'ART DE LA CONTRADICTION

si le voyage n'avait souvent, pour les uns ou pour les autres, qu'une fonction de confirmation par rapport à des actes de foi déjà prononcés. Pour l'histoire, l'année 1936 est celle de la victoire du Front populaire, de Léon Blum et de Maurice Thorez, de tout un courant qui prétend poursuivre « l'esprit de 89 », et pour qui le 14 juillet 1936 est une immense liesse. Sans doute ne faut-il pas chercher plus loin la véritable raison de l'entrée de Céline dans l'arène politique à l'automne de cette année-là : la gauche au pouvoir, l'exaltation publique de l'héritage démocratique, c'était plus que l'auteur de *Voyage au bout de la nuit* n'en pouvait supporter.

On se condamne à avoir une vue bien limitée de l'engagement pamphlétaire de Céline si, se laissant fasciner par la violence antisémite qui s'exprime à partir de *Bagatelles pour un massacre*, on ne prend pas garde que le premier pamphlet, *Mea culpa*, n'est pas essentiellement dirigé contre les Juifs, mais contre le communisme et contre le libéralisme capitaliste (« Avec les juifs, sans les juifs. Tout ça n'a pas d'importance !... » — *Mea*, p. 44). Pour qui focalise son regard sur *Bagatelles pour un massacre*, l'engagement célinien peut passer pour « complètement maboul » (comme disait Gide), pour un antisémitisme passionnel, voire pathologique. Pour qui consent à lire de près *Mea culpa*, l'antisémitisme célinien n'est plus qu'une composante (évidemment la plus bruyante et la plus passionnelle) d'un engagement idéologiquement cohérent, qui est une alliance de vue avec l'extrême-droite maurassienne. La « Révolution des Aveux » que Céline demande dans *Mea culpa*, et qui est la formulation claire du point de vue politique exprimé dans *Voyage*, n'est pas autre chose que le principe moral de la Révolution nationale, tel que Philippe Pétain l'énoncera le 25 juin 1940, en dénonçant « l'esprit de jouissance » et en s'écriant : « C'est à un redressement moral que d'abord je vous convie. »

3. LA CONCEPTION DE L'HISTOIRE,
   L'HISTOIRE DE FRANCE, LA DICTATURE.

Même si nous ne savions pas quelle part l'auteur de *Voyage au bout de la nuit* allait prendre, dès 1936, dans le combat idéologique où se joue l'avenir de son pays, nous apercevrions dans le texte du roman le rôle essentiel de la préoccupation historique : le destin du narrateur est à tout jamais marqué par la Grande Guerre, la narration s'organise symboliquement autour de la statue d'un maréchal de France, presque toutes les institutions sur lesquelles repose la société contemporaine sont contestées, la nouveauté « prolétarienne » de l'œuvre ressemble à une volonté de changement, l'antirousseauisme de Bardamu est une prise de position contre-révolutionnaire, etc. La conception que Céline a de l'histoire s'exprime de bien des manières, de façon diffuse (dans les descriptions, les détails de la narration), ou de façon précise dans des dialogues philosophiques.

D'entrée, Céline exclut la notion de progrès. « Rien n'est changé en vérité », lit-on dès la première page ; et si quelques détails « changent », ce n'est jamais une amélioration, le narrateur s'appliquant à ne voir jamais que le mauvais côté des choses. Par exemple, lorsqu'il décrit de façon pseudo-naturaliste l'urbanisation de Vigny, il souligne les exactions qu'elle occasionne et verse des larmes écologiques sur les paysages défigurés (*V*, p. 422) : nulle trace de l'amélioration spectaculaire de l'habitat ouvrier entre les deux guerres, des avantages qu'apportèrent la loi Loucheur et l'urbanisation méthodique des banlieues. Cette négation du progrès aboutit à un paradoxe quand elle affecte un domaine où l'amélioration fut indéniable. Devinerait-on, à lire le récit de ce narrateur-médecin, que la recherche médicale et la médecine sociale ont fait de tels progrès pendant l'entre-deux-guerres ? Tandis que la présence de Parapine-Metchnikoff symbolise, nous l'avons vu, à l'arrière-plan philosophique du roman, le vœu d'une possible régénération de l'humanité par la rationalité biologique, la narration met en scène l'impuissance de la médecine. La description péjorative des consultations en dispensaire (*V*, p. 333-335) apparaît comme une dénégation des espoirs que chacun plaçait alors dans l'essor de la médecine sociale. La satire des recherches de l'Institut Pasteur et de l'activité de l'Académie de Médecine tend à persuader qu'il n'y a pas grand chose à attendre de ce ramassis de maniaques et de vieillards (p. 279-286). Quant à l'épisode consacré à la maladie du petit Bébert, il porte une leçon décourageante, surtout si l'on y voit un travail sur un type. « Bébert », c'est l'enfant déluré et misérable des villes capitalistes; c'est chez Zola celui qui pousse des berlines dans les galeries de *Germinal* et finit sous les balles de la troupe; c'est chez Martin du Gard l'orphelin malingre qui vient consulter le Dr Antoine Thibault dans *La Consultation*: treize ans et demi, « se débrouillant » pour vivre, élevé par une tante qui meurt aussi, et finalement toléré par la concierge. S'emparant du type, Céline s'oppose aux visions dynamiques qui ont cours. D'une part, il ôte tout romantisme révolutionnaire à la figure de l'enfant sacrifié; si elle les tue toujours, la société ne tue pas ses enfants pauvres dans le scandale d'une émeute, comme chez Zola, mais, de façon terne et discrète, par les maladies de la misère. D'autre part, Céline ôte son prestige à ce dernier lieu de l'entêtement optimiste qu'est la pratique médicale: tandis que le Dr Thibault soigne sans problème le phlegmon du petit Robert et conclut sa consultation par un « Quel beau métier, nom de Dieu, quel beau métier! » (chapitre IX), le Dr Bardamu et toute la science des chercheurs qu'il a consultés sont impuissants devant la mort de l'enfant. Le public médical auquel *Voyage* prétend s'adresser ne pouvait qu'être sensible à cette contradiction apportée aux *Thibault*, hymne tout récent à la médecine (*La Consultation* est publié en 1928) — et ce d'autant plus que Céline emprunte à cette œuvre en plusieurs endroits[30].

---

30. Comparer la fonction du dentier de Chasle dans l'agonie d'Oscar Thibault et celle du dentier de M. Henrouille mourant (*La Sorellina* chap. I); la découverte par Antoine Thibault de l'existence de Dédette, pupille à laquelle

De façon générale, ainsi que nous l'avons remarqué à propos de la représentation de la colonisation (voir *supra*, p. 55-58), la description célinienne de la réalité historique tend à faire ressortir des permanences essentielles. L'histoire n'est qu'un ressassement. Lorsqu'un changement intervient dans la répétition, il marque une décadence. Il en est ainsi, sur le mode plaisant, de l'introduction de la glace en Afrique : « L'introduction de la glace aux colonies, c'est un fait, avait été le signal de la dévirilisation du colonisateur. [...] Voilà comment on perd ses colonies » (*V*, p. 127). Une telle réflexion sur la décadence est relativement isolée dans *Voyage au bout de la nuit* ; ce thème prendra une dimension considérable à partir de *Mort à crédit*, puis deviendra un thème essentiel après la défaite de 1940 ; la réflexion sur la grandeur et la décadence des empires successifs sera sous-jacente à la narration de *D'un château l'autre*.

Cette volonté de décrire le présent comme une répétition de canevas éternels dote le texte d'une tonalité générale confusément réactionnaire et fait songer à la définition schopenhauerienne de l'histoire : « la répétition du même drame, avec d'autres personnages et sous des costumes différents »[31]. Cependant cette formule ne suffirait pas à rendre compte de la représentation que *Voyage au bout de la nuit* donne de l'histoire, dans la mesure où s'y ajoute la notion de décadence (nous y reviendrons *infra*, p. 272), et où le narrateur et sa narration sont hantés par des souvenirs précis de l'histoire de la France.

En effet, l'hallucination qui saisit Bardamu lui fait voir les ombres des Communards de 1871 et des cosaques de 1815, « tous les revenants de toutes les épopées » (*V*, p. 368). 1789,

---

Chasle se consacre en secret, ce qui éclaire d'un jour nouveau la médiocrité de sa vie, et la découverte par Bardamu de la nièce d'Alcide ; le regard qu'Antoine et Bardamu jettent en conséquence sur Chasle et Alcide endormis (*La Belle Saison*, chap. III) ; les « Hop ! et Hop ! » chantonnés par Oscar Thibault et par Robinson dans leurs agonies respectives (*La Mort du Père*, chap. IV).

31. Schopenhauer, *Le Monde comme volonté et comme représentation*, « Suppléments », chap. XXXVIII, p. 1184.

1792, 1793, 1815, 1871, 1914, 1917, sont les principaux points de repère d'une réflexion qui envisage surtout l'histoire comme un champ de guerres et de révolutions. Céline la commente à travers deux développements « philosophiques »; l'un est confié à un professeur d'histoire, Princhard, qui livre ses opinions sur la Révolution française et les tueries de la guerre de 14 (p. 68-70); l'autre est confié à Parapine, qui discourt sur les modalités de la tyrannie napoléonienne (p. 353). La préoccupation centrale est celle du « mal », dans ses formes historiques contemporaines : guerre, révolution, dictature. Programmant à eux deux l'attitude politique à venir de Céline, ces deux discours se partagent la tâche : au professeur d'histoire de dire l'origine historique du mal actuel, au psychiatre d'en dire le fondement psychique.

Pour Princhard, le responsable des massacres de 1914-1918 est la Révolution française, réalisation de la criminelle philosophie des Lumières, parce qu'elle a inventé les « soldats citoyens » et « l'édifiante fiction patriotique » — ce qu'on appelle la « nation armée ». L'Ancien Régime avait des avantages; il est fini, à présent, le doux temps des mercenaires stipendiés par des rois qui, pour tyrans qu'ils fussent, épargnaient du moins la vie de leurs peuples! Les pages d'histoire antirépublicaine prononcées par Princhard sont d'autant plus percutantes qu'elles prennent strictement le contre-pied du discours des historiens officiels. On sait en effet que, pendant la Grande Guerre, la République mit ses historiens à contribution, et particulièrement le plus prestigieux d'entre eux, Ernest Lavisse, pour galvaniser les énergies nationales[32]. Les souvenirs historiques rappelés par Princhard sont une parodie de tous les clichés de l'histoire républicaine telle qu'on l'enseignait dans des manuels inspirés par l'*Histoire générale* de Lavisse. Carnot, l'« organisateur de la victoire », les volon-

32. Voir par exemple le discours d'Ernest Lavisse, *Pourquoi nous nous battons*, qui constitue une liste des bonnes raisons de continuer la guerre, discours prononcé le 7 mars 1917 en Sorbonne, en présence des représentants et dignitaires de la nation, et publié trois fois, dont une en première page du *Temps* et une autre avec la co-signature du général Pétain et du président du Conseil.

taires arrêtant l'ennemi au moulin de Valmy, Goethe écrivant dans sa *Campagne de France* « à partir de ce jour, commence une nouvelle époque pour l'histoire du monde, et nous pourrons dire : j'étais là », le traître Dumouriez, « notre dernier mercenaire », tous les lecteurs de Céline avaient appris cela sur les bancs de la communale.

En elle-même, l'intervention d'un professeur d'histoire dans un récit concernant la guerre de 14 n'est pas originale. Car de même que le gouvernement avait eu recours aux historiens, de même de nombreux romanciers mirent un professeur dans leur œuvre pour lui faire tenir le langage de la raison. Les plus connues de ces réflexions bien informées sur la guerre se trouveront dans les tomaisons postérieures à *Voyage au bout de la nuit* des *Hommes de bonne volonté* et des *Thibault*. Mais, dès avant ces grandes œuvres, quelques romans avaient mis en scène des professeurs pour leur faire reprendre les propos du « Lavisse », par exemple *L'Orage sur le jardin de Candide* d'Adrien Bertrand, et *Heures de guerre de la famille Valadier* d'Abel Hermant, deux ouvrages d'une facture pseudo-voltairienne. La lecture de ces textes mineurs nous aide à comprendre que le discours que Céline prête à Princhard s'oppose à des représentations idéologiques dominantes, que la littérature de la guerre avait reflétées. Ainsi, le personnage principal de *L'Orage sur le jardin de Candide*, sorte de dialogue des morts, était un sous-lieutenant tombé au champ d'honneur, agrégé de philosophie ; il comparait la bataille de la Marne à celle de Valmy ; bien que « socialiste et déjà antimilitariste », il « n'en croyait pas moins à la nécessité d'armer la nation » ; son protagoniste, le Dr Faust avait « frémi d'espérance au soir de Valmy », avec Goethe ; Adrien Bertrand publiait dans le même volume un *Carnet de campagne d'un soldat des Armées de la République (1792-1795)* qui confirmait ce message républicain en célébrant le génie des Philosophes et les personnalités de Robespierre, « divin fils de Rousseau » et du « citoyen Carnot préparant la victoire »[33].

33. Adrien Bertrand, *L'Orage sur le jardin de Candide. Romans philosophiques*, Paris, Calmann-Lévy, 1917, p. 46-47, 58, 60, 227, 234, 238, 259.

Abel Hermant traitait les mêmes souvenirs historiques d'une manière plus proche de celle de Céline ; il trouvait visiblement que la France régressait depuis la déclaration de guerre, qu'on y faisait preuve d'un sentimentalisme généreux et imbécile, qu'on y versait beaucoup trop de « larmes du XVIIIᵉ siècle » et s'y mettait dans « un état qui ne s'est point vu [...] depuis Jean-Jacques Rousseau ». Il ridiculisait en conséquence son personnage principal, un M. Valadier père de famille et professeur d'histoire. Ce professeur, assez bête pour citer l'*Anabase* à propos d'un verre d'eau, commentait évidemment la bataille de la Marne en évoquant Valmy et en citant Goethe...[34]

Le discours de Princhard contre le principe républicain de la nation armée constitue un attendu de l'antimilitarisme de Céline, qui n'est pas anarchiste, bien au contraire. Les anarchistes reprochent à l'institution militaire son fonctionnement antidémocratique : ils s'en prennent à l'armée de métier, sous-officiers brutaux, fringants lieutenants à particules, généraux de jésuitières ; cette armée n'est pas pour eux la continuation du peuple en armes de 1792, c'en est la trahison. Pour Darien, par exemple, dont le *Biribi* (1890) est un des livres de référence de l'antimilitarisme anarchiste, la constitution d'une armée réellement démocratique est souhaitable, car elle serait le premier levier de la révolution ; il garde la nostalgie des « Volontaires de la légende »[35]. Si l'on cherche la source du discours antirévolutionnaire-antibelliciste de Princhard, c'est à l'extrême-droite qu'on la trouvera, chez les écrivains d'Action française, par exemple Daudet :

[...] les Français du XIXᵉ siècle prolongé jusqu'en 1914, se sont laissé mener, comme des moutons à l'abattoir, par une oligarchie financière sémite, masquée en gouvernement du peuple par le peuple. Une telle duperie n'était possible que dans l'affaissement et l'intimidation des élites, que dans la disparition des corps sociaux, œuvre de la

34. Abel Hermant, *Heures de guerre de la famille Valadier*, Paris, Lemerre, 1915, p. 48 et 190.
35. Georges Darien, *La Belle France*, Paris, UGE, 1978, « 10/18 », p. 141 et 89.

Révolution française, de 1789 à 1793. A ces cinq années de guerre civile correspondent exactement, cent vingt ans plus tard, les cinq années de guerre exhaustive de 1914 à 1918. Jamais leçon n'a été plus manifeste, [...] plus tangible.

[...] Les guerres pour rien correspondirent elles-mêmes au principe de la nation armée, de l'appel aux armes de tous les citoyens valides, édicté par la Convention. C'est une des plus grandes leçons de l'histoire que le siècle de l'humanitarisme et du pacifisme théorique ait été aussi celui de l'enrôlement universel, et des plus atroces boucheries que le monde ait jamais connues. [...] Monstruosité qu'avait su éviter la sage monarchie française, dans sa volonté de « toujours raison garder »[36].

Si la responsabilité de l'horreur de la guerre récente incombe aux Lumières, à la Révolution française et à la République, la responsabilité de la tyrannie revient, aux yeux de Céline, à ceux-là mêmes qui y sont asservis. Parapine prononce en effet, à propos de Napoléon, un petit discours de la servitude volontaire où la dictature n'est donnée ni comme un mal, ni comme un bien, ni comme l'effet de la réalisation d'un génie personnel : comme l'objet du désir de la masse (V, p. 353). Princhard affirmait l'instinct suicidaire des foules : « C'est ça ! qu'il a commencé par dire, le bon peuple, c'est bien ça ! [...] Mourons tous pour ça ! Il ne demande jamais qu'à mourir le peuple ! Il est ainsi » (p. 69). Parapine approfondit cette réflexion en donnant de Napoléon une représentation obscène. A un premier niveau l'obscénité vise à briser, de manière anticonformiste, le mythe du « génie » napoléonien présent dans l'imaginaire collectif : « Que crèvent les quatre cent mille hallucinés embérésinés jusqu'au plumet ! qu'il se disait le grand vaincu, pourvu que Poléon tire encore un coup ! » Au niveau « philosophique », cette obscénité est pertinente à la nature érotique, sado-masochiste, du rapport qui unit, selon Céline, le dictateur à ses sujets : « Ce n'est pas de les massacrer à tour de bras, que les enthousiastes lui font un reproche ! Que non ! »

Les trois avatars politiques du Mal, la révolution, la guerre et la dictature, sont donc de la faute à tout le monde ; ils sont

36. Léon Daudet, *Le stupide XIXᵉ siècle*, p. 31-32 et p. 59-60.

la tentation de l'âme humaine, que plus loin dans le roman Baryton présente sous les traits de la « Bête » de l'Apocalypse : « Elle nous bouffera tous la bête, Ferdinand, c'est entendu et c'est bien fait !... La bête ? Une grosse tête qui marche comme elle veut !... Ses guerres et ses baves flamboient déjà vers nous et de toutes parts !... » (*V*, p. 425). Le ridicule clownesque de Baryton ne doit pas nous empêcher d'y voir l'opinion de Céline lui-même ; Baryton ne fait que reprendre l'image que Destouches employait dans *Semmelweis* à propos de la Terreur : « la Bête était chez nous, aux pieds des Tribunaux, dans les draperies de la guillotine, gueule ouverte. Il fallut bien l'occuper » (*S*, p. 20).

Cette interprétation de l'histoire n'est que l'application au domaine politique de la vision morale et métaphysique que nous avons décrite plus haut ; l'Homme, habité par le Mal, possédé par de dangereux instincts d'amour et de mort, hanté par la terreur du vide, est fasciné par tout spectacle qui le tire de son néant : le dictateur est le meilleur metteur en scène pour une histoire spectaculaire. La chute des dictatures n'est, à ce compte, que l'expression de la lassitude devant la répétition : « Robespierre on l'a guillotiné parce qu'il répétait toujours la même chose et Napoléon n'a pas résisté, pour ce qui le concerne, à plus de deux ans d'une inflation de Légion d'Honneur » (*V*, p. 353). Ainsi s'exprime dès *Voyage au bout de la nuit* le thème du « *panem et circenses* » qui reviendra sans cesse dans les pamphlets et les récits d'après-guerre (par exemple, *BD*, p. 21, 96, *F1*, p. 200, *CA*, p. 38...).

Le diptyque formé par les discours philosophiques de Princhard et de Parapine n'est donc point organisé en sorte de formuler une conception de l'histoire qui serait « nihiliste », comme on l'a parfois écrit. Il serait faux de dire que Princhard énonce le refus de la république bourgeoise et Parapine celui de la dictature, et que, par conséquent, l'un dans l'autre, Céline ne propose rien. A y regarder de près, Princhard prononce l'exécration de la république — avec quelque nostalgie pour la monarchie — et Parapine explique que la dictature, pour grand-guignolesque qu'elle soit, est profondément adéquate à la nature humaine.

Publié en 1932, ce discours-là n'est pas anodin, car un peu partout en Europe, certains se posent la question de l'opportunité de la dictature. En France, les ligues entretiennent un bonapartisme confus, et trois ans avant qu'en février 1935 Gustave Hervé ne lance la campagne « C'est Pétain qu'il nous faut », certains commencent à le penser. Hors du texte de *Voyage*, la lettre à Elie Faure de fin mai 1933 (citée *supra*, p. 180) indique que les considérations de *Voyage* sur Napoléon répondent, dans l'esprit de Céline, à des préoccupations actuelles : « En France, Napoléon et 10 minutes... [...] Si nous devenons fascistes. Tant pis. Ce peuple l'aura voulu. *IL LE VEUT*. Il aime la trique » (*BLFC6*, p. 47). Dans le roman ou hors texte, Céline affecte de n'avoir pas de conviction ni de désirs personnels, de constater simplement l'état psychologico-politique de ses contemporains. *Voyage* dit du peuple : « Il est ainsi » ; la lettre à Elie Faure : « Ce peuple l'aura voulu ». Ce prétendu réalisme restera une caractéristique de son engagement ; par exemple, dans *Bagatelles pour un massacre*, il invoque la force des choses lorsqu'il présente Hitler comme un continuateur politique de Napoléon : « Vous verrez Hitler ! La mesure du monde actuel, ce sont des mystiques mondiales dont il faut se prévaloir ou disparaître... Napoléon l'avait compris » (*BM*, p. 60).

Cette affectation d'impartialité dissimule mal l'inclination de Céline pour la dictature. Déjà, dans *Semmelweis*, la description des guerres révolutionnaires laissait transparaître, à travers un fantasme érotique, la fascination de l'auteur pour le pouvoir napoléonien :

> Au cours de ces années monstrueuses où le sang flue, où la vie gicle et se dissout dans mille poitrines à la fois, où les reins sont moissonnés et broyés sous la guerre, comme les raisins au pressoir, il faut un mâle.
> Aux premiers éclairs de cet immense orage, Napoléon prit l'Europe et, bon gré, malgré, la garda quinze ans (*S*, p. 20-21).

Dans le texte de *Voyage* de minces indices, laissent supposer que Céline partage l'attirance qu'il prétend remarquer, d'un œil impartial, dans les masses ; la statue du maréchal Moncey, qui oriente toute la géographie du roman, est celle de l'ultime défenseur du Premier Empire ; la *Chanson des Gardes suisses* placée en épigraphe, et que Céline date symboliquement de 1793, est connue pour avoir été chantée devant la Bérézina par une unité de Suisses placés en arrière-garde de la Grande Armée, et sacrifiée pour couvrir son passage[37] ; le nom de « Passage des Bérésinas » est une plaisanterie qui masque un symbole, ici (*V*, p. 75) comme plus tard dans *Mort à crédit*.

Comme l'étude précise du chapitre XVIII de *Voyage*, la lecture sérieuse des discours de Princhard et Parapine conduit à remarquer la logique de la démarche qui unit le roman aux œuvres politiques ultérieures.

Dans *Bagatelles pour un massacre*, *L'École des cadavres* et *Les Beaux draps*, l'erreur initiale qui a programmé tous les malheurs de l'histoire moderne est, comme dans *Voyage*, la Révolution française ; mais la Révolution n'est plus seulement, quant à elle, la faute à Voltaire et à Rousseau, elle est essentiellement la faute du Juif, que Céline considère comme son promoteur ainsi que celui de la maçonnerie, du communisme, du socialisme, du capitalisme, et, à ce titre, comme le responsable de 1793, de 1871, de 1914, de 1917, de 1936, de la guerre à venir (puis de la débâcle).

La question de la dictature est encore un point qui empêche qu'on prenne l'antisémitisme de Céline pour une passion délirante qui eût à elle seule entraîné son adhésion à l'aventure nazie. Dès le discours prêté à Princhard, il est clair que Céline est de ceux qui refuseront de se battre pour la démocratie et l'héritage de 93. *Mea culpa* le dit avec violence, même si la pratique de l'antonomase voile un peu le propos :

Vive Pierre Ier ! Vive Louis XIV ! Vive Fouquet ! Vive Gengis

---

37. Voir P. de Vallière, *Honneur et fidélité. Histoire des Suisses au service étranger*, p. 629.

Khan ! Vive Bonnot ! la bande ! et tous les autres ! Mais pour Landru
pas d'excuses ! Tous les bourgeois ont du Landru ! C'est ça qu'est
triste ! irrémédiable ! 93, pour ma pomme, c'est les larbins... [etc.] (*Mea*,
p. 32).

Tout vaut donc mieux que la médiocrité et les crimes de
la république bourgeoise (ici symbolisée par « Landru »), tout :
l'absolutisme monarchiste (« Pierre Ier », « Louis XIV »,
« Fouquet »), les exactions anarchistes (« Bonnot » et sa
« bande »), ou le barbare envahisseur (« Gengis Khan »).

Au milieu de la démagogie antisémite de *Bagatelles pour
un massacre*, on suivra le fil d'un discours sur la nécessité d'un
pouvoir fort, d'un « mâle », la France n'étant qu'une « nation
femelle, toujours bonne à tourner morue » (*BM*, p. 243). De
ce type de pouvoir, Napoléon reste le dernier modèle, Napoléon dont Céline impute la défaite au « Sanhédrin » (p. 60,
246, 285), Napoléon qui fut, selon lui, « la suprême tentative
d'unification aryenne de l'Europe » (p. 246). Un tel propos,
qui fait d'Hitler, en 1937, l'héritier de Napoléon, nous semblerait directement inspiré par le Weltdienst (Service mon-
dial) de la propagande nazie[38], si les propos de Parapine ne
nous montraient que, dès 1932, Céline éprouvait la nostalgie de l'empire napoléonien, sans servir aucune propagande.
Il est donc vraisemblable que Céline a sincèrement cru,
comme bien d'autres, au projet « européen » du nazisme, à
la reconstruction, en vue d'une paix perpétuelle, de l'empire
de Charlemagne ou de Napoléon. Après la défaite des siens,
il regrettera seulement qu'Hitler n'ait été qu'un « bâtard de

38. Pour la place du mythe napoléonien dans la Collaboration, voir Pascal Ory, *La France allemande. Paroles du collaborationnisme français (1933-1945)*,
Paris, Gallimard/Julliard, « Archives », 1977, p. 91-92, 186-187. Pascal Ory
a signalé les rapports de Céline avec le Weltdienst en s'appuyant sur les documents n° XCV — 47, 72, 80 à 83 et 98 des Archives Montandon du Centre
de Documentation juive contemporaine de Paris (Pascal Ory, *Les Collaborateurs (1940-1945)*, Paris, Seuil, 1977, p. 25) ; Alice Y. Kaplan a décrit les documents n°XCV — 27, 28, 33, 40, 47, 49, 53, 65, 72, 110 de ces mêmes archives
(*op. cit.*, p. 67-69) et a retrouvé quelques sources des propos de *Bagatelles pour
un massacre* sur Napoléon : des publications dues à H. Coston et H.-R. Petit,
tel que Céline pouvait les trouver à l'Office de Propagande nationale de la rue
du Cardinal-Mercier.

César » (*CA*, p. 175) et qu'il n'ait pas été « moins con ! » : « il s'en est fallu d'un poil que la France tourne PPF... Hitler moins con ! » (*CA*, p. 247) — un peu de la même manière que Drieu la Rochelle concluant : « J'ai apporté l'intelligence française à l'ennemi. Ce n'est pas ma faute si cet ennemi n'a pas été intelligent »[39].

L'ombre de Napoléon flottera également sur *D'un château l'autre* en une comparaison latente ou patente avec l'entreprise « européenne » d'Hitler ; les mérites de Napoléon y sont célébrés (*CA*, p. 49, 101, 110), le IIIe Reich y est nommé « 4e grand Reich » (p. 205), Napoléon s'intercalant sans doute entre Othon Ier et Bismarck, les collaborateurs y sont comparés aux « josephinos » (p. 106), l'échec devant Stalingrad à la Retraite de Russie (p. 278), etc. ; Céline recourt pour ce mythe « européen » à des souvenirs de Hugo, à commencer par l'adage « l'avenir est à Dieu ! » de « Napoléon II » (p. 106), ou à des parodies de ses morceaux célèbres ; les aventures d'Emile de la LVF, s'extirpant d'une fosse devant Moscou (p. 78) rappellent le chemin creux d'Ohain dans *Les Misérables* (ou le colonel Chabert de Balzac) et l'équipée à Hohenlynchen (p. 273-281) reprend de manière parodique des clichés de la retraite de Russie, telle que le poème « L'Expiation » des *Châtiments* l'avait représentée.

4. CÉLINE ET DARIEN : ANARCHISME DE LA DÉFAITE, ANARCHISME DU MÉPRIS.

Voyage au bout de la nuit fait un amalgame idéologique d'antirousseauisme maurrassien, de consentement à la dictature et d'une apologie de l'anarchie. La conception politique ainsi élaborée est une variété de ce qu'on nomme « anarchisme individualiste », ou trop vaguement et moins proprement « anarchisme de droite ». Au moment où Céline prend la plume, la sensibilité anarchiste individualiste s'appuie sur une

---

39. Pierre Drieu la Rochelle, *Récit secret*, dernières lignes.

tradition qui s'est formée avant 14 ; elle avait alors ses propagandistes bruyants (par exemple Libertad), ses théoriciens
(surtout Ernest Armand), son organe de presse (*L'Anarchie*,
à partir de 1905), ses « bandits tragiques » (la bande à Bonnot)[40], et des philosophes solitaires, comme Georges Palante,
l'auteur de *Combat pour l'individu*, des *Antinomies de l'individu et de la société*, de *Pessimisme et individualisme*, de *La sensibilité individuelle*, qui devait se suicider en 1925 et qui
ressuscita, sous les traits romanesques de Cripure, dans *Le
Sang noir* de Louis Guilloux en 1935.

D'après un témoignage de type biographique, Palante
aurait exercé une influence sur Céline[41] ; mais ce n'est pas
de lui que le texte de *Voyage au bout de la nuit* porte la trace,
mais d'un autre anarchiste individualiste d'avant 14. Le roman
est presque tout entier inscrit entre deux références à l'œuvre
de Georges Darien : le « Bas les cœurs ! que je pensais moi »
(*V*, p. 19) qui est la devise antimilitariste du narrateur, et le
nom de *La Belle-France* donné au navire de toile peinte à bord
duquel Bardamu, Robinson, Madelon et Sophie posent pour
un photographe de foire (p. 481), et qui est comme le symbole
dérisoire de l'échec de leurs destinées individuelles et de la
« faillite du monde entier » (p. 482). Ces deux formules renvoient à des titres : *Bas les cœurs ! (1870-1871)*, roman publié
en 1889, et *La Belle France*, pamphlet de 1901, et semblent
bien impliquer que Céline revendique l'héritage de Darien
tant dans sa dimension antimilitariste que pour sa critique
généralisée de la société française.

Qui fut Georges Darien ? Né en 1862, mort en 1921, cet
écrivain anarchiste, peu connu et scandaleux, toujours sur des
positions extrêmement minoritaires, trouva une tribune,
d'août 1903 à octobre 1904, dans la feuille d'Emile Janvion,
L'Ennemi du Peuple, feuille éphémère mais où ont écrit, pour

40. Pour le mouvement anarchiste « illégaliste » et « individualiste », voir
Jean Maitron, *op. cit.*, t. I, p. 409-439, t. II, p. 174-183.
41. Témoignage d'Edith Lebon (première épouse de Céline), recueilli par
Pierre Lainé, *op. cit.*, p. 97.

citer quelques noms connus, Lucien Descaves, Elie Faure, Urbain Gohier, Jules Laforgue, et Jehan Rictus[42]. L'idéologie de *L'Ennemi du Peuple* était incendiaire et confuse comme le montre assez la variété de ses collaborateurs : pour un Elie Faure, un Urbain Gohier et un Georges Yvetot, qui devaient tous deux favoriser la Collaboration, les mêmes mots ne signifiaient pas exactement les mêmes choses. Darien se trouva particulièrement isolé de la plupart des anarchistes par l'opinion non orthodoxe sur l'armée qu'il exprima en 1901 dans *La Belle France* et dans *L'Epaulette*. Dix ans plus tôt, sa célébrité avait passé les frontières des cercles anarchistes grâce à *Biribi*, publié en 1890.

Du point de vue littéraire, l'antimilitarisme de *Voyage* a quelques dettes envers *Bas les cœurs !* Ce roman est un récit à la première personne de la guerre de 70, de la Commune et de sa répression, vus par un enfant de douze ans de milieu versaillais — avec la pugnacité d'une fausse naïveté qui n'est pas sans rapport avec celle de *L'Enfant* de Vallès et celle de *Mort à crédit*. Cela commence par des troupes criant « A Berlin ! » et s'achève par une ovation à Thiers « le vainqueur de la Commune ! le grand patriote ! », l'enfant découvrant peu à peu que les bourgeois n'ont en réalité pas d'autres ennemis que les prolétaires, ni d'autre patrie que l'argent. *Voyage au bout de la nuit* doit sans doute à cette œuvre trois détails d'une assez belle venue. D'abord cette antithèse entre la devise réfractaire « Bas les cœurs ! » émise par Bardamu et les exhortations d'un colonel « Haut les cœurs ! et vive la France ! » (*V*, 19). La même antithèse opposait le titre du roman de Darien aux « — Sursum corda ! Haut les cœurs ! » qu'y clamaient des patriotes de pacotille[43]. D'autre part Darien avait eu l'idée, pour donner plus de force au propos antimilitariste de son narrateur, de le faire partir d'un premier mouvement

---

42. Réédition : Georges Darien, *L'Ennemi du Peuple*, Paris, Champ Libre, 1972, « Classiques de la subversion ».

43. Georges Darien, *Bas les cœurs ! (1870-1871)*, Paris, Pauvert, 1970, « 10/18 », p. 104.

favorable à l'armée ; Bardamu dans *Voyage* (p. 10), et le petit Jean dans *Bas les cœurs !*, bondissent d'abord d'enthousiasme à la vue d'un régiment qui passe[44]. Enfin Darien avait inventé de transposer en objet romanesque la métaphore pacifiste du « jeu de massacre ». La comparaison entre le tir auquel on procède sur un groupe de soldats exposés et le jeu de massacre des baraques foraines revient souvent dans la littérature de guerre, de manière plus ou moins scandalisée ; Darien donne une réalisation à cette image quand, dans une fête foraine, son narrateur tire dans les Prussiens en carton d'un jeu de massacre[45] ; de même Bardamu tombe en arrêt devant le « Stand des Nations » (p. 58).

De manière générale, *Voyage* porte la marque des grandes œuvres antimilitaristes des années 1880. Par exemple la peur du « Biribi » que Bardamu éprouve (*V*, p. 64) est située dans le droit fil de la tradition, des *Gaîtés de l'escadron* de Courteline (1886) et de *Biribi* de Darien. La rancune de Bardamu contre Déroulède (p. 12) ressemble à la poursuite du règlement de compte du siècle précédent. Le personnage d'Alcide semble inspiré par *Le Cavalier Miserey* publié par Abel Hermant en 1887. Dans ce roman militant, Hermant trace au passage le portrait d'Alcide, patron d'une cantine qui constitue le seul endroit vivable, et le centre abject, de la vie de la caserne. Comme celui de *Voyage*, cet Alcide à une fonction « commercialo-militaire » (p. 156) ; l'un fait en sorte que les recrues boivent d'avance leur solde à son comptoir, l'autre fait fumer d'avance leur solde à ses tirailleurs noirs ; ce sont tous deux des exploiteurs-exploités, courroie de transmission de l'abrutissement militaire. Il est logique que Lucien Descaves ait jugé que *Voyage* valait la peine qu'il reprenne son couvert à l'Académie Goncourt pour promouvoir son succès : il devait y reconnaître l'esprit de sa jeunesse. Dans *Casse-pipe*, Céline exploitera la veine du comique militaire en s'appuyant de nouveau sur cette tradition ; sa narration aura la même durée et

44. *Ibid.*, p. 34, 37.
45. *Ibid.*, p. 79.

le même cadre nocturne que celle du *Train de 8 heures 47* de Georges Courteline (1888), on y retrouvera la trace des *Gaîtés de l'escadron*, et des *Sous-Offs* de Lucien Descaves (1889).

Nous avons déjà montré que les attendus de l'antibellicisme et de l'antirousseauisme de *Voyage* ne pouvaient pas être considérés comme appartenant à la tradition libertaire. Mais Céline ne s'encombre pas de cohérence théorique, et sa haine pour la Révolution ne l'empêche pas de donner son propos pour « anarchiste », dans le premier chapitre, le discours de Princhard et les commentaires du narrateur.

Le dialogue du premier chapitre contient, en matière de pacifisme antinationaliste, deux attaques, contre la patrie et contre l'église catholique, que tout anarchiste d'avant 14 aurait pu prononcer. La collusion de l'armée et de l'Église pour écraser le peuple (« il aura la médaille et la dragée du bon Jésus ! »), l'alliance de la religion et du capital (stigmatisée dans « LES AILES EN OR ») sont des thèmes traditionnels ; Darien les ressasse dans *La Belle France*, où il représente la IIIᵉ République comme un régime de généraux sanguinaires et de prêtres triomphants, qui rend un culte au « Veau d'or » et « aime à voir encenser le dieu du Capital »[46]. Le refus de considérer qu'il puisse exister une race française (« La race, ce que t'appelles comme ça, c'est seulement ce grand ramassis de miteux dans mon genre [etc.] » — *V*, p. 8) est également un argument antinationaliste des anarchistes d'avant-guerre ; *La Belle France* y ajoutait le mépris, qu'on retrouve chez Céline, pour un peuple sans « type national », qui porte « les caractéristiques, plus ou moins abâtardies, de toutes les races », et qui « représente on ne sait quoi ; même pas l'esclave ; l'affranchi »[47] — ce n'est d'ailleurs pas un hasard si cet argument se retrouve sous la plume de deux écrivains racistes.

Princhard est également donné pour anarchiste dans la mesure où son discours comporte une apologie de la « reprise

46. Georges Darien, *La Belle France*, p. 74.
47. *Ibid.*, p. 67.

individuelle », (*V*, p. 67), expression tellement marquée du vocabulaire anarchiste qu'elle vaut étiquette idéologique[48]. L'œuvre littéraire la plus habile qui ait illustré la théorie anarchiste du vol n'est autre que *Le Voleur* de Darien (1897) qui ne fit guère de bruit que dans des milieux marginaux, mais qu'Alfred Jarry plaçait au nombre « Des livres pairs du docteur Faustroll »[49] — c'est la réédition de ce livre qui amena en 1955 la redécouverte de Darien, redécouverte dont André Breton voulut faire une « réparation éclatante ». *Le Voleur* semble avoir inspiré Céline par ses développements « philosophiques » et par son intrigue. Les prêtres tiennent une bonne place parmi les personnages crapuleux de *Voyage*, qu'il s'agisse du curé de San Tapeta, trafiquant d'esclaves, ou de l'abbé Protiste, avide de commissions ; on songe aux attaques de Darien contre « les coquins qui se sont institués les chiens de garde de cette hideuse saleté : notre sainte mère l'Église », contre les rapines du « capitalisme chrétien »[50], et surtout à cet abbé Lamargelle du *Voleur*, compère du narrateur, escroc efficace et insolent théoricien du vol, dont les prêtres de Céline sont comme le reflet honteux.

Au-delà de ces attaques contre l'armée, la patrie, la race, l'Église, la propriété, la vision célinienne coïncide également avec la tradition anarchiste par la remise en cause de certaines des institutions majeures de la démocratie. Céline s'en prend à la magistrature et à la justice — « la loi, c'est le grand "Luna Park" de la douleur » (*V*, p. 173) — avec une violence qui rappelle le chapitre VIII de *La Belle France*. Il reproche à l'instruction publique et à la presse d'être des instruments d'aliénation :

48. Sur la théorisation de la « reprise individuelle », voir Jean Maitron, *op. cit.*, t. I, p. 414-415.

49. Alfred Jarry, *Gestes et opinions du docteur Faustroll, pataphysicien, in Œuvres complètes I*, Paris, Gallimard, 1972, « Bibliothèque de la Pléiade », p. 661.

50. Georges Darien, *La Belle France*, p. 91, et *Le Voleur*, Paris, Pauvert, 1971, « 10/18 », p. 504.

[...] Les indigènes eux, ne fonctionnent guère en somme qu'à coups de trique, ils gardent cette dignité, tandis que les Blancs, perfectionnés par l'instruction publique, ils marchent tout seuls. [...] Qu'on ne vienne plus nous vanter l'Egypte et les Tyrans tartares ! [...] Ils ne savaient pas, ces primitifs, l'appeler « Monsieur » l'esclave, et le faire voter de temps à autre, ni lui payer le journal [...] (p. 139)

— de même le chapitre VII du pamphlet de Darien accusait l'enseignement de transformer l'enfant en un « esclave », « simplement apte à jouer un rôle machinal dans l'atelier de travaux forcés que lui ouvrira la Société »[51] et accumulait les griefs contre la presse. Ces attaques trouvent leur synthèse dans la colère de Princhard contre les Philosophes, l'instruction, la presse, et les « couillons voteurs et drapeautiques » de 1792, une colère qui ressemble à celle de Darien :

[...] Voilà au moins des gars qui ne le laissent pas crever dans l'ignorance et le fétichisme le bon peuple ! Ils lui montrent eux les routes de la Liberté ! Ils l'émancipent ! Ça n'a pas traîné ! Que tout le monde d'abord sache lire les journaux ! C'est le salut ! Nom de Dieu ! Et en vitesse ! Plus d'illettrés ! Il en faut plus ! Rien que des soldats citoyens ! Qui votent ! Qui lisent ! Et qui se battent ! (*V*, p. 69).

[...] Le grand point, c'est qu'il n'y ait plus d'illettrés en France ; que tous les citoyens puissent lire le texte des lois qui les garrottent ; compter les chaînons de leur chaîne ; écrire, sur les bulletins de vote, qu'ils désirent que la séance continue — avec Jean-qui-Bavarde pour la présider, en attendant Jean-qui-Tue.[52]

Encore faut-il souligner, à nouveau, qu'étiquetées « anarchistes » par un Darien, ces mêmes haines se retrouvent sous les plumes d'Action française[53].

Toutes ces similitudes que nous venons d'observer entre certaines composantes idéologiques de *Voyage* et les textes de Darien contribuent à expliquer pourquoi Bardamu se dit « anarchiste » et pourquoi Céline a développé son roman entre *Bas les cœurs !* et *La Belle France*. Cependant, sauf peut-être pour la haine de la presse (qui sera si bavarde dans *Bagatel-*

51. Georges Darien, *La Belle France*, p. 237.
52. *Ibid.*, p. 231.
53. Voir Léon Daudet, *Le stupide XIXᵉ siècle*, p. 17, 32.

les pour un massacre et qui n'est pas un thème anarchiste banal), les coïncidences relevées jusqu'ici pourraient rapprocher Céline de bien d'autres anarchistes, et ne concernent pas la singularité de la démarche individualiste de Darien, c'est-à-dire ce par quoi Darien, comme Céline, se situait en marge de la grande tradition de l'anarchisme français : défaitisme, mépris du peuple, anti-socialisme et culte de l'Individu.

Le premier point commun qui rapproche Céline de Darien est qu'ils expriment tous deux un anarchisme marqué par la défaite, et défaitiste. Il n'y avait rien d'étonnant à ce que Darien commence *La Belle France* par les mots « *Vae Victis !* », et trouve grotesque la vénération des Français pour la Défense de Paris et le maréchal Moncey[54] : il avait vu la défaite de 70 et croyait pouvoir pronostiquer qu'à la prochaine guerre l'armée française connaîtrait la même débâcle. Céline conserve étrangement le même point d'optique après la victoire de 1918.

Bardamu se sent vaincu (*V*, 115) et présente les Français comme un « ramassis » de « vaincus » (p. 8) ; le roman est symboliquement placé sous le signe de la défaite : le narrateur se dit analogue à Monmouth vaincu en 1685, aux Gardes suisses vaincus en 93, à la Grande Armée vaincue à la Bérézina, au maréchal Moncey vaincu en 1814, aux « revenants de toutes les épopées ». Ces symboles expriment une conviction obsédante, mais d'une manière voilée qui laisse au lecteur le loisir d'interpréter. Pour les expliquer, il ne suffit pas de dire, comme nous l'avons fait jusqu'ici, qu'aux yeux de Céline, la guerre de 14-18 valait une guerre perdue du fait que les Poilus n'avaient rien gagné par leur sacrifice, car, si les amertumes de la guerre et de l'après-guerre fondent la violence vengeresse de *Voyage*, elles n'expliquent pas que Céline décrive Bardamu rejoignant, dérisoirement, les soldats de bronze du maréchal Moncey, c'est-à-dire que la défaite fasse figure de *sens de l'histoire*. Cette défaite omniprésente nous semble impliquer que Céline partage, sur la France et sur

54. Georges Darien, *La Belle France*, p. 45.

l'Europe, l'opinion qu'il n'exprimera clairement qu'un peu plus tard, par exemple dans les lettres qu'il écrira à Garcin au lendemain du 6 février 1934 :

> [...] ici c'est l'hystérie collective, voilà le fascisme en route, on attend l'homme à poigne avec ou sans moustaches. Les Français sont masochistes. Progrès ? où quand ? je ne vois qu'une vieille nation ratatinée. Quelques rafistolages ici ou là, un jour (prochain) tout s'écroulera. Spengler et Mann ont prévu tout cela... Et ce vieux fou de Bloy !... nous en sommes là ! Les vers à l'intérieur nous bouffent. La France est une vieille femelle qui se vide comme en Afrique ces femmes dont les règles durent trois semaines. C'est la répugnante hémorragie.
>
> [...] La purification par les Mongols nous attend, c'est une débâcle qui nous est due, à la Léon Bloy, rien à attendre de la pourriture, Garcin.[55]

« Vieille nation ratatinée », « vieille femelle » répugnante et affaiblie, la France n'a plus de grandeur ou de gloire que derrière elle ; l'avenir ne lui réservera que des défaites : il n'y a plus qu'à attendre, selon le mot célèbre de Léon Bloy, « les Cosaques et le Saint-Esprit »... Ces Cosaques vaincront comme ils avaient vaincu le maréchal Moncey en mars 1814, et comme ils avaient écrasé les Gardes suisses sur les bords de la Bérézina, sitôt finie la *Chanson* qui sert d'épigraphe à *Voyage*. Céline pense que l'Europe entière subit cette décadence qu'Oswald Spengler vient d'analyser, au début des années 20, dans *Le Déclin de l'Occident* et dont Thomas Mann décrit le vécu. Parapine songe d'ailleurs à la beauté « somptueuse » d'une « mort à Venise » (*V*, p. 286). Cette obsession de la décadence et ce défaitisme, exprimés violemment en 1934, et présents, selon nous, sous plusieurs symboles de *Voyage* en 1932, constitueront sans doute les motifs les plus clairs de l'adhésion que Céline donne en 1937 aux projets hitlériens ; il a sincèrement cru que la France, devant perdre la guerre contre l'Allemagne, avait intérêt à s'unir immédiatement avec elle, et il a vu en Hitler l'ultime rempart contre les « mongols » du communisme.

---

55. Lettres des 15 février et 29 avril 1934 à Joseph Garcin, *in* Pierre Lainé, *op. cit.*, p. 635, 636.

Cette conviction défaitiste fait de l'anarchisme de Darien, comme de celui de Céline, un anarchisme du mépris. La révolte de Darien a en effet suivi une bien regrettable courbe. Le martyr accusateur de *Biribi*, le vengeur pro-communard de *Bas les cœurs!*, le sapeur de la propriété bourgeoise du *Voleur* a très vite couvert d'ordures, dès *La Belle France*, toute les espérances progressistes et populaires, et considéré que seule la guerre pourrait régénérer, dans un bain de sang, ce peuple de moutons. Cette évolution est nommée « ambiguïté » par André Breton, ou évacuée comme « incohérence » par Yann Cloarec, et toujours rapportée à « des qualités de cœur exceptionnelles »[56]. On pense ce qu'on veut de cette circonstance atténuante régulièrement demandée, dans l'histoire littéraire, pour réhabiliter les plumes déshonorées. Quoi qu'il en soit, les historiens ont observé tant de cas d'évolutions semblables qu'il faut renoncer à y voir une « incohérence » pour y rechercher une logique. Pour Darien comme pour d'autres anarchistes individualistes de sa génération[57], cette progression idéologique est largement imputable à la lecture de *L'Unique et sa propriété* de Max Stirner, livre écrit en 1845 et traduit en français en 1899, qui fut la bible de l'individualisme et contribua à détacher nombre d'anarchistes de la dynamique révolutionnaire de l'anarchie (engagement collectif, lutte de classe, syndicalisme, etc.) pour les jeter dans la provocation individuelle et dans un ricanement plus ou moins sombre.

Les messages de *La Belle France* sont tellement clairs que la référence que Céline y fait jette sur *Voyage au bout de la nuit* un jour brutal. De la misère comme abjection :

> La misère n'est pas sacrée. Elle est infecte. La misère, c'est la saleté, la vermine, la gale et les punaises ; les poux ; le choléra ; la peste ; la

---

56. Voir André Breton, « Darien le maudit », *in Arts*, 11 mai 1955, repris *in* Georges Darien, *Le Voleur*, p. 5-8 ; Yann Cloarec, « Crève la démocratie ! », préface à Georges Darien, *L'Ennemi du Peuple* ; Auriant, « Préface » à Georges Darien, *La Belle France*.

57. Voir Jean Maitron, *op. cit.*, t. I, p. 421, et t. II, p. 175-183. Dans le cas de Darien, il semble que s'ajoute une influence de Nietzsche.

bassesse et le mensonge ; la famine et le meurtre ; l'envie, la lâcheté, les maladies honteuses, l'inceste, la prostitution, le militarisme, la crédulité, la religion ; d'autres ordures, encore ; toutes les ordures ; par-dessus tout, la bêtise. Voilà ce que c'est que la misère.

Des vertus de solidarité comme « ridicules » :

[...] Quand on pense à des gens [...] qui vont se consoler les uns les autres — les larmes vous viennent aux yeux, mais le rire vous monte aux lèvres. Les traîne-guenilles sont les traîne-malheur parce qu'ils sont les traîne-patience.

De la pauvreté comme servitude volontaire :

Si vous donnez à un pauvre (particulièrement un pauvre français) un coup de pied au derrière, il fait mine de se rebiffer ; si vous lui en donnez un second, il sourit ; si vous lui en donnez un troisième, il en demande une demi-douzaine. Refusez-les-lui, ou il vous en réclamera d'autres.

De l'instinct comme moteur salutaire de l'histoire :

L'ère de l'égoïsme va s'ouvrir ; de l'égoïsme qui procède de la compréhension équilibrée, et justement orgueilleuse, des instincts ; de l'égoïsme franchement avoué, activement manifesté, [...] seule force naturelle et vraie.

Du socialisme comme Église aussi menteuse que la précédente :

[...] C'est, par le fait, une Église qui s'occupe beaucoup, comme l'autre, d'une vie future ; et dont les pontifes, laissant planer un majestueux sourire de dédain sur les misères d'aujourd'hui, désignent, de leur main moite, le mensonge des horizons.

Du salut socialiste et national :

Le Socialisme n'est pas la haine ; c'est la discussion, c'est le bavardage, [...] c'est tout ce que veut la bourgeoisie. [...] il fallait, au lieu de prêcher aux masses un nouvel évangile aussi vain et aussi ridicule que ceux qui le précédèrent, leur faire comprendre ce que c'est que la patrie ; il fallait leur démontrer que la patrie, c'est la terre de la patrie ; et que, pour arriver à la posséder, il faut se résoudre à se délivrer à jamais de toute servitude. Il eût fallu, en un mot, faire du Socialisme un Nationalisme réel[58].

58. *La Belle France*, respectivement p. 96, 119, 99, 170-171, 240, 240-241.

La Belle France ressasse donc l'espérance que la guerre viendra comme une chance pour cette révolution nationale ; le narrateur du *Voleur* souhaitait la venue d'un « apôtre » :

[...] Notre époque est tellement abjecte [...] que peut-être écouterait-on un apôtre — [...] Un apôtre serait un Individu, d'abord — l'Individu qui a disparu. — Le jour où il renaîtra, quel qu'il puisse être et d'où qu'il vienne, qu'il soit l'Amour ou qu'il soit la Haine, qu'il étende les bras ou que sa main tienne un sabre, [...] un monde nouveau s'épanouira sous ses pas[59].

comme celui de *L'Epaulette* méditera l'extermination :

J'écrirai avec une plume. J'écrirai avec un sabre. J'écrirai avec un couteau de boucher. La chair qui ne veut point être libre, « qui se méprise », doit être traitée comme de la viande — comme de la charogne[60].

On voit qu'en plaçant *Voyage au bout de la nuit* entre deux titres de Darien, Céline ne postulait pas son entrée parmi les « ouvrages de patronage » pour reprendre l'expression de Léon Daudet.

A l'exception de l'appel de Darien au Nationalisme-Socialisme, à la guerre et au sauveur suprême, l'ensemble de la narration de *Voyage* reprend les thèmes que nous venons de relever. La dénonciation du masochisme des victimes de l'organisation sociale, l'exaltation de l'égoïsme et le recours à l'instinct, l'éloge de la violence, y sont aussi voyants que l'amalgame de la misère sociale et de l'abjection morale : « La nègrerie pue sa misère, ses vanités interminables, ses résignations immondes ; en somme tout comme les pauvres de chez nous mais avec plus d'enfants encore et moins de linge sale et moins de vin rouge autour » (*V*, p. 142). Comme nous l'avons montré plus haut, le roman exprime le refus du socialisme en utilisant de manière destructrice l'héritage de Barbusse. Il contient aussi un personnage allégorique à travers lequel le socialisme est traîné dans la boue : Sévérine. On sait

---

59. Georges Darien, *Le Voleur*, p. 505-506.
60. Georges Darien, *L'Epaulette*, Paris, Jérôme Martineau, 1973, « 10/18 », p. 400. Première publication, 1905.

que Séverine fut une militante célèbre ; disciple de Vallès et journaliste au *Cri du Peuple*, puis communiste en 1920, elle venait de mourir en 1929, entourée du respect de toute la gauche ; elle avait la réputation d'offrir une hospitalité chaleureuse, de dire à tous les exilés qui frappaient à sa porte : « Assieds-toi là. Mange. Bois. Repose-toi »[61]. Céline donne son nom à une serveuse de bar, prostituée pour sous-prolétaires. S'en prenant aussi violemment aux bourgeois qu'aux « pauvres », renvoyant dos à dos « Barrès » et « la cavalière Elsa », qui représente le « péril rouge » (*V*, p. 70), *Voyage* s'inscrit dans la ligne des doubles invectives de Darien qui n'acceptait ni droite ni gauche, et voulait se situer plus loin, au-delà de l'une et de l'autre, dans une synthèse ultra qui n'est autre que le fascisme.

Les références de *Voyage* à Darien nous permettent de supposer que Céline sait fort bien sur quelle voie il a commencé d'avancer. Le paragraphe de haine « Attention dégueulasses ! [...] », que nous avons cité *supra* p. 172, prend ainsi un relief inquiétant : on peut le lire comme la promesse d'un engagement futur, promesse renouvelée au début de *Mort à crédit*. C'est un fait qu'avec ses pamphlets, Céline travaillera à rendre ses lecteurs « plus subtilement lâches et plus immondes encore » : prêts à vouloir la défaite et à exterminer les Juifs. *Bagatelles pour un massacre* sera une sorte de *Belle France* réactualisée et surchargée d'antisémitisme (et de développements esthétiques). Sans avoir la place ici de mener une comparaison précise des deux textes, nous pouvons remarquer qu'ils se ressemblent fort, par la technique, et par la thématique. Techniquement, c'est la même stratégie de ressassement apparemment inorganisé, d'attaques répétitives des mêmes objets sous plusieurs angles, avec cependant des propositions finales conclusives et fermes, la même pratique de l'épigraphe ironique, fantaisiste ou abusivement traitée, le même mélange irrationnel de haines nominales actuelles et d'histoire métamorphosée en galerie de symboles partisans, la même rhéto-

---

61. Gabriel Reuillard, « Séverine », *in Monde*, 27 avril 1929.

rique de la sexualité (beaucoup plus accusée chez Céline, il va sans dire). Thématiquement, c'est le même corpus d'idées contre la démocratie, la représentation parlementaire, la concussion supposée, la presse, l'instruction publique, l'Église, le capitalisme, la bourgeoisie, le socialisme, le prolétariat et son alcoolisme, la même surexcitation moraliste, la même passion de la supposée « vérité » et de la soi-disant « dignité », le même mépris d'un prétendu masochisme, la même haine d'un prétendu sadisme, la même nostalgie plus ou moins explicite d'une armée digne de respect.

5. COHÉRENCE DE L'ITINÉRAIRE POLITIQUE DE CÉLINE

Une vision globale et cohérente de l'histoire s'exprime donc, dans *Voyage au bout de la nuit*, à travers une description essentialiste du monde contemporain, une prise de position antirousseauiste, un discours antirépublicain et complaisant à la dictature, une tonalité générale de haine et de mépris, et un ensemble de références historiques et culturelles. Cette vision n'est pas « ambiguë », même si elle n'appartient pas à une idéologie communément partagée ; c'est une nouvelle synthèse entre des valeurs maurrassiennes et des revendications anarchistes, dans l'esprit de l'anarchisme stirnerien et défaitiste dont Darien avait été la meilleure plume. Ceci à l'heure où Georges Valois pratique lui aussi une synthèse, sous le nom de fascisme, entre des valeurs nationalistes et un anarcho-syndicalisme sorelien. L'étude du discours politique que Céline tient à travers le roman confirme donc l'impression que donnait, sur un plan plus littéraire, l'étude des rapports entre l'emploi de la thématique révolutionnaire et celui de la psychanalyse (voir *supra*, p. 178-185) : *Voyage* est un roman où s'exprime une sensibilité fasciste.

On ne saurait dire que ce roman soit un « roman fasciste » parce que cette expression serait absurde ; une œuvre littéraire contient toujours plus que l'idéologie qu'elle véhicule, et à ce titre il n'existe pas plus de romans « fascistes » que de

romans « communistes » ou « chrétiens ». Comme roman philosophique, fidèle à une volonté de distance intellectuelle,
Voyage au bout de la nuit ne conseille d'ailleurs aucun passage à l'acte. Ce pourrait être de son propre texte que Céline
parle lorsque Bardamu dit de Princhard : « Il avait le vice des
intellectuels, il était futile. Il savait trop de choses ce garçon-là
et ces choses l'embrouillaient. Il avait besoin de tas de trucs
pour s'exciter, se décider » (*V*, p. 71). Ce jugement laisse
transparaître la soif de simplification et d'action à laquelle
Céline va bientôt céder. Dans *Voyage*, son engagement n'est
encore que littéraire et culturel (les références à Rousseau, à
Napoléon, à Darien sont d'un militant de bibliothèque). Les
critiques morales, intellectuelles et sociales, le primat donné
à la violence de la haine, à l'irrationalité, à l'instinctif et au
biologique, tout cela s'organise cependant en une idéologie
qui peut s'accorder, et qui s'accordera, avec le système de
représentations fasciste. Le diagnostic que Maxime Gorki portait sur *Voyage au bout de la nuit* en 1934, « Céline est mûr
pour le fascisme »[62], nous semble exact, même si nous ne le
portons pas pour les mêmes raisons que lui. Très vraisemblablement, Céline en avait conscience lui-même. Il écrivait
à N***, son amie viennoise, le 9 octobre 1932, en lui annon-
çant la sortie imminente de son livre : « Quand je serai chassé
de France pour des raisons politiques, je viendrai me réfu-
gier chez vous » (*CC5*, p. 77). S'il ne s'était vu que comme
un nouveau Darien, se serait-il déjà imaginé condamné à l'exil
politique ? Dès juin 1932, sa correspondance avec Erika Irrgang montre qu'il accepte les « succès hitlériens » sans répugnance de principe, sous l'angle des profits personnels qu'on
en peut tirer : « Puisque les juifs ont été chassés d'Allemagne
il doit y avoir quelques places pour les autres intellectuels ?
Heil Hitler ! Profitez-en ! », lui écrit-il le 27 juin 1933 (*CC5*,
p. 51).

    S'étonnera-t-on pour autant que Céline ait été, au moment

_____

62. Appréciation portée par Gorki lors du Congrès des Ecrivains de 1934,
citée par Alastair Hamilton, *L'illusion fasciste*, Paris, Gallimard, 1973, p. 219.

où il écrivait *Voyage*, un lecteur du *Monde* de Barbusse, lecteur assez assidu pour y publier un article, « La Santé publique en France », le 8 mars 1930 ? Pour s'en étonner, il faudrait ignorer que l'idéologie fasciste est, répétons-le, une synthèse ultra de certaines revendications socialistes et des valeurs de droite. Le Dr Destouches se reconnaît assez dans l'examen critique de la loi d'assurances sociales du 5 avril 1928, que *Monde* publie le 22 février 1930, pour y publier lui-même un article qui exprime *la moitié* de ce qu'il pense. L'autre moitié de son opinion, il l'a déjà exprimée le 24 novembre 1928 dans les colonnes de *La Presse médicale*, sous le titre « Les Assurances sociales et une politique économique de la santé publique » (*CC3*, p. 154-167). Ces deux textes manifestent, sous deux angles différents, la même hostilité contre la pratique libérale de la médecine. L'article publié dans *Monde* (repris dans *BLFC2*, p. 37-49) propose d'utiliser la loi des assurances sociales en vue d'une politique qui s'attaquerait aux maladies de la misère. L'article publié dans *La Presse médicale*, propose, lui, de s'en servir pour le plus grand profit du patronat ; il s'agit de « renoncer » à « l'intérêt populaire », « substance bien [...] vague », au profit de « l'intérêt patronal et son intérêt économique, point sentimental », de renoncer à « notre humanitarisme désuet et nuisible » pour fonder une médecine qui ressemblerait à une « médecine militaire. Pourquoi pas ? », où les travailleurs malades seraient maintenus à leurs postes de travail sous la surveillance de médecins d'entreprise. C'est un raisonnement explicitement fasciste qui inspire à Céline ce projet d'application des assurances sociales :

[...] nous nous demandons [...] s'il n'existe pas un moyen d'assimiler encore les assurances sociales et leur contenu collectiviste, sans qu'il s'ensuive des accidents économiques et sociaux d'une extrême gravité. Dans ce but, il nous a semblé que c'était à la méthode disraëlienne de néo-conservatisme qu'il faudrait avoir recours, celle qui consiste à ne pas s'opposer aux programmes audacieux de la gauche socialisante, mais, au contraire, qui s'emploie à les devancer, à se porter franchement bien au-delà des revendications collectivistes pour extraire de ces mêmes réformes tout ce qu'il faut pour consolider l'ordre établi (*CC3*, p. 157-158).

Le « conservatisme » ne doit plus méditer des « projets pour paralytique menacé », mais s'intégrer, en les « renforçant », « le caractère et la discipline socialiste » ; ce sera pour lui un « moyen plus noble, et surtout plus substantiel pour assurer l'avenir » (p. 158)[63].

Ainsi pensait, en 1928-1930, le Dr Destouches. Rien d'étonnant, par conséquent, à ce qu'une lecture minutieuse décèle un système de représentations fascisant chez le romancier Céline. Ce système de pensée est la logique qui le mène de *Voyage au bout de la nuit* à l'adhésion à l'aventure nazie.

L'antisémitisme est pour Céline une passion, mais il ne le considère, intellectuellement parlant, que comme un moyen de faire peser sur un seul coupable la responsabilité de tout ce qu'il exècre : « Le juif n'explique pas tout mais il CATALYSE TOUTE notre déchéance, toute notre servitude »[64]. Comme, peut-être, toute explosion raciste, l'antisémitisme célinien est le moyen d'articuler des griefs qui s'originent dans une colère contre le fonctionnement *global* de la société existante (ou près d'advenir) ; quand Céline appelle au meurtre des juifs, c'est en les tenant pour responsables de la démocratie bourgeoise ou capitaliste (régime de la France en 1937) et du communisme (idéologie montante en 1937). S'il n'avait pas tant haï la démocratie bourgeoise et le communisme, son antisémitisme n'eût pas trouvé grand-chose à reprocher aux

---

63. On retrouvera ces idées quand il expliquera pendant la guerre la nécessité de réformes sociales : « On ne vaincra pas le Communisme avec de la répression seulement. Faut bien défendre l'ordre. Mais quel ordre ? Il faudrait d'abord en faire un qui vaille la peine qu'on meure pour lui. Et qu'on tue. [...] Race ? Famille ? Patrie ? Sacrifesse ? C'est de l'idéal, tout ça, plus tard. [...] Il faut prendre ce peuple où il est, au ras de ses besoins bien épais. On ne renversera le communisme qu'en le dépassant, en en faisant plus. En se posant au-delà, non en-deçà. C'est peut-être fâcheux, mais c'est tel quel » (Claude Jamet, « Un entretien chez Denoël avec L.-F. Céline. L'égalitarisme ou la mort », *Germinal*, 28 avril 1944, repris dans *CC7*, p. 209-210).

64. Lettre sans date à Lucien Combelle, citée par François Gibault, *Délires et persécutions*, p. 155.

juifs et serait demeuré aussi discret que celui de tant d'hommes de son temps, qui n'étaient que personnellement racistes.

Il faut y insister, même si cela constitue un truisme pour ceux de nos lecteurs qui ont déjà posé sur les quatre pamphlets de Céline un regard platement historien : ces quatre pamphlets sont fascistes, ils énoncent progressivement tout ce qu'il fallait dire entre 1936 et 1941 pour promouvoir l'avènement du fascisme en France. En 1936, *Mea culpa* s'attache à détacher son lecteur « Popu » de la démocratie bourgeoise et du communisme, et impute la guerre à venir au bellicisme communiste. En 1937, *Bagatelles pour un massacre* fait porter aux juifs la responsabilité de la guerre qui s'annonce, parce qu'ils sont les inventeurs du socialo-communisme (« Que veulent-ils les Juifs ? par derrière leur baragouin socialistico-communiste ? [...] Qu'on aille se faire buter pour eux » — *BM*, p. 86) et les profiteurs de la démocratie capitaliste (« La démocratie partout et toujours, n'est jamais que le paravent de la dictature juive » — p. 51) ; Céline propose donc, en conclusion, d'échanger la paix avec Hitler contre le sacrifice des Juifs : « Moi je voudrais bien faire une alliance avec Hitler. Pourquoi pas ? Il a rien dit contre les Bretons [...] Il a dit seulement sur les Juifs... il les aime pas les Juifs... Moi non plus... » (p. 317) ; « S'il faut des veaux dans l'Aventure, qu'on saigne les Juifs ! » (p. 319). En 1938, *L'École des cadavres*, dédié à Julien l'Apostat, s'attaque au christianisme — qui constitue, de fait, l'obstacle le plus solide dans la perspective d'une adhésion des Français, traditionnellement catholiques, au projet nazi — et promeut à sa place des valeurs pseudo-nietzchéennes. Son programme comprend l'extermination des Juifs : « Mille fois Racisme ! Racisme suprêmement ! Désinfection ! Nettoyage ! » (*ÉC*, p. 215), « comme la stérilisation Pasteur parfaite » (p. 264). Le pamphlet se conclut par l'invitation à renverser les alliances de la France, à se retourner contre la Grande-Bretagne, à nouer une alliance totale avec l'Allemagne : « Confédération des Etats Aryens d'Europe. Pouvoir exécutif : L'Armée franco-allemande » (p. 287). Céline adresse ses conclusions à Pétain, qui n'a pas alors le moindre rôle politique, comme s'il était l'homme de la situation : « Vous faites erreur, Monsieur le Maréchal ! L'ennemi est au Nord ! Ce n'est pas Berlin ! C'est Londres ! [...] Il vous manque du monde, Monsieur le Maréchal ! Il vous manque les vrais effectifs ! Il vous manque le principal ! Les 400 parfaites divisions d'infanterie franco-allemandes » (*ÉC*, p. 289-290). En 1941, dans *Les Beaux draps*, dédié « À la corde sans pendu », il est fier d'avoir proposé ce programme l'un des premiers (« pour devenir pro-allemand, j'attends pas que la Commandatur pavoise au Crillon » — *BD*, p. 156), et il en demande l'application ; d'une part, il veut que la corde ne reste pas « sans pendu » : « Bouffer du juif ça suffit pas, [...] ça tourne en rond [...] si on saisit pas leurs ficelles, qu'on les étrangle pas avec » (p. 115) ; d'autre part, il souhaite voir appliquer un vrai programme socialiste-national, qu'il nomme « communisme Labiche », ou « communisme petit-bourgeois » (p. 135-138). De 1936 à 1941, le projet de Céline est donc tout à fait cohérent. Il est faux de dire, comme on s'y plaît souvent, que *Bagatelles pour un massacre* n'épargne personne et contient des attaques tous azimuts : Céline épargne Hitler, et ses attaques sont réservées aux réalités contemporaines des démocraties bourgeoises ou populaires. Il est faux de dire que Céline ne savait pas à quelle extermination aboutissaient ses appels au meurtre ; sa lettre du 21 février 1939 à N***, dont le mari vient de mourir à Dachau pour judaïcité, prouve qu'il n'ignorait pas l'efficacité des méthodes nazies (*CC5*, p. 144).

Doit-on s'étonner que *Voyage au bout de la nuit* qui se donne pour moralité, en tant que roman philosophique, l'héroïsme suicidaire de Vigny soit organisé, parlant d'histoire, en vision fasciste ? L'expérience historique a montré que le fascisme a recruté beaucoup de nostalgiques suicidaires de la « générosité » (cornélienne ou stendhalienne). La fable philosophique de *Voyage* a pour noyau vivant la nostalgie de l'héroïsme et la lamentation de son impossibilité. Robinson, Monmouth, Moncey, autant d'individus, l'un romanesque, les autres historiques, fidèles jusqu'à la mort à un ordre social qui n'a pas d'être, mais seulement un devoir-être : qui n'existe

pas encore dans le cas de Robinson, sorte de pionnier du
« temps des assassins », qui n'existe plus dans le cas de Monmouth (héros d'une impossible Restauration) et de Moncey
(ultime défenseur du Premier Empire effondré). La puissance
négatrice de *Voyage*, sa revendication de marginalité et de
bouffonnerie, et ses déclarations de haine à la société *existante*,
sont l'expression de la nostalgie d'une société où l'individu
pourrait ou aurait pu se fondre sans restriction et sans regret.

Le narrateur célinien est en deuil d'une assimilation qu'en
1932 Céline juge à tout jamais impossible, la France n'ayant
pas d'avenir et l'Occident étant en « déclin » ; mais il cher-
chera bientôt dans la catastrophe historique l'occasion de sa
vengeance, de sa réintégration et de sa transparence. L'appel
à « l'épaulette » chez Darien ou l'exhortation à massacrer les
juifs chez Céline sont ceux d'un individualisme nostalgique,
où l'« individu » ne se constitue une identité que dans le
mépris des autres hommes, mais où il ne demanderait qu'à
se défaire de sa singularité pour entrer dans une société qui
aurait enfin changé d'âme. La réflexion de Sartre sur la question « Qu'est-ce qu'un collaborateur ? » nous paraît donc tout
à fait pertinente pour le cas de Céline[65]. Sartre explique de
la manière suivante le fait que beaucoup de collaborateurs
« ont été recrutés parmi ce qu'on a appelé les "anarchistes de
droite" » :

[...] La liberté anarchique dont ils jouissaient, ils ne l'ont jamais assumée, jamais reprise à leur compte, ils n'avaient pas le courage de tirer
les conséquences de leur attitude rigoureusement individualiste : ils
poursuivaient en marge de la société concrète, le rêve d'une société
autoritaire où ils pourraient s'intégrer et se fondre. Ainsi ont-ils pré-

65. Par contre, les célèbres phrases des *Réflexions sur la question juive* ne
nous persuadent pas : « Si Céline a pu soutenir les thèses socialistes des nazis,
c'est qu'il était payé. Au fond de son cœur, il n'y croyait pas : pour lui il n'y
a de solution que dans le suicide collectif, la non-procréation, la mort » (*in Les
Temps modernes*, 1ᵉʳ décembre 1945, p. 49). Céline partageait assez l'idéologie
fasciste pour la servir gratuitement. Si Sartre a lancé cette grave accusation,
c'est peut-être, paradoxalement, parce qu'il avait énormément admiré *Voyage*
(et apprécié *L'Église* au point de lui emprunter l'épigraphe de *La Nausée*), et
qu'il n'a voulu se souvenir que de son dénouement « philosophique ».

féré l'ordre, que la puissance allemande leur paraissait représenter, à la réalité nationale dont ils s'étaient exclus[66].

On pourrait reprendre pour Céline les termes que Sartre employait pour Drieu la Rochelle : « Il s'est peint tout au long de vingt années comme [...] un "homme de trop" [...] il a voulu se voir comme un produit typique d'une société tout entière pourrie. [...] Pour ce pessimiste, l'avènement du fascisme correspondait au fond au suicide de l'humanité »[67]. Chez l'auteur de *Voyage*, le suicide de l'humanité est vu comme un aboutissement *absolu* ; chez l'auteur de *L'École des cadavres*, ce suicide devient une étape *historique*, la condition *sine qua non* d'une régénération qui demeure hypothétique. La revendication individualiste apparaît ainsi comme un des lieux les plus dangereux de l'idéologie du XXᵉ siècle. Bien des vigilances y sont prises en défaut. A de très rares exceptions près (Nizan, Trotski, Gorki...), la gauche ne conçut aucun soupçon sur les implications idéologiques de *Voyage*. André Breton disait après la bataille, en 1950, que l'épisode d'Alcide lui avait paru être « l'ébauche d'une ligne sordide »[68], mais quelques années plus tard, il n'en fêtait pas moins chaleureusement Darien et ne se faisait aucun scrupule de condamner *L'Homme révolté* de Camus au nom du stirnerisme de Darien[69] comme si « la ligne sordide » de *Voyage* ne remontait pas à *L'Unique* de Stirner *via* les fureurs moralisatrices de *La Belle France*...

66. Jean-Paul Sartre, *Situations III*, Paris, Gallimard, 1949, p. 48 et 49.
67. *Ibid.*, p. 59-60.
68. André Breton, Réponse à l'enquête du *Libertaire* sur le procès Céline, *in Le Libertaire*, 20 janvier 1950, repris dans *CC7*, p. 351.
69. André Breton, « Darien le Maudit », *in* Darien, *Le Voleur*.

Conclusions

Il n'y a pas plusieurs Céline, ni de Céline « avant Céline », comme on a pu l'écrire. L'œuvre de Céline forme un ensemble cohérent du point de vue de la pensée et de la posture du locuteur. Elle nous semble s'être développée surtout selon deux nécessités. L'une est interne, c'est l'évolution de la phrase célinienne, qu'il revient aux stylisticiens d'analyser. L'autre est externe, c'est l'histoire de la France — une histoire qui n'a jamais cessé de solliciter cet écrivain essentiellement politique : aux œuvres de l'entre-deux-guerres (*Voyage au bout de la nuit*, *Mort à crédit* et *Casse-pipe*), qui posent l'identité du moi écrivant, sa vision du monde et son autobiographie fantasmatique, succèdent logiquement les œuvres qui couvrent les années d'affrontement politique, du Front populaire au lendemain de l'entrevue de Montoire, soit les quatre pamphlets, où Céline s'engage, sur les bases précédemment énoncées, pour aider à la victoire de l'extrême-droite et la conseiller quand elle accède au pouvoir.

Du point de vue stylistique, il est vrai que *Voyage au bout de la nuit* semble avoir une place à part ; Céline jugea, rétrospectivement, qu'on y « trouve encore de la phrase bien filée » et que, techniquement parlant, « c'est un peu attardé »[1].

---

1. « Interview avec Madeleine Chapsal », *in CC2*, p. 25.

Mais les grandes caractéristiques de l'œuvre célinien n'en figurent pas moins dans ce roman initial. Les questions de fond, celles du sens de la vie individuelle, du sens de l'histoire, et des rapports réciproques de l'individu et de l'histoire, avaient été posées et résolues dans *Voyage*. La posture que le narrateur y avait prise était déjà pamphlétaire en ce que la narration était subordonnée à la prise en compte des débats capitaux de son temps, et en ce que son « moi » médiumnique s'était voué à articuler des vérités collectives. Comme Céline le répéta dans sa vieillesse, « au fond, [il] avait dit tout ce qu'[il] avait à dire », une fois terminé *Mort à crédit* : « Un auteur n'a pas tellement de livres en lui. Le *Voyage au bout de la nuit*, *Mort à crédit*, ça aurait suffi sans cet avatar que j'ai subi... ça m'a donné de nouveaux sujets »[2].

Ce n'est donc pas seulement par boutade ni ruse que Céline écrivit dans sa préface de 1949 : « Le seul livre vraiment méchant de tous mes livres c'est le *Voyage*... Je me comprends... Le fonds sensible... » (*I*, p. 1114). En tant que somme philosophique qui apporte la contradiction au patrimoine de la pensée humaniste, patrimoine que nous exploitons pour continuer à vouloir notre avenir individuel et collectif et que Céline appelle « le fonds sensible », *Voyage* est effectivement très « méchant ». Pourquoi « le plus méchant » ? Peut-être parce qu'il n'est pas écrit dans la fureur et le déchaînement, et possède cette froideur dure des romans philosophiques où l'auteur domine magistralement ses intentions et son système de pensée (même si nous pouvons juger que l'éclectisme présida à l'élaboration de ce système). Cette espèce de perfection représente le degré efficace de la « méchanceté » célinienne en ce qu'elle fait de *Voyage* un chef-d'œuvre apte à prendre place dans la littérature qui reste, qu'on fréquente et qu'on enseigne. Car s'il est peu de lecteurs assez « célinistes » pour relire assidûment les pamphlets sans que ces rabâchages de haine et de balivernes ne leur fassent

2. « Interview avec André Parinaud, III », *in CC2*, p. 196 ; « Interview avec Claude Sarraute », *in Le Monde*, 1er juin 1960, repris dans *CC2*, p. 169.

tomber le livre des mains, s'il en est peu d'assez « céliniens »
pour savourer les prodigieuses phrases convulsives ou décom-
posées de *Féerie pour une autre fois*, *Voyage au bout de la nuit*
est un livre lu et relu, d'autant plus « méchant » que, ne pro-
mouvant explicitement aucun modèle politique, il n'est pas,
lui, manifestement criminel : il se borne à proposer un système
philosophique du mal, tiré à quatre épingles dans une narration où il n'y a pas un paragraphe de trop, et dans une langue qui s'intègre les ressources populaires sans renoncer aux
moyens classiques.

1. LE CHOIX D'UN « MOI » ABJECT

Voyage au bout de la nuit fonde toute l'entreprise célinienne
par le travail qui s'y opère sur le « moi ». « Moi je suis un
médecin de banlieue très scrupuleux et très calme. Il faut être
l'opposé de ce qu'on écrit. Voilà la surprise », disait Céline
à un interviewer[3]. Si c'est une « surprise » pour ses amis,
c'est surtout, pour l'écrivain, une méthode. Le premier roman
de Céline peint un « moi » qui n'est pas celui de l'écrivain,
mais un moi emblématique de tout ce que Céline pense du
moi humain. Nous connaissons mal les modalités selon lesquelles ce « moi » littéraire fut réellement relié à la personnalité de Louis Destouches ; si on l'en croit, et si on observe
le passage de *Semmelweis* à *Voyage*, il s'agirait d'un travail
d'approfondissement et d'inversion semblable à celui qui
mène du Dr Jekyll à Mr Hyde.

Ce « moi » se veut à la mesure de ce que la guerre de
1914-1918, qui fut sans doute l'épreuve la plus terrible
qu'aient subie les générations du xxe siècle français, a fait
découvrir de l'homme. Sa psychologie s'autorise en premier
lieu de la métapsychologie freudienne. La foi en l'existence,
« au-delà du principe du plaisir », d'un instinct de mort fondé
en biologie se transforme en la maxime « la vérité de ce

3. « Interview avec Madeleine Chapsal », *in CC2*, p. 35.

monde c'est la mort » et procure un texte où s'affichent les désirs inconscients d'autodestruction et de meurtre. Au niveau individuel, Céline récuse ainsi la « possibilité » de l'amour. Il refuse aussi bien sa transfiguration en « tendresse » et en « pitié », que Barbusse proposait à la fin de *Clarté*, que les modèles d'exultation et de réconciliation païennes qu'on pouvait trouver à l'époque chez Margueritte, Giono, Lawrence ou Joyce. Selon Céline, le « moi intérieur » ne doit point admettre ces leurres, il doit rester confronté à l'ambivalence mortelle du désir et assumer la dégradation et la peur sexuelles ; son « désert de l'amour » est plus vide que celui que Mauriac venait de peindre. Au niveau collectif, il n'y a aucun progrès à attendre d'éventuelles révolutions, puisque tout le mal est dans l'homme ; et comme le peuple « ne demande jamais qu'à mourir » à la guerre et à applaudir au guignol sanglant des tyrannies, la dictature est adéquate au « moi » des foules.

Le narrateur célinien fonde tout le mal dans l'inconscient, mais sans cesser de le tenir pour le « Mal ». Il se fait ainsi le lieu d'une contradiction indépassable, intégrant la culpabilité chrétienne dans un agnosticisme qui n'a plus de charité, de pardon, de rachat ni de grâce à offrir, et qui se refuse aussi le secours des sagesses pessimistes, morale « stoïque » de Montaigne, ou « pitié » de Schopenhauer. Le seul espoir serait dans une régulation et un perfectionnement scientifique du corps humain — espoir fou, que Metchnikoff semblait avoir caressé, et que Céline ne conserve guère qu'à l'état de pierre d'attente fantomatique.

Du christianisme, Céline n'a gardé que la passion de la culpabilité et l'horreur fascinée du mal. De ce point de vue, la critique la plus appropriée de *Voyage au bout de la nuit* est peut-être celle d'Elie Faure, qui aimait Céline et connaissait de l'intérieur l'anarchisme individualiste ; il écrivit une longue étude de « philosophie sociale » sur l'anarchisme individualiste, en trois volets, dont le dernier est consacré à *Voyage au bout de la nuit* et en commente les enjeux. Le roman y est présenté comme le récit du « désastre » que la mort de Dieu provoque pour l'individu ; l'écrivain ne peut plus que buter sans cesse « sur le vrai monde, dont l'horreur le renvoie à la mort, toujours à la mort » ; il est condamné à un « pessimisme transcendant ». Elie Faure comprend *Voyage* comme une tentative pour réaliser immédiatement la nouvelle morale individuelle que requiert la connaissance freudienne de l'homme ; car Freud est, selon lui, l'auteur d'une immense révolution : « Vous ne voyez donc pas qu'un mouvement de bascule inouï plonge dans la lumière ce qui était dans la nuit et ramène à la nuit ce qui était dans la lumière ? [...] Voici la première étape essentielle depuis Notre Seigneur Jésus-Christ » (*HER*, p. 440). Il est vrai que pour un regard fixé sur l'individu la métapsychologie freudienne pouvait représenter à cette époque une aubaine intellectuelle, la possibilité d'une sorte de révolution copernicienne à rebours, qui confirmait la nécessité de tourner en rond : l'Homme ne tourne plus autour des soleils de Dieu ou de Satan, son univers entier tourne à présent autour d'un Mal qu'il connaît comme brûlant en lui, et qu'il assimile à l'Être. Cette nouvelle métaphysique où le Bien (l'Être, la vie, l'harmonie, la permanence) et le Mal (la destruction, le désordre, la cruauté, la souffrance, la fugitivité) ne font qu'un possède, dans la vision célinienne, l'évidence de la chair humaine. Ce que ne possédait pas, pour Céline, la métaphysique chrétienne : « Par exemple à présent c'est facile de nous raconter des choses à propos de Jésus-Christ. Est-ce qu'il allait aux cabinets devant tout le monde Jésus-Christ ? J'ai l'idée que ça n'aurait pas duré longtemps son truc s'il avait fait caca en public » (*V*, p. 366). Cette « idée » de Bardamu n'est sans doute pas d'une grande portée philosophique ; on peut y lire une « antique peur du corps et de la puissance du corps », le signe d'une « intelligence frappée de panique », comme faisait D.H. Lawrence commentant à la même époque le refrain consterné d'un poème d'amour de Swift, « Mais... Celia, Celia, Celia chie » — « Naturellement, Celia chie ! », s'exclame Lawrence[4]. Et Jésus aussi. Le choix

---

4. D. H. Lawrence, « Préface » de *L'Amant de Lady Chatterley*. Voici de quoi rendre inexpiable la haine de Céline pour Lawrence, cf. *supra*, p. 190.

célinien de dire que la « vérité » de l'homme est la « charogne » et « l'étron » (*V*, p. 113), l'affirmation que la défécation est le moment d'authenticité du prophète correspondent selon nous à une tentative religieuse, au siècle de la psychanalyse, de trouver l'Être dans la matérialité biologique absolue de « l'âme », dans la fatalité absurde de la dépense et de la destruction ; ils correspondent à une volonté de recentrer la souveraineté dans cette abjection dont la religion proposait le rachat.

A cet égard, on peut admirer que Céline ait eu la force de soutenir l'effrayant pari de prêter sa plume à ce moi de l'abjection, et la posture métaphysique de l'œuvre célinienne trouverait son commentaire le plus sympathisant et le plus perspicace dans les pages que Georges Bataille a écrites, non pas sur Céline, mais sur d'autres, à propos de la « *souveraineté dérisoire* »[5]. Ici comme chez Baudelaire, la littérature démontre l'infini de sa liberté en adhérant au Mal. S'agissant de littérature, la colère de Giono (« Si Céline avait pensé vraiment tout ce qu'il a écrit, il se serait suicidé »), fort raisonnable en soi, paraît un peu naïve ; et si Baudelaire avait vraiment *pensé* tout ce qu'il a écrit, qu'eût-il fait ?

> Faut-il vous dire à vous, qui ne l'avez pas plus deviné que les autres, que dans ce livre *atroce* j'ai mis tout *mon cœur*, toute ma *tendresse*, toute ma *religion* (travestie), toute ma *haine*, toute ma *malchance*. Il est vrai que j'écrirai le contraire, que je jurerai mes grands dieux que c'est un livre d'*art pur*, de *singerie*, de *jonglerie*, et je mentirai comme un arracheur de dents[6].

Un grotesque d'essence romantique, que Baudelaire nomme « singerie », et que Céline nommera « cabotinage »[7],

Céline médite sur le « caca d'Estelle » comme Swift sur celui de « Celia » dans *Entretiens avec le Professeur Y*, p. 70.

5. Voir Georges Bataille, *La Littérature et le mal*, in *Œuvres complètes*, t. IX, Paris, Gallimard, 1979, p. 291.

6. Lettre de Baudelaire à Ancelle du 18 février 1866.

7. « Je trouve tout cela ennuyeux et plat à vomir. C'est curieux que tout ce cabotinage finisse par séduire le lecteur. Je crois qu'il a envie d'en faire autant. Tout est là » — lettre à Evelyne Pollet du 14 septembre 1933 (*CC5*, p. 180).

est partie intégrante de cette littérature qui consiste à faire vivre par le dire ce qui ne saurait être, c'est-à-dire durer, à développer un anti-monde qui renouvelle indéfiniment sa révolte et ses blasphèmes, et se tétanise inépuisablement dans l'instant abominable de l'angoisse de mort. Lorsque le Dr Destouches, professionnellement au service de la maintenance de la vie, a choisi la littérature, il est passé « de l'autre côté de la vie », à l'envers de ce qui la permet. Si l'on se réfère aux analyses de Bataille, il a par la même occasion choisi la régression, la volonté de conserver une posture morale infantile. De fait, plus le propos célinien contiendra d'appels au meurtre, plus Céline l'entremêlera d'images de danse, de légèreté, de féerie, d'innocence « mutine, espiègle, émue », etc., que ses thuriféraires imputent généralement à la pureté intacte de ses intentions ; sa défense de la « guilleretterie jolie » des têtes blondes dans *Les Beaux draps* (*BD*, p. 159-178), ou sa lettre du 12 juin 1947 à Milton Hindus, qui évoque la poésie enfantine et précise en post-scriptum « je reste enfant », nous semblent devoir être versées au même dossier que l'épiphanie du moi abject, comme un corollaire du choix de dire le mal.

2. LE CHOIX DU « MOI » PROLÉTARIEN

Si l'on place Céline dans l'histoire de la littérature du mal, on observe que la nouveauté de son entreprise consiste en ce qu'il fut d'entrée résolu à mettre l'angoisse métaphysique en circulation historique, à déplacer vers l'espace politique la convulsion mystique des *Fleurs du Mal*. Il affirme que *Voyage* « n'est pas de la littérature » mais « de la vie, la vie telle qu'elle se présente »[8] et expliquera son engagement en ces termes :

[...] Ils [les autres écrivains] se font peur à eux-mêmes — ils trichent — Ils puent tous la tricherie comme Baudelaire qui se ruait sur les poisons opium etc., pour être sûr d'être damné — On cherche toujours

8. Cité *supra*, p. 242.

pourquoi Rimbaud est parti si tôt en Afrique — je le sais moi — il en avait assez de tricher — Cervantès n'a pas triché — Il a vraiment été aux galères — Barbusse est vraiment crevé de la guerre — cela ne suffit pas bien sûr mais il y a une hantise chez le poète *de ne plus tricher* d'où cette manie chez eux de la Politique[9]

L'étonnante audace de Céline est d'avoir voulu être un Baudelaire-Barbusse, un poète du mal qui « ne triche pas » avec l'essentiel : la « Politique ». L'ensemble formé par *Voyage* et *Mort à crédit* constituerait ainsi quelque chose comme des *Misérables* à l'envers, où le narrateur serait un Jean Valjean qui ne voudrait pas décoller de son abjection.

Si nous évoquons ici l'ombre de Victor Hugo, c'est qu'Hugo fut peut-être un des « dialogueurs » souterrains de Céline : « Je rêve de panneaux où l'on proclamerait que j'ai l'âme du style et le style de l'âme ; que je suis, à la fois, Victor Hugo et Rabelais », dit-il un jour en plaisantant[10]. Après le *Candide*-1932 qu'est *Voyage au bout de la nuit*, Céline a bien failli écrire une *Notre-Dame de Paris*-1936. En janvier 1933, il avait le projet, entre autres possibilités, de publier un livre « qui aurait pour fond la vie populaire au Moyen Age, serait une sorte de transposition, sur le plan réaliste et humain, d'un sujet que Victor Hugo traita en archéologue et en poète romantique »[11]. Cette œuvre ne fut jamais menée à bien, car *Mort à crédit* prit sa place, sans changer de sujet. Le projet pseudo-hugolien eût défini le « moi » du peuple de 1933, comme l'avait fait Hugo pour celui de 1830, par le moyen d'un roman médiéval ; *Mort à crédit* a défini l'identité populaire par l'exhibition d'un « je » emblématique.

Si *Voyage au bout de la nuit* put passer en 1932 pour un roman de gauche, c'est qu'il synthétise les dénonciations que la littérature venait de formuler ou formulait traditionnelle-

9. Lettre à Milton Hindus du 11 juin 1947, *in* Milton Hindus, *op. cit.*, p. 144.
10. « Interview avec Hervé Le Boterf », *in CC2*, p. 131.
11. « LES TREIZE », « Les Lettres (Les projets du Lauréat) », *in L'Intransigeant*, 7 janvier 1933. Henri Godard en fait un autre commentaire (*I*, p. 1339-1341).

ment contre les composantes fonctionnelles de la société capitaliste : contre la guerre, la colonisation, la déshumanisation
de la société développée, l'armée, etc. Pour ses attaques des
cruautés imbéciles de l'histoire et de la société, Céline reprend
surtout les images marquantes et les schémas de Barbusse, sur
un ton de colère qui serait pré-révolutionnaire si l'accusation
du mal social et historique n'était frappée de nullité par la
mise en accusation de l'Homme. Dans le débat qui oppose
alors psychanalyse et révolution, Céline joue la carte de la
psychanalyse contre la révolution. Mais, même s'il a déjà
choisi son camp, la contradiction, la « postulation simultanée »
dont parlait Baudelaire, demeure ; elle n'est plus entre Dieu
et Satan, elle écartèle le discours du locuteur entre le moral
et le politique. Il s'en prend à la société coupable comme s'il
pouvait imaginer pour elle une innocence, mais d'autres attaques, moralisatrices celles-là, viennent ôter aux premières leur
dynamisme. Le désir d'un mieux sert de tremplin au ressassement du pire, en une sorte de triomphe de la nostalgie
ricanante.

Du point de vue idéologique, *Voyage au bout de la nuit*
tâche de persuader qu'il n'y a pas d'autre « révolution » possible que cette « Révolution des Aveux » que prêchera *Mea
culpa* et qui « démasquerait l'Homme, enfin ! » (*Mea*, p. 30).
Le moi abject de Bardamu est opposé à celui de « Jean-
Jacques » pour dénigrer toute espérance progressiste et toute
patience démocratique. Bardamu entend faire la preuve par
« moi » que l'Homme est mauvais, que la république bourgeoise qui pose pour axiome sa bonté naturelle est un repaire
d'imposteurs, et que « le bon peuple » est responsable de sa
servitude, des guerres et des dictatures qu'il subit avec jouissance. Céline rapporte avec justesse cette option politique à
l'anarchisme stirnerien tel que Darien l'avait illustré, mais,
en y regardant de plus près, nous y avons vu un amalgame
idéologique qui est celui de la sensibilité fasciste : « ni droite
ni gauche », mais au-delà des deux, dans une synthèse où la
colère anticapitaliste s'unit à un moralisme exacerbé, chargé

de toutes sortes de nostalgies. Les pamphlets apparaissent alors comme la suite naturelle de *Voyage*.

Le coup d'éclat initial qui préside à toute l'œuvre de Céline fut sans doute d'avoir associé, dans le « moi » emblématique du narrateur, toutes les « misères », abjection sociale et abjection morale étant identiques à ses yeux. Ce « moi » prend en charge l'abjection de la misère, que Céline considère comme essentielle au lien social, comme le ciment qui tient ensemble tout l'édifice de la société, seule « église » réelle de l'humanité. Ce coup d'éclat est le résultat d'un coup de force. *Voyage au bout de la nuit* est la réalisation que donne Céline au projet de littérature prolétarienne qui, suite à la Grande guerre et à la Révolution d'octobre, s'organisait et commençait à s'illustrer autour de Barbusse et de *Monde*, sous les plumes de Poulaille, de Berl, d'Altman, d'Habaru, de Dabit, etc. Le discours esthétique de *Bagatelles pour un massacre* sera, cinq ans plus tard, la mise en forme personnelle de ce même projet. Le « moi » littéraire que Céline fait parler répond à l'attente d'un public qui, en rupture avec le « proustianisme » ambiant, souhaite l'avènement d'une littérature « authentique » donnant, dans sa langue, la parole au prolétariat. Toute la carrière de Céline nous semble sortir de ce choix qu'il fit de détourner, au profit de son idéologie réactionnaire, la démarche prolétarienne, se prenant et se faisant prendre pour un homme « du peuple, du vrai », se donnant pour un « communiste », mais un « vrai ».

Pour ce qui est de la vérité sociologique, Louis Destouches appartenait par sa naissance à une petite-bourgeoisie aisée, et il vivait en déclassé par rapport à la bourgeoisie à laquelle sa profession et son premier mariage l'avaient fait accéder. Est-ce ce déclassement réel qui le précipita dans le fantasme d'une tout autre appartenance sociale ? Après avoir réalisé, selon lui, le projet de littérature prolétarienne dans *Voyage au bout de la nuit*, Céline consolida et justifia sa position en racontant, dans *Mort à crédit*, une enfance qui lui conférait l'identité prolétarienne, lui donnant le *droit* de parler au nom du « peuple », un droit qu'il ne cessa ensuite de pro-

clamer. Si la critique présente souvent *Mort à crédit* comme
un nouveau départ ou creuse un fossé entre les deux œuvres,
c'est qu'elle ne s'est pas aperçue qu'elles étaient reliées du
point de vue interne de la logique de l'écrivain Céline. *Mort
à crédit* n'est pas seulement une autobiographie dans laquelle
Louis Destouches réglerait son compte avec son passé par le
biais d'une écriture surchargée de fantasmes, c'est aussi, nous
semble-t-il, un monument mythologique par lequel l'écrivain
Céline s'installe dans son succès d'écrivain prolétarien. Il y
administre une nouvelle preuve par « moi », celle de l'aliénation abjecte de l'« âme » populaire. L'enjeu politique de
cette œuvre est d'ailleurs signifié symboliquement par la scène
délirante qui clôt le prologue ; elle met aux prises le narrateur et une fille du prolétariat qui sait par cœur le « Capital
et ses lois » (*MC*, p. 531) dans des ébats d'amour sadique ; le
narrateur « course » sa partenaire à « vaches coups de tatane
à travers les fesses » et finit par la coincer dans une émeute
dont on comprend pour finir que c'est le 6 février 1934.

3. LE MÉDIUM ET LE PROPHÈTE

Qu'il s'agisse du roman philosophique *Voyage au bout de
la nuit*, de l'autobiographie mythique *Mort à crédit*, ou des
pamphlets antisémites, le locuteur célinien se fait médium ;
d'abord médium de ce qu'il pense être l'abjection humaine,
puis médium de ce qu'il pense être la nature profonde du prolétariat, enfin prophète de la prétendue nécessité historique
perçue par ce « moi » prolétarien.

Certes, il y a une différence considérable entre le « moi »
qui s'exprime dans *Voyage*, et celui qui parle dans *Bagatelles pour un massacre*. Le premier est un médium métaphysi-
cien, le second un prophète politique. Le pessimisme absolu
de *Voyage* s'autorise d'une perception métaphysique du Mal
et triomphe dans un dénouement qui montre la nécessité du
suicide. L'auteur des trois derniers pamphlets oublie ces
conceptions métaphysiques, trahit ce « pessimisme transcen-

dant », pour proposer à ses concitoyens une solution historique. La toute-puissance d'une haine alors politiquement focalisée et la tension inhérente au discours militant empêchent que se déploie dans les pamphlets ce comique bouffon qui est une des plus grandes réussites de Céline, et où lui-même voyait la conséquence littéraire de sa métaphysique de la mort : « ma camarde est un effet comique ».

On peut juger mégalomaniaque la démarche médiumnique de Céline. Son « moi » littéraire se dilate au point de prétendre tout englober. Non seulement il dit « je » à la place de l'autre, mais il croit être la *vraie* forme de l'autre, et remplir à sa place sa fonction. Il croit être la grande relève, le grand restaurateur de toutes les faillites et le grand radical de toutes les velléités, plus surréaliste que Breton, plus communiste qu'Aragon, Barbusse et tous les écrivains soviétiques réunis, plus pessimiste que Schopenhauer, plus antisémite que Maurras et toute l'Action française, plus collaborateur que la collaboration d'État, et pour finir plus hitlérien que les nazis[12]. On trouverait peut-être une autocritique amusante de cette attitude dans ce portrait de Pétain « incarnant » la France :

> [...] le coup d'« incarner » est magique !... on peut dire qu'aucun homme résiste !... on me dirait « Céline ! bon Dieu de bon Dieu ! ce que vous incarnez bien le Passage ! le Passage c'est vous ! tout vous ! » je perdrais la tête ! prenez n'importe quel bigorneau, dites-lui dans les yeux qu'il incarne !... vous le voyez fol !... (*CA*, p. 124)
> [...] si il y croyait ?... oh, là !... il en est mort !... Incarneur total !
> (p. 126).

Céline fut aussi un « incarneur total » ; « je suis mystique, messianique, fanatique tout naturellement — sans effort — absurde », constatait-il[13].

Si nous replaçons ce messianisme « absurde » dans l'his-

---

12. Pour sa position radicale par rapport à l'A.F., voir *ÉC*, p. 35 et p. 264-265 ; aux collaborateurs, voir *BD, passim* ; aux nazis, voir lettre à Milton Hindus du 16 avril 1947, *in* Milton Hindus, *op. cit.*, p. 133 (« Derrière Hitler il n'y avait rien ou presque rien [...] »).

13. Lettre à Milton Hindus du 23 août 1947, *in* Milton Hindus, *op. cit.*, p. 163.

toire littéraire, nous pouvons y voir la fin, la dernière convulsion du romantisme. Que la première œuvre de Céline soit un roman philosophique qui dit « je » est significatif de sa posture. Il croit à la mission du poète, il croit qu'il peut faire de son « moi » littéraire le miroir où se reflètent la conscience populaire et la vérité du sens de l'histoire. Les grands écrivains-prophètes du XIXᵉ siècle dont il prend la suite s'étaient trouvé coïncider effectivement avec la progression historique, du fait de cette progression elle-même, qui prit appui sur eux, qui eut besoin de leur plaidoyer pour l'individu, de leur revendication pour la conscience individuelle, pour la libre pensée, pour un avenir affranchi par la science, etc. Céline surgit cent ans après Lamartine et Hugo, à une heure où aucun mouvement politique ne s'appuie plus sur les intellectuels *lyriques*; l'écrivain du radicalisme est un philosophe, Alain; le maître à penser de l'extrême-droite est un essayiste, Maurras; il n'y a plus que le vieux Barbusse qui soit encore lyrique et politiquement fêté, mais il n'exerce que peu d'influence sur les décisions du parti auquel il a finalement adhéré, contrairement à ce que Céline pense lorsqu'il envie sa fonction au point de s'imaginer qu'on la lui propose[14]; dans le rapport qu'entretiennent alors le combat politique et les intellectuels, le lyrisme personnel de Céline n'a pas sa place. Et qu'apporte-t-il? Sa compréhension presque exclusivement moralisatrice de l'histoire (vision qui deviendra quasiment officielle sous l'État français) n'intéresse encore personne en 1932 ou 1936. C'est en vain que, pour se faire entendre, Céline s'attribue l'identité prolétarienne, qui est à ses yeux l'identité d'avenir; il se fait le médium d'une masse à laquelle il n'appartient pas. Comme Darien s'était fait martyr de la Commune pour laquelle il n'avait pas été martyrisé, il s'institue martyr d'un prolétariat qui lui demeure étranger. L'échec de *Mort à crédit*, dans lequel le « peuple » ne se reconnaît pas, l'atteint dans sa prétention romantique à mener

14. Voir lettre de Céline à sa femme citée par François Gibault, *Délires et persécutions*, p. 134.

les foules. Il ne lui reste plus qu'à prononcer l'éloge du pouvoir personnel dans *Mea culpa*, à s'imaginer dictateur, et à servir d'intercesseur entre la masse et la dictature :

> [...] Si j'étais né dictateur (à Dieu ne plaise) il se passerait de drôles
> de choses. Je sais moi, ce qu'il a besoin le peuple, c'est pas d'une Révo-
> lution, c'est pas de dix Révolutions... [...] c'est qu'on le foute pendant
> dix ans au silence et à l'eau ! qu'il dégorge tout le trop d'alcool qu'il
> a bu depuis 93 et les mots qu'il a entendus... [...] A ma « bourgeoisie
> du sol », pendant le temps de ma dictature, je lui en ferais tellement
> chier, [...] que je lui ferais regretter la Commune (*BM*, p. 87-88).

Du Céline médium prolétarien de *Voyage au bout de la nuit*
et *Mort à crédit* au Céline prophète des pamphlets, l'évolution nous paraît avoir été nécessaire : le médium se fit prophète quand, rejeté parmi les faiseurs, il n'eut plus d'autre
voie ouverte devant lui que celle des cris de haine et de malédiction.

4. LE CHOIX DE « L'ÉMOTION DIRECTE » ET L'IDÉOLOGIE

Le choix du style va de pair avec cette posture médiumnique. Julia Kristeva a admirablement défini le style célinien
comme une « inhumanité à même la langue, la plus radicale
donc, touchant à la garantie ultime de l'humanité qu'est le
langage »[15]. Dès *Voyage*, Céline a fait son choix ; même si
« c'est un peu attardé », « [son] invention s'y trouve : l'émotion directe, comme dans le langage parlé »[16]. Lorsque
Céline s'est emparé, pour le faire sien, du projet de littérature prolétarienne, il a choisi d'écrire dans un parler populaire, comme le voulait Barbusse, mais en privilégiant l'irrationnel, comme le suggérait Poulaille. Le locuteur célinien

---

15. Julia Kristeva, *Pouvoirs de l'horreur*, Paris, Seuil, 1980, p. 161. Cet
ouvrage, ainsi que *La Littérature et le mal* de Georges Bataille, *Psychologie de
masse du fascisme* et *Écoute, petit homme !* de Wilhem Reich (réédités en « Petite
Bibliothèque Payot »), nous semblent des lectures indispensables pour une
approche psychologique ou psychanalytique de Céline.
16. Robert Poulet, *op. cit.*, p. 78.

parle en-deçà de la prise de conscience de sa propre pensée
par celui qui parle, en-deçà de l'identification, par celui qui
écoute, de la pensée qui est en jeu dans le discours qu'il
entend. Céline le fait exprès, selon le principe expliqué au
Professeur Y :

> [...] sans obstacle !... pas de considérations permises ! dans l'enchan-
> tement !... vous tolérez pas d'esprits forts ! de dialecticiens par exem-
> ple ! plus un carrefour, plus un feu jaune, plus un flic, plus une paire
> de fesses à la traîne ! [...] le style au plus sensible des nerfs !
> — C'est de l'attentat !
> — Oui, je l'avoue ! (*EY*, p. 104-105).

Le lexique et la syntaxe du parler populaire, les expressions toutes faites, les métaphores et les symboles qu'il charrie,
sont parmi les outils les plus efficaces de cette langue célinienne qui tâche de maintenir l'esprit en-deçà de l'opération
intellectuelle — aussi sûrement que le français officiel est l'instrument d'une pensée menée jusqu'à son élucidation, le sens
des mots y étant fixé, et la syntaxe étant susceptible de soutenir une « analyse logique » aisée. Pour suivre le fil du discours célinien, il faut que le lecteur renonce à sa propre
rationalité et se laisse « embarquer ». Il lui est interdit de *réflé-
chir*, il doit *éprouver* et *rire*. La gamme des sentiments céliniens n'est pas vaste pour autant, car Céline méprise « la belle
âme » et « le cœur » comme venant des « burnes et des ova-
res », pour privilégier une « émotion » qui vient du « trognon
de l'être » (*EY*, p. 35-36). L'« émotion directe » sera le « sentiment pur... C'est-à-dire presque toujours le sentiment abominable, le sentiment défendu », confie-t-il à Robert
Poulet[17]. A cela s'ajoute l'effet de l'argot. Céline dit l'avoir
choisi parce qu'il exprime, selon lui, « les sentiments vrais de
la misère », à savoir la « haine » — par opposition au discours
de *L'Humanité*, qui n'est que « le charabia d'une doctrine »[18]; l'argot possède ainsi, lui aussi, une faculté d'intimidation intellectuelle : « l'argot est un langage de haine qui

17. *Ibid.*, p. 79.
18. « L'argot est né de la haine. Il n'existe plus », *in CC1*, p. 172.

vous assoit très bien le lecteur... l'annihile!... à votre merci!...
il reste tout con!... » (*EY*, p. 71-72).

A ne le considérer que du point de vue limité, qui fut celui
de cette étude, de la démarche intellectuelle de Céline, son
style nous apparaît donc comme le corollaire des options fondamentales qu'il prend dès *Voyage au bout de la nuit*; il
accompagne, comme son support naturel, le choix du « moi »
prolétarien-fasciste.

Nous nous inscrivons là dans un débat qui n'est pas clos.
Henri Godard, dans sa *Poétique de Céline*, exprime au
contraire l'opinion que « l'écriture » est chez Céline « à contre-
courant de l'idéologie », et qu'il est impropre d'« aligner »
l'une sur l'autre. Selon lui, « cet alignement ne correspond
pas au sentiment d'une majorité de lecteurs », qui « discernent dans le plaisir que leur donne son style un pouvoir effectivement libérateur ». « Céline, dans le même temps où il rêve
d'un ordre social fondé sur la race, fort de la rationalité sou-
veraine de vastes programmes d'hygiène, et réprimant les instincts, travaille par son écriture à dénoncer ce qu'il y a
d'oppresseur dans un discours d'avance organisé et articulé
phrase après phrase par la logique et la grammaire, qui pis
est lorsqu'il est écrit dans une langue imposée comme la seule
correcte par une classe de la société »[19].

Ce qui oppose notre jugement à celui d'Henri Godard ne
se trouve sans doute pas dans notre compréhension de Céline,
mais dans notre compréhension du fascisme. Nous ne parlons
pas l'un et l'autre du même « fascisme », ni du fascisme des
mêmes. Henri Godard semble penser au fascisme tel qu'on
peut en faire le bilan chiffré, ou tel que l'ont soutenu certains
Académiciens français : fascisme de l'ordre, « réprimant les
instincts ». Nous pensons à l'idéologie fasciste telle que l'ont
promue les « grandes gueules » du prolétariat révolutionnaire,
dont la rhétorique utilisait les ressources de la verve populaire, son ironie, son argot et ses néologismes : fascisme de la

19. Henri Godard, *Poétique de Céline*, Paris, Gallimard, « Bibliothèque des
Idées », 1985, p. 191.

« tripe », de l'instinct. Si l'on s'en tient à ce que les historiens nous ont appris de l'idéologie fasciste ou nazie des années 30, on ne peut pas dire que l'idéologie fasciste va « réprimant les instincts » ; elle se présente comme un triomphe de l'instinctif sur l'intellectualité, comme une juste vengeance des valeurs populaires sur celles des intellectuels prétendument desséchés. Les bûchers de livres dans les rues, les fêtes mystiques de Nuremberg et les grand-messes autour des dieux du stade ont été des moments significatifs de ce triomphe dionysiaque de l'adhésion irrationnelle. « L'écrivain, dans la perspective nazie, écrit par exemple Lionel Richard, ne reprend pas rationnellement l'héritage du passé, mais ce dernier jaillit spontanément de ses "valeurs biologiques instinctives", de façon à produire inévitablement sur son lecteur une "émotion biologique". Le chemin de la communication passe ainsi de l'instinct à l'instinct, sans aucun recours à la réflexion. »[20] Pour reprendre la réplique théâtrale de Johst, « quand j'entends le mot "culture" je sors mon revolver », quand Céline entend les mots « idées », « doctrine », « penseur », « sens », « rationalité », « clarté », il sort son style. Est-ce tout à fait par hasard qu'il le compare un jour au « petit truc, pratique, expéditif !... » (*CA*, p. 266) d'un tueur de la Milice habile à égorger en un tournemain ?

C'est parce que le fascisme fut une idéologie qui prônait la nature contre la culture, « l'émotion » vraie contre la pensée menteuse, l'irrationalité instinctive contre la réflexion, que le style de Céline nous paraît conforme à son idéologie. Ce style a effectivement un « pouvoir libérateur », dont un lecteur (même attaché par ailleurs à des convictions démocratiques) peut tirer jouissance. Mais ce plaisir ne prouve pas que le style de Céline aille « à contre-courant de son idéologie » : d'une part, même si ce « pouvoir libérateur » a secondé la libération de n'importe quelle émotion dangereuse (la haine raciale ou le désir de meurtre tout aussi bien), il s'exerce

20. Lionel Richard, *Le nazisme et la culture*, Paris, François Maspero, 1978, p. 157.

sur des bloquages mentaux dont les implications ne sont pas toutes, loin s'en faut, d'ordre collectif ou politique ; d'autre part, nous ne lisons plus Céline avec des yeux de citoyens, et il n'est pas exclu que certains lecteurs qui jugeaient hors de propos d'apporter demain leur vote à tel ou tel candidat d'un parti d'extrême-droite, puissent goûter gratuitement, à travers la verve survoltée et ludique d'un paragraphe antisémite de Céline, le plaisir que leur procurent le saccage d'un interdit, ou son maniement avisé.

Céline a dit lui-même quel était le présupposé de son style de l'en-deçà du pensé, lorsqu'il s'en est pris au français « asséché par les académiciens » en ces termes :

[...] Goethe l'avait déjà bien compris, parlant avec Mme de Staël, de l'*esprit* français, que la fameuse *clarté* a tout gâché, et il n'y a plus de remède : il suffit de considérer les mystiques, les romantiques allemands, pour comprendre ce qu'est ce sens du mystère que les Français ne sont plus en état de rendre. Et c'est l'essentiel de la nature, [...] on ne peut pas le reprendre, et le faire ressentir, avec les instruments trop rationalisés qui nous sont restés[21].

Le français traditionnel lui semble « passer à côté » du « vrai »[22], parce qu'il croit que le « mystère », tel que les « mystiques » ou les « romantiques allemands » le transmettent, est le lieu de la vérité « essentielle ». C'est au nom de la même croyance dans la vérité de « l'émotion » que Céline s'est donné son style et qu'il a choisi son bord. Il ne nous appartient pas de dire si ce style aurait pu être mis au service d'une idéologie progressiste, car ce serait faire de l'histoire-fiction. Peut-on penser, qu'en soi, un tel style pourrait un jour véhiculer une idéologie démocratique ? Ce serait à la littérature d'en faire la preuve en en donnant des exemples ; rien pour l'instant ne le laisse supposer.

---

21. « Interview avec Alberto Arbasino », *in Il Mondo*, 10 septembre 1957, repris dans *CC7*, p. 404.
22. « Interview avec Georges Cazal », juin 1958, *Le Figaro magazine*, 5 octobre 1985, repris *in CC7*, p. 417-418.

5. LE TRAVAIL ET LA CULTURE

Le paradoxe de Céline est qu'à la recherche d'un art anti-intellectuel, il n'en reste pas moins un intellectuel. Il se veut en marge et affiche la volonté de remplacer à lui seul le contenu des bibliothèques (« Pourquoi j'écris ? [...] pour rendre les autres illisibles... »[23]) ; mais il adresse son premier roman « aux médecins, aux universitaires, aux lettrés », et il théorise sur son activité en multipliant les « arts poétiques » (*Qu'on s'explique..., Hommage à Zola, Bagatelles pour un massacre*, Préface de *Guignol's band, Entretiens avec le Professeur Y*, etc.) ; il reste une sorte d'écolier studieux qui, pour se faire mieux comprendre du « pion », convoque le « Professeur Y », et qui barre la couverture de *Mort à crédit* d'une bande-annonce où on lit cette citation : « Je me suis énormément appliqué à ce travail. Celui qui s'appliquera autant que moi fera aussi bien. J.S. Bach. » Sa méthode n'est pas un spontanéisme mais une recherche de la spontanéité reconquise. Il a ce « scrupule au boulot des classiques »[24] dont il a souvent fait l'éloge : « N'est-ce pas, comme disait Descartes, je n'ai pas plus de génie que les autres, mais j'ai plus de méthode, n'est-ce pas ! Moi, je n'ai qu'une méthode, c'est de prendre l'objet puis de le fignoler »[25]. L'étude détaillée de *Voyage au bout de la nuit* nous a permis de dégager un aspect mal connu de ce « fignolage ».

La critique biographique a montré que tout roman célinien contenait de nombreux souvenirs d'expériences vécues par Céline. L'examen de *Voyage* montre que les lectures de l'écrivain sont tout aussi importantes que ses souvenirs pour l'élaboration de l'œuvre, et plus déterminantes pour sa signification. Le matériau biographique est revu par la culture et mêlé aux voix d'autrui. Ainsi, des dialogues philosophiques viennent illustrer, à grand renfort de références, la visée

23. « Interview avec Pierre Audinet », *in CC2*, p. 198.
24. Lettre à Albert Paraz du 27 mars 1949, *in CC6*, p. 143.
25. « Interview avec Louis Pauwels et André Brissaud », *in CC2*, p. 126.

psychologique et politique du roman. Des parodies savantes mettent en cause les œuvres des ennemis, des alliés ou des rivaux de l'écrivain : *À la Recherche du temps perdu*, les *Confessions*, les *Essais*, les travaux scientifiques de Metchnikoff, Dupré et Roussy, etc. A cela s'ajoute une pratique systématique de la réécriture. Molly, la Madelon, Lola, Alcide, Bébert, Musyne... ce roman est peuplé des « fantômes » déguisés des œuvres des autres et chaque reprise est l'occasion de prendre position par rapport aux idées en place. La construction des personnages équivaut à un travail de métamorphose symbolique ; ainsi la Madelon passe de la chanson populaire au roman après interprétation pseudo-psychanalytique. Le texte de *Voyage* est également nourri d'emprunts qui font de lui une sorte d'anthologie critique des représentations dominantes de la culture de son temps. De ce fait, le narrateur est parfois une créature romanesque paradoxale, qui s'oppose aux autres à coups de « , moi. » individualistes, mais qui a vu du monde la même chose qu'eux : il a vu de la guerre ce qu'en avaient vu tous les soldats et que Dorgelès et Barbusse avaient consigné, de l'Amérique la même chose que Morand et Duhamel, de l'Afrique la même chose que Conrad, etc. La nouveauté célinienne consiste alors à porter le regard neuf de la révolte ou de l'abjection sur des objets déjà sélectionnés et décrits dans un autre état d'esprit.

L'imagination littéraire de Céline n'est donc pas d'abord, nous semble-t-il, de l'ordre de l'invention ; elle est un mixte de souvenirs d'expériences vécues et de révisions critiques du déjà lu. Nous la définirions volontiers comme un art de la contradiction. Ceci contribue à faire de Céline un auteur marquant : ayant opté pour le lieu commun, il ajoute moins à notre mémoire qu'il n'en trouble la tranquillité. L'hypertextualité « est évidemment, écrit Gérard Genette, un aspect universel (au degré près) de la littérarité », mais il n'en reste pas moins que certaines œuvres sont « plus hypertextuelles (ou plus manifestement, massivement et explicitement) que

d'autres »[26]. Parce qu'il est un roman philosophique et une
œuvre initiale, *Voyage* est la plus hypertextuelle des œuvres
de Céline, mais les autres le seront aussi.

Ce type de création-révision appartient au premier chef
aux exercices de style de notre modernité qu'enchantent l'ironie, la désinvolture et la complicité. Céline fouille sans façon
le patrimoine et l'histoire comme un magasin d'accessoires ;
il rend fautives ses références, par divers moyens, invraisem-
blances, fausses citations ou erreurs de dates, dans *Voyage au
bout de la nuit*, fautes d'orthographe systématiques sur les
noms propres dans *D'un château l'autre*, en sorte que ses
romans restent de la littérature « émotive » pour laquelle le
monde réel ou le texte d'autrui n'ont pas d'existence en soi.
Sa désinvolture est égale vis-à-vis de ses lecteurs. Ses œuvres
fourmillent d'allusions qui ne parlent que pour ceux qui partagent suffisamment la culture de l'écrivain. Son texte fonctionne donc souvent sur le mode du « je me comprends » (cf.
« Je me comprends... Le fonds sensible... »). La littérature fut-
elle pour Céline un exercice plus narcissique qu'il n'est usuel ?
Doit-on voir là, appliquée à la création, cette manie du secret
que ses biographes ont observée dans sa vie et dont la formule
serait : « Ah ! Ah ! Je me comprends ! C'est l'astuce ! Parfaitement seul ! Je me donnerai pas ! Je mouille plus du tout, je
m'hermétise, je suis bourrelé de mots secrets. Je m'occulte.
Et encore tout à fait prudent ! » (*BD*, p. 9). Il arrive souvent
aux commentateurs de Céline de juger un fragment de texte
« énigmatique » ou « étonnant ». Le mot de ces énigmes, souvent importantes pour le sens des œuvres ou leur structure,
n'est pas à chercher dans une « folie » de Céline qui le mènerait à d'inexplicables fantaisies, mais plutôt dans ses jeux luci-
des avec sa propre culture, dans les comptes qu'il entend
régler, ou dans le discours « philosophique » qu'il tient entre
les lignes.

De façon générale, l'œuvre célinienne nous semble pren-

26. Gérard Genette, *Palimpsestes. La littérature au second degré*, Paris, Seuil,
« Poétique », 1982, p. 16.

dre appui sur le discours d'autrui, comme si Céline avait besoin, pour écrire, de quelqu'un à reprendre, à parodier, à critiquer, à injurier ou contre qui se défendre. Les œuvres dont on détecte la présence dans le tissu des siennes servent de substrat ou de provocation. Les pamphlets ne font pas exception à ce processus génétique. Sans matériel hérité, Céline écrit les trente pages de *Mea culpa*; documenté, les centaines de pages de *Bagatelles pour un massacre*[27]. En 1938, Janine Roy demandait à ses lecteurs de ne pas être « dupes » de ce « petit plagiat », et Kaminski souhaitait « démasquer » Céline, jugeant inadmissible « qu'il vende sa camelote nazie pour de la littérature originale »[28]. Concernant l'œuvre romanesque, il serait totalement absurde de parler en termes de « démasquage ». Mais il convient de contester l'affirmation banale selon laquelle « le mouvement initial de la symphonie célinienne est la table rase ». Le « mouvement initial » est plutôt celui par lequel Céline posait sur sa table des monceaux de livres, d'articles et de documents divers, la montagne de la littérature des autres, pour l'utiliser, la détruire, la remplacer. Lire Céline en y cherchant des pages de témoignages vécus par une sensibilité à fleur de peau serait aussi naïf que de prendre la langue célinienne pour un idiome parlé dans les escaliers de Montmartre.

Le travail célinien de composition apparaît ainsi plus complexe qu'on n'avait cru. Quelle que soit la forme de la narration (linéarité de *Voyage au bout de la nuit*, désordre de *D'un château l'autre*, etc.), il y prolifère des allusions, des références, des parodies, des réécritures et des symboles qui se constituent en plusieurs chaînes signifiantes séparées, peu visibles à l'œil nu. C'est un travail d'entrelacement que Céline nommait la « dentelle », selon une métaphore qu'il répéta pour revendiquer un véritable raffinement esthétique; ainsi la den-

---

27. Voir Alice Y. Kaplan, *op. cit.*.
28. *** [Janine Roy], « Céline: *Bagatelles pour un massacre* », *in Esprit*, 1ᵉʳ mars 1938, repris dans *HER*, p. 466-467, avec attribution à Emmanuel Mounier; H.-E. Kaminski, *Céline en chemise brune ou le mal du présent*, Paris, Plasma, 1977, p. 117.

tellière entrecroise les fils de plusieurs dizaines de fuseaux, se saisissant tour à tour de chacun et le reléguant aussi vite : « vous en revenez pas de ma main de fée ! doigté !... je ramène tout !... impeccable !... » (*F2*, p. 12). La postface de *Voyage*, *Qu'on s'explique...*, recourt, elle, à une image moins paisible ; Céline y compare son texte qui « hurle » et « geint » à un homme qui, menacé de mort, « bredouill[e], paniquard, facilement trois ou quatre vérités différentes munies d'autant de terminologies superposées... » (*I*, p. 1112).

6. DÉLIRE ET PRÉMÉDITATION

Les nombreuses traces que nous avons trouvées dans *Voyage au bout de la nuit* d'une fréquentation de la littérature psychanalytique nous obligent à réenvisager le concept de « délire », si important dans l'esthétique de Céline. Les commentateurs considèrent souvent ce délire comme un travail littéraire hors normes, produisant des textes bons à être interprétés comme les lieux de la mise à nu du psychisme célinien. Ce qui est faire assez peu de cas des affirmations de Céline lui-même. Il annonçait clairement en 1933 : « Le délire, il n'y a que cela et notre grand maître actuellement à tous, c'est Freud » (déjà cité *supra* p. 74). Il dominait sa pratique du « délire » et lui donnait fonction de méthode, comme on voit dans sa lettre à Dabit du 4 mars 1935 : « Il a fallu [...] remonter franchement tout le ton sur le plan du délire. Alors les choses s'emboutissent naturellement. Telle est ma certitude. Comment vivre dans ce cinéma ce qu'il a de valable » (*BLFC6*, p. 70). Ce serait se duper que de lire les délires céliniens comme des monologues de divan. Non qu'ils ne puissent relever, ni plus ni moins que toute activité humaine, d'une lecture psychanalytique, mais parce qu'ils en relèvent *doublement* : Céline connaissait aussi bien que son lecteur les classiques de la psychanalyse et écrivait des pages délirantes en sachant pertinemment comment un psychanalyste pourrait les lire (s'il ne les écrivait pas pour qu'on en fasse un jour cette lecture). Pour lui apposer valablement une grille psycho-logique, sans doute faut-il maîtriser mieux ou autrement que lui — comme a fait Julia Kristeva — l'outil psychanalytique.

Nous avons pu observer par ailleurs que les deux épiso-des les plus « délirants » de *Voyage au bout de la nuit* recou-vraient deux moments essentiels pour la compréhension de l'œuvre. Le premier, « l'épisode de la galère », tire sa singu-larité d'un anachronisme qui est la trace, laissée dans le texte, du roman de Voltaire dont Céline reprend la structure et la question philosophique. Le second, l'hallucination des morts, met poétiquement en page le thème essentiel de *Voyage* : le triomphe de la mort. A notre avis, il n'en sera jamais autre-ment des épisodes délirants des romans de Céline ; ce sont les lieux où sont énoncés à mots couverts les enjeux « philoso-phiques » des œuvres — un peu comme les fables de La Fon-taine les plus énigmatiques sont aussi les plus importantes philosophiquement ou idéologiquement parlant. Ainsi la vision de la géante dans *Mort à crédit* rassemble emblémati-quement, dans une immense cohue de tous les personnages de l'enfance de Ferdinand, les éléments qui font l'aliénation de l'enfant du peuple : l'école communale, le machinisme tout-puissant symbolisé par l'Exposition universelle, les patrons représentés par la cliente qui va toujours grandissant, l'argent, symbolisé par la Banque de France dont l'horloge confisque à chacun les minutes de sa vie (*MC*, p. 586-593)... Dans *D'un château l'autre*, l'« épisode du bateau-mouche », navire nommé *La Publique*, immatriculé « 114... » et dont Caron est le pilote, est une représentation délirante du récit lui-même, mémoi-res d'outre-tombe concernant le vaisseau de l'État français qui transportait les 1 142 condamnés à mort de la Collaboration (*CA*, p. 66-89)... Les délires de Céline sont soigneusement mis au point « pour mettre de la profondeur dans l'idée », confie-t-il, pour énoncer les « significations secrètes » de la narration[29].

Cette méthode du délire concerté fait songer au précédent

29. Robert Poulet, *op. cit.*, p. 83-84.

joycien. Nous l'avons évoqué lorsque nous avons comparé
l'hallucination des morts de *Voyage au bout de la nuit* à la
vision finale des *Dublinois* et à l'hallucination du chapitre
« Circé » d'*Ulysse*. *Voyage* nous semble redevable à Joyce
quant à son traitement d'ensemble. Ici réécriture de *Candide*,
là *remake* de l'*Odyssée*. Dans les deux cas, l'emprunt à un
grand texte est peut-être d'abord utilitaire. « L'emmerdement
c'est l'architecture. On ne peut pas s'en passer », dit Céline.
Pour Ezra Pound, si Joyce emploie « un échafaudage pris à
Homère », ce n'est qu'« un moyen de régler la forme »[30].
Plus profondément, le choix d'emprunter son architecture à
l'œuvre ancienne répond sans doute au besoin que l'auteur
éprouve de se donner « un moyen pour investir de signification cet immense panorama de futilité et d'anarchie qu'est
l'histoire contemporaine », comme écrivait T.S. Eliot[31] : le
parcours de Bardamu est tout aussi symbolique que celui de
Léopold Bloom, et *Voyage* transforme le périple philosophique de *Candide* en une sorte d'« odyssée » de l'âme dont la
Pénélope serait la Mort, épousée dans la guerre et rejointe à
la fin sur les quais de la Seine. Empruntant à deux textes de
tonalités différentes (le roman voltarien étant rationaliste, et
le poème homérique, « mystique ») Céline et Joyce arrivent
à peu près au même point, à produire des œuvres où l'aventure mentale coexiste avec l'histoire et la politique, présentes par le jeu du symbole et du délire.

Le travail que Joyce a fourni dans *Ulysse* est d'une grande
complexité. Selon le tableau de correspondances qui présida
à sa rédaction, chaque section du récit se clive en plusieurs
couches génétiques, chaque livre homérique étant réécrit en
fonction d'un lieu de Dublin, d'un lieu du corps, d'une discipline de l'esprit, d'un thème, d'une couleur, et d'un style
(exemple : XI, « Sirènes » : Osmond Bar, oreille, musique, bar-

30. Ezra Pound, « James Joyce et Pécuchet », *in Mercure de France*, 1ᵉʳ juin
1922, repris *in L'Arc*, n° 36, p. 44-45.
31. T. S. Eliot, « Ulysses, Order and Myth », *in The Dial*, novembre 1923,
repris *in James Joyce. Configuration critique I*, La Revue des Lettres modernes, 1959, p. 149.

maids, bronze et or, fugue *per canonem*). Céline ne prend pas
modèle sur cette rigueur, qu'une lecture non avertie d'*Ulysse*
n'aperçoit d'ailleurs pas. Mais il semble cependant s'inspirer
de la méthode joycienne dans la mesure où la structure de
Candide lui sert de cadre pour manipuler de nombreux objets
culturels ; elle fait office de casier de tri pour répartir les
cahiers d'un palimpseste hétéroclite. Par exemple, on trouve
dans le chapitre VII, la parodie de la *Recherche*, la critique
de *Pathologie de l'imagination et de l'émotivité*, et de *Traitement des psychonévroses*, dans le chapitre XVIII, la parodie de
Rousseau, etc. Sous la lecture réaliste qu'on en peut faire, les
personnages de *Voyage* se délitent par conséquent, comme
chez Joyce, en plusieurs niveaux de signification ; ici Lola est
écrite par rapport à Lola Montès, là par rapport à Mme de
Warens ; ici la Madelon est un personnage sorti du *Désert de
l'amour*, là l'héroïne de *La Madelon* ; Robinson est le Pangloss
d'un Bardamu-Candide, le Mr Hyde d'un Dr Bardamu-Jekyll,
un envers de Robinson Crusoé, un fiancé du *Désert de l'amour*
et un loup mis à mort non loin d'un Vigny de banlieue...
C'est surtout pour la gestion de ses personnages que Céline
se souviendra longtemps, nous semble-t-il, du précédent joycien. Dans l'œuvre qui marque la limite extrême de la création célinienne, *Normance*, « trois cents pages de température,
qui fait voir un événement réel, le bombardement de Paris,
[...] dans ses significations secrètes »[32], la folie du texte sera
en partie le fruit d'une instabilité voulue dans l'identité des
personnages, et de leur fonctionnement aux divers niveaux
de la mythologie sous-jacente au texte.

Nourries de matériaux freudiens, porteuses de la vision du
monde de l'écrivain et de la signification des œuvres où elles
se trouvent, écrites après avoir médité l'exemple joycien, les
pages de « délire » célinien nous montrent qu'une fois de plus
le plus beau des désordres n'est pas le moins prémédité.

---

32. Robert Poulet, *op. cit.*, p. 83-84.

POST-SCRIPTUM

Expliquer un texte de Céline devant des élèves ou des étudiants engage le commentateur, qu'il le veuille ou non, bien
au-delà de ses compétences en littérature. Que répondrais-je
si l'un d'eux venait me demander à la fin d'un cours quelle
leçon j'ai personnellement tirée de l'itinéraire intellectuel de
Céline tel que je l'ai décrit ? Que Céline a tiré, audacieuse-
ment et solitairement, le plus grand parti artistique de la crise
qu'ont traversée, dans l'entre-deux-guerres, l'image de
« l'Homme intérieur » et la littérature ; qu'il n'en commit pas
moins l'erreur, en homme de cette crise, de prendre, au
départ, la littérature pour un exercice « sans importance collective », « une chose tout à fait grotesque », et qu'il présuma
sans doute de ses propres résistances mentales. Ce n'est pas
sans raison qu'il écrivit, dans cette préface de 1949 à laquelle
il conféra la profondeur polysémique des poèmes, qu'il eût
aimé « supprimer tout... surtout le *Voyage* » : « Tout est mal
pris. J'ai trop fait naître de malfaisances. / Regardez un peu
le nombre des morts, des haines autour... ces perfidies... le
genre de cloaque que ça donne... ces monstres... » (*I*, p. 1113).
Mal lui en prit d'aborder l'écriture en décidant que le narrateur de son premier roman assumerait toute l'abjection
humaine et tournerait le dos au respect de la vie. Il a fait
l'illustration et l'apologie d'une création artistique qui veut
refléter en s'interdisant de penser : « Qui nous débarrassera
des "penseurs" ? C'est de comptables *stricts* qu'il est besoin.
Le compte du gouffre ! »[33]. Il a rêvé de poser sur les atrocités du réel un regard d'une « stricte » neutralité, neutralité
impossible, et qui le fut d'autant plus qu'il voulait décrire du
dedans le vécu de ces atrocités : « Malaparte [...] il accumule
les horreurs ? La belle histoire ! C'est rien ça. C'est les faire
chanter qui est fortiche. Une chanson de Bruant m'en dit plus
long que trente kilos d'Eugène Sue »[34]. Il a réussi le miracle,

---

33. Lettre à Ernst Bendz sans date, *in HER*, p. 146.
34. Lettre à Clément Camus du 5 juillet 1950, *in BLFC9*, p. 158.

vraiment « fortiche », de « faire chanter les horreurs », de nous
faire rire de l'absurdité fondamentale d'être en vie et d'y
croire ; son style communique avec notre inconscient sans que
« plus un flic » intérieur ne l'arrête. Il y a gagné une place
dans l'art que nul ne songe à lui contester, et il a déjà rem-
porté le pari d'être un jour enseigné dans les classes : « C'est
ma musique ! / Je fais chier tout le monde », écrivait-il en
1944. « Et s'ils l'apprennent au bachot, dans deux cents ans
et les Chinois ? Qu'est-ce que vous direz ? » (*GB1*, p. 83).
Mais tout s'achève-t-il en Sorbonne, par la grâce d'un programme d'agrégation ? L'histoire européenne continue. Il convient d'apprendre des historiens ce que fut exactement la
sensibilité fasciste des années 30, d'accepter de la reconnaître là où elle s'exprime, et de rappeler qu'à force de « faire
chanter les horreurs » l'œuvre de Céline a fini par nous en
dire très « long », trop long, sur l'abjection humaine. Comme
Baryton en menaçait Bardamu, Céline est bel et bien passé
« de l'autre côté de l'intelligence, du côté infernal celui-là ».
« Du côté dont ne revient pas !... » ajoutait-il (*V*, p. 424). Ce
n'est pas Céline, ce sont les autres qui ne sont pas revenus
de l'enfer. Céline a conquis sa suprématie artistique face à la
mort, son « grand inspirateur » [35], sans doute au prix d'une
souffrance mentale considérable (« le "moi" coûte énormément cher !.. » — *EY*, p. 66), mais il n'a pas résisté longtemps
au besoin de renvoyer s'abattre sur d'autres têtes cet éclat de
la mort qui le faisait écrire. Baudelaire, auquel Céline reprochait comme une « tricherie » de n'avoir pas étendu à la
« Politique » sa petite damnation personnelle, Baudelaire avait
déjà évoqué ce genre de suprématie : « Tu marches sur des
morts, Beauté, dont tu te moques. »

---

35. Stéphane Jourat, « Un visionnaire génial vous parle : Céline ! », *La
Meuse*, 5 juillet 1961, repris *in CC2*, p. 225.

NOTE BIBLIOGRAPHIQUE

Le tableau des sigles et abréviations (voir *supra*, p. 7-8) contient l'essentiel des œuvres de L.-F. Céline et des documents céliniens (correspondances, interviews, écrits divers). Leurs appareils critiques constituent une somme de savoirs.

S'y ajoutent les publications de manuscrits, de correspondances ou d'interviews suivantes :

Maudits soupirs pour une autre fois. Une version primitive de « Féerie pour une autre fois », édition établie et présentée par Henri Godard, Paris, Gallimard, 1985.

Préfaces et dédicaces, préfaces inédites à *Scandale aux abysses* et au *Livre de quelques-uns* de Robert Poulet, états successifs de la préface de 1949 à *Voyage au bout de la nuit*, textes établis et présentés par Henri Godard, Tusson (Charente), Editions du Lérot, 1987.

« 31 » Cité d'Antin, états successifs du texte, dossier présenté par Eric Mazet, Tusson, Editions du Lérot, 1988.

Vingt lettres, in Le Lérot rêveur, n° 29, décembre 1980.

Lettres à son avocat, Paris, La Flûte de Pan, 1984.

Lettres à Tixier, Paris, La Flûte de Pan, 1985.

Lettres à Joseph Garcin, *in* Pierre Lainé, *De la débâcle à l'insurrection contre le monde moderne. L'itinéraire de L.-F. Céline*, thèse de doctorat d'Etat, Paris IV, 1982 — ou bien *Lettres à Joseph Garcin*, texte établi et présenté par Pierre Lainé, Paris, Librairie Monnier, 1987.

Hindus (Milton), *L.-F. Céline tel que je l'ai vu*, Paris, L'Herne, 1969.

Mahé (Henri), *La Brinquebale avec Céline*, Paris, La Table Ronde, 1969.

Monnier Pierre, *Ferdinand furieux*, Paris, L'Age d'homme, 1979.
Poulet (Robert), *Mon ami Bardamu (Entretiens familiers avec L.-F. Céline)*, Paris, Plon, 1971.

Il existe un Fonds Céline qui constitue un précieux instrument de travail pour les étudiants et chercheurs. Il est consultable à la bibliothèque de l'Institut Mémoires de l'Edition contemporaine, 25, rue de Lille, 75007 Paris (tél. 42-61-29-29).

On n'a pas jugé utile de fournir ici une bibliographie des travaux critiques concernant L.-F. Céline. Les références bibliographiques des textes et ouvrages qu'on a effectivement mentionnés se trouvent en notes. On les retrouvera en passant par l'Index des noms propres, où elles sont localisées par des astérisques.

INDEX DES NOMS PROPRES

Les numéros de pages sont en caractères droits lorsque les noms figurent dans le texte, en italiques quand ils figurent en notes. On a fait suivre d'un astérisque les noms des auteurs d'interviews de Céline, de témoignages, de jugements, d'articles ou de travaux critiques le concernant — ainsi que les numéros des pages où sont fournies les références bibliographiques de ces textes.

Puccini (G.), *54*.

Rabelais (F.), 13, 29, 60, 62, 140, *140*, 165, *195*, 292.
Racine (J.), 141.
Racine-Furlaud (N.), *16*, *91*.
Ragon (M.), *91*.
Ramuz (Ch.-F.), *80*, 105, *105*, 107.
Rank (O.), 152, 153, 155, 157.
Reich (W.), 161, 178, *179*, *298*.
Reilly (Dr J.-P.), *63*.
Reuillard (G.), *276*.
Richard (L.), 301, *301*.
Rictus (J.), 266.
Rim (C.)*, *238**.
Rimbaud (A.), 32, 292.
Robert (C.), 151.
Robert (P.-E.)*, *94**, *251*.
Robespierre (M. de), 243, 244, 257, 260.
Rodin (A.), 157.
Rolland (R.)*, 80, *80**, 81, 82, *82*, 83, *83*, 84, 87, 93.
Romain-Rolland (M.), *16*, *80*.
Romains (J.), 32.
Rousseau (J.-J.), 235, 236, *236*, 238, *238*, 239, *239*, 240, 241, *241*, 242-246, 248, 258, 262, 278, 293, 310.
Rousseaux (A.)*, *24*, 88, *88**.
Roussy (Dr G.), 65, 133, 134, *134*, 135, *135*, 138, 139, *139*, 140, 304.
Roux (Dr E.), 61, 226, 231.
Roy (J.)*, 306, *306**.

Sagan (F.), 100.
Saint-Jean (R. de)*, *92**, *116*.
Saint-Simon, 162.
Saintu (S.), *115*, *121*, *152*, 228, *241*.
Sand (G.), 99.
Sarraute (C.)*, *286**.
Sartre (J.-P.)*, 13, 283, *283**, 284, *284*.
Schlegel (A. W. von), 196.
Schopenhauer (A.), 14, 86, 156, 220-223, *223*, 224, *224*, 225, *225*, 226, *255*, 288, 296.
Seebacher (J.), *16*.
Semmelweis (Ph.-I.), *81*, 84.
Séverine, 61, 276, *276*.
Shakespeare (W.), 165, 205.
Simmel (Dr), 122, *123*.

Sorel (G.), 244, 245, 248, 249.
Souday (P.), 110.
Spengler (O.), 272.
Staël (G. de), 302.
Stendhal, 141.
Sternberg (J. von), 183.
Sternhell (Z.), 185, 244, *244*, 245.
Stevenson, 152.
Stirner (M.), 273, 284.
Strauss (Dr P.), *16*.
Streletski (Dr C.), *136*.
Sue (E.), 311.
Suleimann (S. R.), *18*.
Swift (J.), 289, *290*.

Tallemant des Réaux, 76.
Tardieu (A.), 234.
Tchaïkovski (P.), 207.
Thérive (A.), 90, 103.
Thiers (A.), 266.
Thorez (M.), 252.
Tocanne (B.), *16*.
Tolstoï (L.), 104, 229, *229*.
Trintzius (R.)*, *37**, 129, *129*.
Triolet (E.), 13.
Trotski (L.)*, 13, 89, 91, 109, *109**, 111, *111*, 284.
Truc (G.)*, 248, *248**.
Turbet-Delof (G.), *16*.

Valéry (P.), 21, *21*.
Vallès (J.), 76, 266, 276.
Vallière (P. de), *245*, *262*.
Valois (G.), 113, *113*, 245, *245*, 248, 277.
Verlaine (P.), 150.
Vialar (P.)*, *96**.
Vigny (A. de), 168, 177, 202, 282.
Vincent (Dr), *227*.
Vitoux (F.)*, *139**.
Voltaire, 18, 20, 21, 23-25, 27-31, *32*, 33, 36, 60, 140, 141, 156, 162, 163, 262, 308.

Warens (L. de) : 236, 237, 310.
Watteau (A.), 97, *97*.
Weismann (A.), 117.

Yvetot (G.), 266.

Zbinden (A.)*, 99, *99**, *173*.
Zola (E.), 38, 85, 131, 141, 145, 180, 254, 303.

INDEX DES ŒUVRES DE L.-F. CÉLINE
MENTIONNÉES DANS CETTE ÉTUDE

Imprimé en France
Imprimerie des Presses Universitaires de France
73, avenue Ronsard, 41100 Vendôme
Avril 1990 — N° 35 837